北京国际交往中心建设研究丛书　　总主编　计金标

STUDIES ON BEIJING AS THE CENTER FOR INTERNATIONAL EXCHANGES

新时期北京形象海外认知传播研究（2019）

Overseas Perception
Survey of Beijing (2019)

马诗远　邵　云　等◎著

社会科学文献出版社
SOCIAL SCIENCES ACADEMIC PRESS (CHINA)

北京国际交往中心建设研究丛书
编委会

总　序

2017 年 9 月 29 日正式发布的《北京城市总体规划（2016 年—2035 年）》，明确提出"北京城市战略定位是全国政治中心、文化中心、国际交往中心、科技创新中心"，国际交往中心建设由此进入快车道。"建设什么样的国际交往中心，怎样建设国际交往中心"成为北京市迫切需要解决的一个重大课题。2019 年 9 月，北京推进国际交往中心功能建设领导小组第一次会议提出了总体要求，要"努力打造国际交往活跃、国际化服务完善、国际影响力凸显的国际交往中心"。2019 年 12 月印发的《北京推进国际交往中心功能建设行动计划（2019 年—2022 年）》进一步明确了北京国际交往中心"不断强化重大国事活动服务保障、国际高端要素集聚承载、北京开放发展动力支撑、城市对外交往示范引领"的四大功能，提出了"努力打造中国特色大国外交核心承载地，加快建设国际交往活跃、国际化服务完善、国际影响力凸显的国际交往中心"的总体建设思路，以及"六大战略目标"和 21 项重点建设任务。

北京国际交往中心建设是一项多维度的系统工程，既需要北京市委市政府的总体布局、统筹谋划、协调推进，也需要整合各方的力量，形成央地协同、市区配合、部门联动的"一盘棋"格局，还需要充分发挥高等院校和科研机构的高端智库功能，就北京国际交往中心建设如何展现中国魅力、凸显北京特色，如何突出服务中心服务大局的导向，如何统筹运用国内国际两个市场、两种资源、两类规则，如何积极融入传统与现代、东方与西方文化元素，如何构建面向世界、面向全国的全方位、多层次、立体化的国际交往新格局等一系列问题，凝聚各种科研力量，积极开展相关研究和谋划工作，为推进落实北京国际交往中心建设提供决策参考和智力支持。

北京第二外国语学院作为北京市属高校中唯一的外国语大学，在国际交往中心建设的进程中，肩负着天然的使命和责任。学校主动与北京"四个中心"建设对接，立足于服务北京的战略目标和国际交往中心研究的特色视角，努力打造一支优秀的服务首都功能定位的学术团队，形成"研究院—研究中心—研究所"三级科研平台机制，整合与组建了首都国际交往中心研究院、首都对外文化传播研究院、中国公共政策翻译研究院、中国文化和旅游产业研究院、中国"一带一路"战略研究院、中国服务贸易研究院等17个科研机构，拥有文旅部文化和旅游研究基地、北京旅游发展研究基地、北京对外文化传播研究基地、首都对外文化贸易研究基地等7个省部级科研基地、1个省部级协同创新中心——首都对外文化贸易与文化交流协同创新中心，以及秘鲁文化研究中心、白俄罗斯研究中心、阿拉伯研究中心等7个教育部国别和区域备案研究中心，形成较为完备的科研平台格局。学校加强高端特色智库建设，以积极组织撰写研究简报、蓝皮书、咨政报告、高端论著等多种形式对接国家战略和首都发展需求，产出了丰硕的学术和咨政成果，在北京形象建设、旅游产业政策、旅游大数据、"一带一路"投资与安全、服务贸易、文化贸易、对外文化传播、国际文化交流等研究领域逐渐形成特色学术品牌。

为深入贯彻落实党的十九大精神，按照北京国际交往中心城市战略定位，学校把握时代脉搏，充分发挥自身优势，于2018年专门制定了《北京第二外国语学院服务"北京国际交往中心"建设行动计划》，以期在国家和北京外事工作的更高平台、更广领域中发挥作用，为北京国际交往中心建设贡献力量。自该行动计划实施以来，学校积极整合各学院和科研院所的研究力量，围绕北京国际交往中心建设问题，陆续开展了北京城市品牌形象传播、北京友城研究、北京国际形象调查、北京市国际交往中心语言环境建设等专题研究，向北京市委市政府以及相关委办局提交了多份咨政报告，得到了北京市委市政府及相关委办局的高度重视。2019 年 7 月，学校承担了北京市人民政府相关委办局委托的关于国际交往中心建设的研究任务。在各院系的通力合作下，历时半年多，学校高质量地完成了各项研究任务。本套丛书就是学校对北京国际交往中心建设这一重大课题前期研究的一个阶段性成果总结。

北京国际交往中心建设既是一项新事业，也是一个新课题，国内外相关研究成果相对较少。相信这套由我校中青年教师撰写的丛书，能够丰富北京国际交往中心的相关研究成果，充实北京国际交往中心的新内涵，为北京国际交往中心建设提供更多的国际经验。如果这些研究成果能够引起更多学者关注和思考国际交往中心建设，能为北京市有关部门推进国际交往中心建设提供一些决策参考，我们将感到无比欣慰。

是为序。

计金标

2020 年 1 月

目　录

前　言

　　北京国际形象的特殊性，在于北京不仅是一座"城"，还是立于世界大变局与中国大发展的历史交汇点上的"都"与"城"的合体。作为中国特色社会主义国家的首都，北京参与了中国从站起来、富起来到强起来并走近世界舞台中心的整个历程。北京承载着中华民族厚重的传统，又经受着现代社会风风雨雨的洗礼。北京作为"都"，在国际交往和国家重大活动中，是中国向世界展示形象的首要窗口；北京作为"城"，是国内超大城市治理的领军者和首善之区。当下，国家在全球治理中对北京展示美好国家形象的期待日益提高；国家赋予北京首都城市战略新定位，这一建设任务日益紧迫。在国内和国际双重压力的推动之下，做好北京国际形象的塑造与传播工作意义深远。

　　如果说2008年北京奥运会揭开了北京神秘的面纱，向世界展示了一个西方媒体从来没有言说过的北京，那么，2019年"一带一路"国际合作高峰论坛、北京世界园艺博览会和亚洲文明对话大会等重大主场外交活动在北京的举办、庆祝新中国成立70周年系列活动的顺利举行，则一次次使北京成为国际公众关注的焦点。目前2022年冬奥会的筹备工作也已进入倒计时。北京努力向世界展示美好的形象，同时迫切需要世界投来认可的眼光。那么外国人眼中的北京形象究竟如何？

　　媒介图景之外，北京在现实世界民众心目中的印象到底是怎样的？我们探究这种形象的意义何在？就城市形象形成和传播规律而言，形象说到底都是基于个体认知而存在。换言之，无论关于北京的信息来自哪里，北京形象最终都要通过人的大脑汇总、加工和过滤，建构而成。民众心目中的形象，既是北京形象传播研究中受众研究的维度，也是衡量其传播效果的重要依据。从传播路径来看，普通海外民众心目中的北京形象，其实代表的是北京形象国际传播的民间路线，这个层面蕴含着政府和媒体无法涵盖的传播内容。通过民间传播渠道生成的北京形象，虽然是在精英主义话语之外，但相对远离意识形态和国际关系的操控，这种形象更加具体、更接地气、更贴近民意和现实生活。普通民众眼中的北京形象的影响力，虽然不会经常成为媒体的焦点，但无时不在，往往更持久、更稳定、更普遍，更易融入生活，更具有渗透性，因而在全媒体时代，更应该引起重视。对海外普通民众的调查，就是回归传播"以人为本"的本质特征；做好海外民众的调查，就是走好走实北京形象国际传播的"群众路线"①，为精准塑造和传播新时代北京形象，讲好北京故事打好底子、铺好道路。

精准传播北京国际形象，需要解决三个最基本的问题。第一，海外受众到底如何看北京，特别是当下的北京？第二，我们期待北京在海外民众心目中的形象是什么样子？第三，理想与现实的差距何在，如何缩小差距？本次全球调查，就是要着重解决第一个问题，即发现北京在海外民众脑海中的投影，找到投影与现实的差异和错位，发现那些不符合我们传播预期的部分，尤其是我们习以为常他们却突出强调的部分，我们特别想让他们看见他们却视而不见的部分。我们要发现北京的闪光点以及未来传播所要奋斗的方向。

奋斗方向的把握，来自深入的科学调查。没有调查，就没有发言权。长期以来"北京形象"的研究一直被包裹、掺杂在"国家形象"的研究之中，"碎片化"现象严重。由于既有的研究大多集中于西方传统大国，即英语国家主流媒体中的北京镜像，至今对北京形象的系统性、专门性研究尚未开启，我们既不能全面掌握北京在国际社会（而

---

① 姜飞、姬德强：《发展中的中国国际传播思想及其世界意义》，《出版发行研究》2019 年第 11 期，第 70~76 页。

不是西方社会）不同国家中的真实面目，也不能清楚地了解北京在媒体图景之外的现实世界民众心目中的印象，更无从把握其负面或者正面形象在国际舆论中的具体表现和走势，因而缺少及时制定具体应对措施、抓住机遇提升形象的重要依据。以目标受众为导向的精准传播能力建设，就是要依赖科学的调查手段，使那些原本面目模糊、散沙状的外国受众在我们的研究视野里日渐清晰。

本研究是计金标教授主持的北京社科重大项目"改革开放以来外国人眼中的北京形象研究"（19JDXCA008）的阶段性成果。从我们掌握的材料来看，在全球不同洲展开北京形象的多国专题性大型民调，本研究尚属国内外首次。本研究围绕首都城市战略新定位"四个中心"和"和谐宜居之都"，锁定全球 14 个国家，通过对全球数据的总体分析以及对不同国家和地区数据进行对比分析，我们努力将北京国际形象传播的受众群体下沉到更具有国别性、地域性与文化代表性的层面。作为探索性研究，我们在本次及未来持续的调查过程中将不断修正调查路线，改善分析方法并试着提出合理建议，以期为未来制定北京对外传播策略提供依据和参考。这是我们团队的传播自觉，更是我们的传播使命。

马诗远

2020 年 7 月

第一章
新时期北京国际形象传播的
历史机遇与研究现状

　　作为人类在社会历史发展过程中形成的产物，城市不仅是单纯的生存空间，更是传播地域文化精神的重要载体。纽约市合作组织联合普华永道会计师事务所美国分公司发布的《机会城市：21世纪宜商环境指标》（2007）研究报告指出：在全球城市竞争时代，商务成本不再是首要因素，那些在自身特色和无形资产方面有良好表现的城市会有更多的胜出机会。[①] 作为城市软实力的重要体现，城市形象在国家和地区发展过程中所起到的作用越来越明显，已经成为一座城市获得可持续竞争优势的决定因素。世界上一些著名城市，诸如纽约、巴黎、东京等，都非常注重塑造和设计自己的形象，以期对内增强市民的向心力和凝聚力，对外提升城市的吸引力和提名度。可以说，对于一座在世界上具有知名度和影响力的城市而言，鲜明而独特的形象是必不可少的。

　　城市形象构建是一个备受学术界和政策制定者关注的重要领域。尤其在国际交流日益频繁和互联网新媒体迅猛发展的今天，各种思想文化的交流更加频繁，如何持续地展现独具地域特色的城市内涵和气质具有重大的理论价值和现实意义。建构城市国际形象已经被提升到国家战略

---

① Partnership for New York City, *Cities of Opportunity*：*Business-readiness Indicators for the 21st Century*，2007.

高度，它不仅有利于营造国家层面的友好国际舆论环境，而且是城市获取经济、政治和文化等切实利益的重要手段。而在现实层面上，北京城市国际化发展脚步不断加快，为北京塑造国际形象提供了前所未有的历史机遇，同时也是一大考验。

第一节　北京城市国际化发展现状

北京作为中国的首都，是国家中心城市、超大城市，兼具全国政治中心、文化中心等多重角色，是世界了解中国的主要窗口。经过新中国成立 70 多年特别是改革开放 40 多年的快速发展，北京这座具有悠久历史文化的古都已经发展成为现代化国际大都市，在经济、教育、文化、科技、医疗等领域拥有其他国内城市无法比拟的独特优势。北京不仅被全球权威机构全球化与世界级城市研究小组与网络组织（GaWC）评为世界一线城市，而且在《全球城市竞争力报告（2018—2019）》中名列全球第 17 位，是发展中国家唯一入围 A 类的"全球城市"。2015 年 7 月，北京携手张家口获得 2022 年冬季奥林匹克运动会的举办权，由此北京成为国际上唯一举办夏季和冬季奥运会的"双奥之城"。在城市建设持续快速发展的同时，北京也面临人口过多、交通拥堵、资源紧张、环境恶化等"大城市病"的困扰。

伴随着北京取得的辉煌成就及其在全球和国家两个层面越发重要的地位，"国际化"对于城市的建设现状与长远规划都是无法回避的发展趋势。在此背景下，北京与时俱进，不断加快城市国际化的步伐。早在 1994 年，北京市制定的《北京城市总体规划》中就明确提出"建设全方位对外开放的国际城市"的基本目标。进入 21 世纪，中国加入 WTO（世界贸易组织）和北京申奥成功对北京经济和社会的发展起到巨大的推动作用。尤其是 2008 年奥运会在北京举行，展现了北京更加开放的形象，促进了世界对北京的关注和了解，给城市建设现代化和国际化带来了前所未有的机遇。

2005 年 1 月 14 日，《北京城市总体规划（2004 年—2020 年）》在国务院常务会议上获得原则通过，该规划将北京未来 15 年的发展目标确定为"国家首都、世界城市、文化名城和宜居城市"。2014 年 2 月 26 日，习近平总书记视察北京，明确了北京"四个中心"的首都城市战略定位，提出了建设国际一流和谐宜居之都的战略目标，部署了京津冀协同发展重大战略。① 这标志着目前北京城市发展已经进入了历史新时期。2018 年 7 月 16 日，北京市委外事工作领导小组召开全体会议，深入学习贯彻习近平外交思想和中央外事工作会议精神，研究部署北京市对外工作。市委书记蔡奇强调，北京作为首都，在服务党和国家外交工作大局中担负着重大责任。要加强谋篇布局，突出工作重点，全力做好新时代北京对外工作。②

北京市社会科学院和社会科学文献出版社共同发布的《北京国际交往中心发展报告（2019）》③ 总结了北京作为中国首都和国际交往中心在外交能力建设上取得的成就：2018 年，共举办 93 场国际会议，包括中非合作论坛、第二届"一带一路"国际合作高峰论坛、2018 年中非合作论坛北京峰会等重大主场外交活动，办会数量位居中国第一，全球第 22 位；共接待国宾等团组 247 个，安排参观考察活动 261 场；与 72 个国家的 124 个大城市有友好往来关系，其中已与 50 个国家的 55 个城市建立了友好城市关系；在北京设立的国外驻京代表机构已超过 7000 家，全球最大的 500 家跨国公司已有 185 家来京投资；北京海外民众常住人口超过 20 万人，外国留学生 17000 多人。这些足以说明，北京城市国际化速度之快。然而，机遇并不等于现实，北京国际形象传播之路，依然漫长且充满艰辛。

---

① 《建设国际一流和谐宜居之都——北京贯彻京津冀协同发展战略转型发展纪要》，人民网，http://cpc.people.com.cn/h1/2019/0225/c419242-30900770.html。

② 《蔡奇：深入学习贯彻习近平外交思想　全力做好新时代北京对外工作》，人民网，http://bj.people.com.cn/n2/2018/0717/c82837-31822113.html。

③ 刘波：《北京国际交往中心发展报告（2019）》，社会科学文献出版社，2019。

第二节　北京国际形象传播的实践与思考

"建设一个什么样的首都，怎样建设首都"是各个时代、各个国家都面临的重大课题。在多年的实践、摸索和沉淀过程中，北京在全球城市体系中的地位不断上升。与此同时，北京也在政治、经济、社会、环境等领域吸引了全媒体的目光，频频成为国际舆论关注的焦点。那么，人们不禁要问："今天的北京要以什么样的姿态融入世界？"北京要想落实新时期首都城市战略定位，就要发现自己的内在价值，利用好丰富的地域资源来构建城市形象，获得世界上更多人的认同和尊重，进而提升城市的知名度和竞争力。因此，城市形象研究与战略规划的工作已经成为北京发展的重要引擎。

"也许你是这里的常客，也许你是第一次到访，不管怎样，你会被北京——这座魅力四射的城市深深吸引。"全球闻名的传媒业巨子国际新闻集团董事长默多克曾经这样评价北京。良好的国际形象不仅能为北京吸引更多来自世界各地的游客，而且势必会促进城市与国际社会全方位交流与合作。从经济结构、文化发展、科技创新和城市功能等方面来看，北京已经基本具备建设"拥有国际交往环境的大国首都"的硬件条件，但这并不等于城市的价值和地位获得了体现和认可。城市魅力源于城市形象，宣传推介城市形象就是要持续不断地放大城市价值、扩散城市美誉和提升城市影响力。

北京城市国际形象传播是一项战略性、全局性很强的工作，并在媒体呈现和公众认知两个层面取得良好的效果。近几年，北京市委、市政府及相关政府单位、媒体一直对城市形象国际传播高度重视和关注，也做了不少有益的尝试和探索。比如，2017年，为配合第一届"一带一路"国际合作高峰论坛召开，北京市外宣办会同北京电视台策划摄制了城市形象宣传片《北京》，面对国外的政要和媒体做好城市主场外宣工作。2019 年 10 月 1 日，一幅 440 平方米的长城画卷在德国法兰克福国际机场亮相，此作品为北京市文化和旅游局在海外机场开展的"双奥之城 魅力北京"城市形象宣传工作的组成部分，利用海外国际交通枢纽的多种媒体资源，打造北京文化底蕴丰厚、旅游资源丰富、城市开放包容的国际交往中心及国际旅游目的地的城市形象。2012 年 6 月，由北京市旅游发展委员会主办的"我游北京——外国人讲北京故事"大赛在北京正式启动。北京市委宣传部和北京市政府新闻办也曾多次邀请外国记者来京采访、举行中外记者发布会，并尝试利用各种短视频，让国际友人讲述北京故事。可以说，北京在对外传播自身形象方面一直在不懈努力，但是与此同时也存在不少亟待解决的问题，例如"难以改变西强我弱的传播格局""缺乏内容与表现形式的创新""缺乏对国外审美和需求的认识"等。制约了实际的传播效果，因此，有必要基于北京形象在国际传播和认同过程中所面临的重要机遇与现实困境，提出一些具有针对性和可行性的思路，进而提升北京城市形象传播能力和效果。

习近平总书记在全国宣传思想工作会议上指出："要精心做好对外宣传工作，创新对外宣传方式，着力打造融通中外的新概念新范畴新表述，讲好中国故事，传播好中国声音。"[①] 新时期加快北京城市形象建设要创新传播理念、内容及方法，从而提升城市对外传播的效果。实现这一任务的前提与基础是把握国际传播的深刻内涵与普遍规律，将"以受众为中心"作为出发点，对国际受众的价值观念、思维方式、生活方式、表达习惯等方面进行深入调查。

北京国际城市形象传播面对的重要群体之一是海外民众。海外民众眼中的北京城市形象究竟如何，是"好"还是"坏"？这种答案过于简单且无法给城市形象国际传播提供太大的价值。在不同的历史发展阶段

---

① 《创新对外宣传工作应在四方面下功夫——学习领会习近平总书记 8·19 重要讲话精神》，人民网，http://theory.people.com.cn/12/2013/1015/c40531-23211378.html。

和时代背景下，北京城市形象呈现复杂多变的面貌。一部分海外民众对北京的认知源于他们的旅游经历——一个从模糊到清晰的过程。然而大多数海外民众没有来过中国，仅仅是通过本国媒体报道获取有限的信息。在互联网新媒体高度发展的今天，公众对事物的把握和认识不可能完全依靠直接的经验，在某种程度上取决于媒介对现实的塑造与呈现。值得注意的是，一些西方主流媒体在国际社会中拥有话语权，由于意识形态偏见、文化政治理解差异等因素，在报道与北京相关的议题时，他们往往不能客观、全面地反映现状。加之海外民众的文化背景、价值观念及思维方式等各不相同，他们对北京城市形象的解读往往与中国民众存在差异，因此北京良好国际形象的塑造工作任重道远。

北京城市形象的顶层设计和渠道建设的效果检验需要落实到对个体的影响上，需要看其在海外民众心目中的感知与认同程度。但是，长期以来我们对其一直处于主观猜测的状态，缺乏定量的实证研究，许多研究结论也缺乏数据支持。要想取得良好的城市形象国际传播效果，就必须做到"知己知彼"，使实际工作真正做到有据可依，避免"对空喊话"。因此，北京城市形象国际传播工作应该建立在科学调查的基础上，坚持问题导向，在充分认识、全面了解海外民众对城市的整体认知与评价状况的基础上，制定具有针对性的传播路径与策略。

第三节　国内外研究现状及发展趋势

通过系统回顾和梳理相关的研究文献，我们发现城市形象伴随着城市的产生与发展，是客观和主观双重构建的产物。城市形象的塑造和传播是一个复杂的过程，不仅取决于城市的实际发展水平、规模与程度，而且还受到媒体符号文本构建的影响，体现出公众对城市的长期认知积累。这三个方面共同影响城市形象的形成，前者是基础和依据，后两者围绕前者发挥作用。具体地说，城市形象在根本上取决于城市在政治、经济、设施、科技、文教等各个领域的综合实力，但并不简单地等同于其实际状况，它在一定程度上是被构建出来的。

随着城市形象在国家和地区发展中的重要性与日俱增，国内外学者对这一领域进行了广泛的研究，并取得了丰硕的研究成果。国外对于城市形象的研究始于 20 世纪 60 年代，最初是从城市规划和建筑设计两个角度来研究的。在城市形象的概念界定方面，美国城市规划学者 Kevin Lynch 在 1960 年出版了《城市意象》一书①，书中首次提出"城市形象"的概念，倾向于将城市形象看作人们对城市客观硬件设施的直观感受。美国学者 Lewis Mumford 对城市的思考不局限于建筑学层面，而是将城市的形成以及发展过程纳入宏观史学范畴。② 他在《城市发展史：起源、演变和前景》一书中指出城市形象是一个社会问题，"是人们对城市的主观印象，是通过大众传媒、个人经历、人际传播、记忆以及环境等共同作用而形成的"。③

20 世纪 80 年代，随着城市化进程的加快及城市竞争的需要，营销学、传播学、心理学等学科的理论知识逐渐被广泛地运用于城市形象内涵和塑造的研究。Ashworth Gregory John 和 Voogd Henk 在 1990 年最早将城市规划与营销理论结合起来④，提出了城市形象营销理论。该理论认为城市形象战略主要由城市产品形成、城市形象塑造和城市形象营销三个方面组成。Green Christine 指出体育赛事已经成为城市营销计划中的重要组成部分。⑤ 从传播学理论框架出发，Avraham 认为新闻媒体对一个城市的报道会影响到内部居民、外部公众以及政策决策层

---

① K. Lynch, *The Image of the City* (Massachusetts: The MIT Press, 1960).
② 李月：《刘易斯·芒福德的城市史观》，博士学位论文，上海师范大学，2016。
③ M. Lewis, *The City in History: Its Origins, Its Transformations and Its Prospects* (New York: Harcourt, Brace and World, 1961).
④ G. J. Ashworth, & H. Voogd, *Selling the City: Marketing Approaches in Public Sector Urban Planning* (London: Belhaven Press, 1990).
⑤ B. C. Green, "Marketing the Host City: Analyzing Exposure Generated by a Sport Event," *International Journal of Sports Marketing and Sponsorship* 4 (2002): 335–353.

所采取的行动①，进而对城市的竞争力产生影响；2007 年，Reason Matthew 和 Garcia Beatriz 采用内容分析法，分析了多家媒体对于主办大型文化活动 "City of Culture" 的报道给主办地格拉斯哥的城市形象塑造产生的不同影响。②

国内学界对城市形象塑造与传播的研究始于 20 世纪 90 年代，并迅速进行了广泛讨论。最初的概念界定主要从建筑规划布局入手，而后转向 "物质"（实体）和 "非物质"（虚拟）两个层面。王晓玲认为③，城市形象包括物化的硬件系统和非物化的软件系统，主要分为城市风貌形象、城市行为形象和城市精神形象三个层面；张宏认为，城市形象是民众对城市的主观看法和评定，可以被视为一种连接城市与民众的心理纽带。④ 近年来，不同学者分别从不同的理论视角就城市形象进行了探讨，并积累了丰富而有价值的研究成果。从外交外事的角度出发，余越、王海运指出，城市形象与城市外交是相辅相成的⑤，良好的城市形象有利于城市外交的开展，顺畅的城市外交则有助于城市形象的塑造；从定位策略的视角出发，张焱、刘进平、张锐认为准确的城市形象定位是现代城市建设和发展的前提和基础⑥，对于树立城市良好形象有重要的意义；从整合营销的视角出发，李怀亮在《城市传媒形象与营销策略》中认为塑造和提升城市品牌形象必须制定出系统的城市营销整合传播战略策划方案⑦，通过利用各种传播资源，采取各种手段，提升城

① E. Avraham, "Media Strategies for Improving an Unfavorable City Image," *Cities* 21 （2004）: 471-479.

② M. Reason, & B. Garcia, "Approaches to the Newspaper Archive: Content Analysis and Press Coverage of Glasgow's Year of Culture," *Media, Culture & Society* 29 （2007）: 304-331.

③ 王晓玲：《城市形象的文化解读》，《城市》2006 年第 4 期，第 59~62 页。

④ 张宏：《世纪之交的大连城市形象建设》，《大连大学学报》1999 年第 1 期，第 39~42 页。

⑤ 余越、王海运：《次国家行为体视阈中的城市外交与形象传播》，《青年记者》2012 年第 33 期，第 27~28 页。

⑥ 张焱、刘进平、张锐：《基于扎根理论的城市形象定位与塑造研究：以重庆市为例》，《旅游学刊》2009 年第 9 期，第 53~60 页。

⑦ 李怀亮：《城市传媒形象与营销策略》，中国传媒大学出版社，2009。

市品牌形象的影响力和竞争力；从媒介传播的视角出发，韩隽探讨了城市形象传播中媒体的不可替代的作用[①]，提出促进城市形象塑造的传播路径；从形象识别的视角出发，王进安、滕熙、岳晓琴、王晓昉从城市形象识别系统（City Identity System，CIS）理论入手[②]，分析了其在城市形象构建中的应用，并从理念形象、视觉形象、行为形象出发，提出CIS 理论指导下城市形象构建的新思路。

　　与北京城市形象建设相关的研究最早可追溯到 2000 年，目前已经形成一定的规模，成果主要集中在以下四个方面。

　　第一，重大节事活动对北京城市形象的价值和影响。节事活动是一个集中展示城市风貌和传递城市信息的渠道，具有独特的传播效应。张丽以北京为例，使用演绎推理分析方法揭示国际体育赛事对城市国际交往功能的影响。[③] 研究指出运用重大国际体育赛事提升城市国际交往功能表现在推动营造国际交往服务环境、动员社会力量塑造城市形象和推动城市国际传播功能提升方面；孔繁敏[④]，王大勇、王军[⑤]等学者着重探讨了奥运会的举办对北京城市形象的影响与价值。孔繁敏指出奥林匹克运动会是体育加文化的国际社会活动，其承办过程是北京大力塑造城市国际形象的契机。

　　第二，城市规划开发理念与北京城市形象的关系。正确的城市规划建设在增强城市功能、促进地区经济发展、提升城市形象等方面具有不可忽视的作用。岳颂东认为 CBD 是现代中心城市不可或缺的组

---

① 韩隽：《城市形象传播：观念角色路径》，《科学经济社会》2007 年第 3 期，第 10~12 页。

② 王进安、滕熙、岳晓琴、王晓昉：《基于 CIS 理论的城市形象构建方法探讨——以大理城市形象研究为例》，《城市规划学刊》2013 年第 1 期，第 160~166 页。

③ 张丽：《公共外交视角下体育赛事推动北京国际交往功能提升研究》，《沈阳体育学院学报》2019 年第 5 期，第 77~82 页。

④ 孔繁敏：《借助北京奥运塑造文化北京》，《北京联合大学学报》（人文社会科学版）2007 年第 2 期，第 56~58 页。

⑤ 王大勇、王军：《2008 年奥运会对北京城市形象与景观的影像》，《体育文化导刊》2007 年第 8 期，第 42~43 页。

成部分①，它在提供商务功能的基础上，发挥了优化首都城市形象的作用；王一川在《北京文化符号与世界城市软实力建设》一文中着重强调文化符号对于北京世界城市建设的现实意义。②

第三，北京城市形象的媒介表现与其发生机制。在国内外媒体对中国众多城市的报道中，北京无疑是被关注最多的城市之一。北京城市形象不断地被各类媒体建构，并赋予了不同的时代意义。张婉婷认为电影中的北京形象表现为传统古都、现代迷城、世界新城相互交织的特殊文化想象③，显示了瑰丽而又奇特的姿态；杜剑峰、陈坚的研究表明④，在西方电影文本中，北京的城市形象已经成为中国形象的一个缩影，它被深深地注入西方社会的"集体性想象"，包含自我和他者、本土和异域的双重文化关系；曾一果在《老北京与新北京：改革以来大众媒介中的"北京形象"》⑤ 中，对不同时期的北京城市形象的报道进行了比较，指出新符号和旧符号的运用恰恰反映出其历史性与现代性、国际性与地方性、物质性与非物质性并存的特点。

随着互联网的广泛应用和新媒体的迅猛发展，徐翔、朱颖⑥，朱豆豆⑦，周颖⑧等探讨了北京城市形象在新传播语境下的构建问题。周颖通过对"北京发布"形式和内容的分析，从品牌角度探讨如何利用政

---

① 岳颂东：《关于北京 CBD 开发的若干思考——大力开发北京 CBD，提升首都城市形象》，《首都经济贸易大学学报》2002 年第 5 期，第 67~70 页。

② 王一川：《北京文化符号与世界城市软实力建设》，《北京社会科学》2011 年第 2 期，第 4~9 页。

③ 张婉婷：《中国电影对北京城市形象的建构》，《青年记者》2015 年第 11 期，第 40~41 页。

④ 杜剑峰、陈坚：《西方影片中北京城市形象的塑造与传播》，《当代传播》2014 年第 2 期，第 103~104 页。

⑤ 曾一果：《老北京与新北京：改革以来大众媒介中的"北京形象"》，《国际新闻界》2013 年第 8 期，第 46~55 页。

⑥ 徐翔、朱颖：《北京城市形象国际自媒体传播的现状与对策——基于 Twitter、Google +、YouTube 的实证分析》，《对外传播》2017 年第 8 期，第 48~52 页。

⑦ 朱豆豆：《社交媒体在北京国际形象传播中的策略初探》，《对外传播》2016 年第 12 期，第 35~36 页。

⑧ 周颖：《如何运用政务微博塑造城市形象》，《新闻世界》2014 年第 9 期，第 125~126 页。

务微博塑造城市形象；徐翔、朱颖分析了 Twitter、Google＋、YouTube
等国际自媒体中与北京相关的信息，指出信息涉及的主要方面包括文
化艺术、旅游、体育、政治、科技创新等，以客观信息为主，正面信
息多于负面信息。在此基础上，提出北京城市形象国际传播的策略
建议。

　　第四，北京城市形象的受众接受程度和认知状态。此类研究的调查
对象覆盖了城市居民、旅游者以及外籍人士。杨一翁、孙国辉、陶晓波
使用问卷调查法对本地居民、到访者和未到访者进行了北京城市品牌形
象调查①，发现不同类型、区域的利益相关者眼中的北京城市品牌形象
各不相同；最受重视的北京城市品牌维度为环境、安全和生活成本，最
易被忽视的北京城市品牌维度为地位、创新和交往；通过分析旅游者发
表在百度旅游、携程旅行网等有关北京市典型城市旅游社区的点评，李
萍、陈田、王甫园、王新歌视城市旅游社区为彰显城市魅力的空间载
体，将城市旅游社区认知形象要素归纳为建筑类、饮食类、文化类、相
关地名、（适游）群体、业态 6 个群组，并发现在各旅游社区情感意象
中，文化和氛围类的情感意象较为突出，旅游者对旅游社区的情感态度
以喜欢和肯定为主。②曲茹、邵云则进行了以在京外国留学生为对象的
北京城市形象及文化符号的受众认知分析③，指出该群体对北京城市文
化符号的理解与感知存在明显的局限性，即集中在对历史文化遗产的重视与
喜爱上。提高留学生对传统文化符号的解读将有助于更好地维护和传播北
京城市形象，同时北京应当通过挖掘一系列与时俱进的文化符号将其现代
城市面貌展示在世界面前；赵永华、李璐对生活在伦敦、纽约、芝加哥等

---

① 杨一翁、孙国辉、陶晓波：《北京的认知、情感和意动城市品牌形象测度》，《城市问题》
2019 年第 5 期，第 34~45 页。
② 李萍、陈田、王甫园、王新歌：《基于文本挖掘的城市旅游社区形象感知研究——以北京
市为例》，《地理研究》2017 年第 6 期，第 1106~1122 页。
③ 曲茹、邵云：《北京城市形象及文化符号的受众认知分析——以在京外国留学生为例》，
《对外传播》2015 年第 4 期，第 48~51 页。

60多个城市的人群开展了问卷调查①，发现在英语受众眼中，北京城市形象以积极正面为主，北京悠久的历史底蕴具有相当大的吸引力。国际受众对北京在社会治理、生态环境等方面的负面评价不容忽视。

回顾既有文献，尽管近年来北京城市形象已经成为国内学术研究的热点话题，但是缺乏从民众层面切入分析实际传播效果。从传播学的角度来看，以往研究更偏重于文本内容分析，缺少对北京城市形象"解码过程"的研究，即受众的认知和解读。作为传播活动的一个重要环节，受众是客观存在的，他们在意义建构过程中是主动的，是检验传播效果最直接、最有力的证据。打造北京城市形象是一项长期的系统工程，其首要的任务是传递价值和意义，而民众往往从自己的社会背景、价值观念或现实需要出发，形成对城市不同的印象和解读。这一过程在国际传播语境中往往变得更加复杂和多元，有时甚至会导致传播效果大打折扣。到目前为止，针对海外民众如何看待与接受北京的研究还有相当大的空白，只是围绕英语国家的民众开展了非常有限的调研工作。但是，此类研究对于在世界范围内打造独特的北京城市形象和营造良好的舆论环境无疑具有积极的促进作用。基于此，本调研在深入分析世界各国民众对北京城市形象整体认知和评价状况的基础上，探析北京形象在国际传播和认同过程中所面临的重要机遇、现实困境和发展趋势，以此提出具有针对性的建议及措施。

第四节　课题研究的学术价值与实践意义

在理论层面，城市形象作为一种无形资本无疑是推动城市经济和社会发展的强大力量。"以人为本"理念的研究视角，恰恰体现了海外民众作为主动解读者在北京城市形象意义和价值传播过程中的重要性与复

---

① 赵永华、李璐：《国际受众对北京城市形象的认知与评价研究——基于英语受众的调查分析》，《对外传播》2015年第5期，第51~58页。

杂性。塑造良好的城市形象需要注重遵循传播规律，积极寻求受众的认可，达到传播目的。从与北京城市国际形象相关的前期研究成果来看，针对海外民众的调研不论在数量上还是在深度上都存在不足，这在很大程度上影响了研究结论的有效度。分析海外民众对北京城市形象表现出的多视角解读，不仅有助于客观把握这一群体在认知、态度、价值观等方面表现出来的特性，而且可以丰富现有的关于城市形象国际传播效果的研究成果，为同类问题的研究提供参考和借鉴。

在实践层面，塑造城市国际形象成为世界上各大城市面临的重要课题。在北京努力建设世界上具有影响力的城市的今天，塑造良好城市形象成为引发广泛讨论的议题，有必要对"北京城市形象国际传播的效应和潜力是否得到了充分发挥"进行探讨。学者对北京城市形象国际传播效果进行研究必然需要关注其在海外民众心目中的感知与认同情况。本调研立足新时期北京的城市战略定位，在城市国际化发展的大背景下，通过了解海外民众对北京城市形象的具体感知和综合评价，反思目前北京城市国际形象传播的现状。经研究把握现阶段北京城市形象国际传播中所具有的特质以及所面临的重要机遇与现实困境，并为城市形象国际传播提供科学的实证依据。

随着北京持续深入推进城市国际化，城市形象塑造和传播已经成为当前研究的重要课题，但至今尚没有一套针对海外受众对北京城市形象认知的较为科学准确的数据资料。为此，北京第二外国语学院首都对外文化传播研究院北京国际形象研究所联合华通凯度洞察（北京）信息咨询有限公司（以下简称"凯度洞察"），采用社会调查的方法对全球14个国家的民众开展为期五年的北京形象调查，这具有较高的学术拓荒意义。具体而言，本次研究作为五年计划的排头兵，从凯度洞察提供的固定样本组中严格按照概率抽样的方式产生样本，以在线问卷调查的方式收集数据，具有较好的客观性和科学性，也具有较高的内在信度和外在效度。

第二章
北京国际形象全球调查的
重要性、研究设计及执行总结

近几年来，北京不遗余力地向国际社会展示其良好的城市形象，但是依然有很大的提升空间。长期以来我们对海外民众心目中的北京形象缺乏清晰的了解，更缺乏基于不同语言与国家的定量的实证研究，特别是缺乏基于全球治理理念的"去西方化"的专题研究。随着全球化进程的加速和互联网新媒体的迅猛发展，影响城市形象建设和国际传播的因素也越来越多元。在众多因素之中，海外民众成为一股不容忽视的舆论力量。他们来自不同国家、不同民族，其不同的宗教信仰、不同的意识形态、不同的利益需求，决定了国际传播的复杂性、综合性、多元性。要想更好地落实新时期首都城市战略定位，就必须科学、客观、系统、及时、全面了解国际社会对北京的看法和评价，为有效提升北京国际传播效果提供富有实操性的建议。

北京国际形象调查项目是北京第二外国语学院首都对外文化传播研究院北京国际形象研究所与凯度洞察合作开展的专题研究，是首次尝试以受众的认知与体验为切入点对北京国际形象在全球范围的传播现状与特点进行深入调研。此项目计划连续开展5年，通过对不同国家的民众开展问卷调查，持续关注北京国际形象在各国的传播现状和传播趋势。2019年为项目开展的第一年，着重了解当前海外民众对北京国际形象不同维度的具体感知和综合评价。

第一节　研究目的及意义

在塑造与传播城市国际形象的过程中，要避免闭门造车，因为我们城市形象的自我认知和国际社会对我们城市形象的认知存在偏差。北京国际形象塑造和传播工作应该建立在科学调查的基础上，坚持问题导向，为城市建设提供方法论、顶层设计与路径规划支持；深入了解海外民众对城市形象不同维度的印象与评判以及相关信息获取渠道，探析城市形象在国际传播和认同过程中所面临的重要机遇与现实困境；根据研究结果，结合国内外相关理论成果以及各国国情，在认知、体验、渠道等方面对北京国际形象建设和优化提出有针对性的对策和建议。

第二节　调查设计

北京国际形象调查项目是一项具有开放性、系统性和综合性特征的实证研究。为了获知海外民众对北京城市形象的印象和评判，本调查项目采用在线定量问卷调查的方法。2019 年 7 ~ 9 月，通过凯度洞察的全球样本库进行抽样和数据收集，严格执行在线调查的国际标准完成在线问卷，保证调研结果的客观性。由调查人员对收集的数据进行整理、分析，最终得出调查结论。北京国际形象调查项目团队成员主要由北京第二外国语学院多个二级学院的教师组成，依托各方的科研条件和资源，他们为研究顺利开展提供了语言、理论及技术支持。

（一）调研范围

北京国际形象调查项目样本发放量大、涵盖范围广泛，覆盖发达国家和发展中国家的普通民众，主要面向全球 14 个国家（见表1），包括日本、韩国、印度、英国、法国、德国、俄罗斯、美国、墨西哥、巴西、阿根廷、澳大利亚、南非和埃及。

为了增加问卷的可读性和亲和力，问卷最初使用中文设计，随后针对不同国家海外民众编译为相应的语言。因此，本次调查项目提供了日语、韩语、英语、法语、德语、俄语、西班牙语、葡萄牙语、阿拉伯语9个语种的问卷。在编译过程中，课题组成员认识到文化的差异和语境的复杂性会对问卷设计乃至调查结果产生十分重要的影响，因此邀请各个语种的外籍专家就问题设计、词语翻译等方面提出修改意见和建议。经过多次探讨，达成共识，形成调查问卷的最终版本。

表1　调研范围及样本分布

区域	国家	发展程度	问卷语言	样本量
亚洲	日本	发达国家	日语	500
亚洲	韩国	发达国家	韩语	500
亚洲	印度	发展中国家	英语	500
欧洲	英国	发达国家	英语	500
欧洲	法国	发达国家	法语	500
欧洲	德国	发达国家	德语	500
欧洲	俄罗斯	发展中国家	俄语	500
北美洲	美国	发达国家	英语	500
北美洲	墨西哥	发展中国家	西班牙语	500
南美洲	巴西	发展中国家	葡萄牙语	500
南美洲	阿根廷	发展中国家	西班牙语	500
大洋洲	澳大利亚	发达国家	英语	500
非洲	南非	发展中国家	英语	500
非洲	埃及	发展中国家	阿拉伯语	500

资料来源：笔者自制。

为确保抽样的真实性和代表性，本次调查借助凯度洞察的全球样本库进行科学和专业的抽样和数据收集。最终获得有效样本共计7000个，每个国家500个。

（二）问卷设计

北京国际形象调查项目旨在从海外民众对北京的看法与评价中描绘出北京的国际城市形象。因此，不仅调查问卷包括受访者对北京的整体印象评价，而且受访者须围绕首都城市战略定位和发展目标的具体方面及相关信息获取渠道进行填写（见表2）。

表 2　问卷指标维度分解框架

一级指标	二级指标
甄别信息部分	受访者信息，如国籍、性别、年龄等
北京城市整体印象评价	与国际都市比较 与国内主要城市比较 对北京的整体描述 对北京市民的整体描述
北京政治中心形象评价	对北京市政府的评价 对北京市政府提出的城市发展理念的评价 对北京市政府组织活动能力的评价 政府工作未来需要改善的方面
北京文化中心形象评价	文化地标 文化建设项目 最有影响力的北京符号 文化活动的影响力
北京国际交往中心形象评价	对国际化的整体评价 最体现国际交往中心的项目 对涉外服务的认可度
北京科技中心形象评价	对科技创新能力的整体评价 对科技服务生活的认可度
北京和谐宜居之都评价	对和谐宜居环境的整体评价 对在京的经历和体验的评价
信息认知和渠道	了解北京的主要渠道

资料来源：笔者自制。

（三）样本概况

在性别分布上（见表3），男女各占50%。在年龄分布上，调查样本覆盖18~65岁的当地受访者，其中18~35岁的青年群体占总体的45%；36~50岁的青壮年群体占40%；51~65岁的老年群体仅占15%。

表3 样本年龄和性别分布

年龄和性别	年龄			性别	
	18~35岁	36~50岁	51~65岁	男	女
总体样本分布（%）	45	40	15	50	50

资料来源：笔者自制。

根据各国人口及年龄结构进行分层取样（见表4）。大多数国家和总体分布一致。但考虑到某些国家的人口及受教育情况，样本存在某些细微差别，例如，非洲国家低年龄段样本偏多，日本和澳大利亚高年龄段样本偏多。

表4 各国样本年龄段分布占比

国家	澳大利亚/日本			南非/埃及			其他国家		
年龄段（岁）	18~35	36~50	51~65	18~35	36~50	51~65	18~35	36~50	51~65
总体样本分布（%）	40	35	25	50	45	5	45	40	15

资料来源：笔者自制。

在受教育程度方面，此次调查样本中超过六成受访者的学历达到本科及以上（见表5）。

表5 样本受教育程度

单位：%

受教育程度	全球总体	18~35岁	36~50岁	51~65岁	男性	女性
未受过教育	0	1	0	0	1	0
初级教育	8	8	7	10	8	8

续表

受教育程度	全球总体	18~35 岁	36~50 岁	51~65 岁	男性	女性
职业教育	27	25	27	32	25	27
本科教育	42	44	41	38	42	42
研究生教育	22	20	24	19	22	21
拒答	2	2	1	1	2	2
样本量（个）	7000	3147	2819	1034	3482	3518

注：根据国家标准 GB/4658—2006《学历代码》，受教育程度分为初中及以下、高中、中等职业教育、大学、研究生，本次调研问卷设计有缺陷，下次调研再进行调整，下同。

资料来源：笔者自制。

在收入方面，此次调查样本覆盖各国高中低收入群体（见表6）。

表6　样本收入状况

单位：%

美元计家庭年收入	全球总体	发达国家	发展中国家
低于 3k	7	0	13
3k~4.9k	8	0	16
5k~9.9k	15	2	27
10k~19.9k	15	12	19
20k~29.9k	15	14	17
30k~49.9k	14	26	2
50k~69.9k	13	26	0
70k 及以上	8	16	0
拒答	5	4	6
样本量（个）	7000	3500	3500

注：收入范围未能囊括全部金额，本次调研问卷设计有缺陷，下次调研再进行调整，下同。

资料来源：笔者自制。

以上研究设计是在调查经费允许的情况下，尽可能使所选国家和样本涉及不同的分析维度。全球14个对象国家的总体调查结果将在下一章中展示出来，而后再分国别展示不同国家的调查结果。

第三章
北京城市国际形象全球调查报告

第一节　研究背景和目的

　　北京国际形象调查项目是由北京第二外国语学院首都对外文化传播研究院北京国际形象研究所牵手凯度洞察开展的专题研究，旨在从海外民众对北京的具体感知中描绘出北京的国际城市形象。具体而言，主要通过收集和分析海外民众对北京努力打造的"四个中心"——政治中心、文化中心、国际交往中心、科技创新中心，以及国际一流和谐宜居之都的评价，呈现北京国际城市形象现状以及未来发展和建设的方向和机会，为北京持续建设和提升国际城市形象提供客观、切实的参考依据。迄今为止，关于海外民众对北京城市形象的认知与态度，我们一直处于主观猜测的状态，尚没有较为科学准确的数据资料。这使得本次调查在北京城市形象塑造和传播过程中具有较高的学术价值和实践意义。

　　调查样本从凯度洞察提供的固定样本组（Kantar Panel）中严格按照概率抽样的方式产生，以在线问卷调查的方式收集数据，具备较好的客观性和科学性，兼具较高的内在信度和外在效度。与此同时，囿于时间、经费、人力和技术成本，本次调研在研究设计层面可能还存在一些误差，数据分析方法亦有待优化迭代。对策建议方面更是存在挂一漏万的窄覆盖风险。在"升维思考"之后的"降维打击"层面，北京国际形象提升的根源在于发展，秉持自信、全面优化、"打铁还需自身硬"

才是优化北京城市形象的出发点和归宿。

第二节　受访者对北京的了解程度和来访情况

本次调研要求样本全部知道北京，其中有 20% 表示曾经来过北京。几乎所有受访者都同时知道上海且去过上海的占比也接近 20%。对于调研涉及的其他几个中国城市，受访者的认知和熟悉程度都远不如北京和上海，到访率也不及北京的一半。其他城市中，认知度相对较高的是广州和深圳，其次是天津和重庆（见表 1）。

表 1　受访者对北京等城市的了解程度

单位：%

了解程度	北京	上海	天津	重庆	广州	深圳
知道这个城市	100	97	58	47	64	64
了解这个城市	38	34	12	10	14	13
去过这个城市	20	19	7	6	9	8
样本量（个）	7000	7000	7000	7000	7000	7000

资料来源：笔者自制。

就海外民众来京情况，发达国家的来访率略高于发展中国家。旅游是海外民众来北京的首要事由，其次是商务，以及来华工作、探亲访友和学术活动。对比发达国家，发展中国家民众由于商务和来华工作来访北京的明显更多。来过北京的海外民众有近 90% 是在 2008 年奥运会后到访的，2012 年以后来过的占到近 70%。发展中国家民众近年来的到访率明显高于发达国家（见表 2）。

表 2　受访者来访北京情况统计

单位：%

是否来过北京	全球总体	发达国家	发展中国家
到访率	20	22	18
样本量（个）	7000	3500	3500

续表

来访北京事由	全球总体	发达国家	发展中国家
旅游	77	80	72
商务	32	25	41
来华工作	14	9	21
探亲访友	14	13	15
学术活动	13	13	13
留学	11	10	11
外交活动	7	8	6
来访北京时间	全球总体	发达国家	发展中国家
2013~2019 年	71	66	76
2009~2012 年	17	19	16
2002~2008 年	9	11	7
1993~2001 年	3	4	1
样本量（个）	1420	774	646

资料来源：笔者自制。

从年龄分布上看，越年轻的海外民众来访北京的比例越高，18~35岁的来访北京占到24%。越年轻的海外民众到北京进行学术活动、留学和外交活动的越多，且来访年代越近。18~50岁的海外民众在2012年后来访北京的明显多于50岁以上人群（见表3）。

表3　不同年龄段的受访者来访北京情况统计

单位：%

是否来过北京	18~35 岁	36~50 岁	51~65 岁
到访率	24	19	11
样本量（个）	7000	3500	3500

续表

来访北京事由	18~35 岁	36~50 岁	51~65 岁
旅游	78	75	75
商务	30	36	31
来华工作	15	15	9
探亲访友	16	12	7
学术活动	16	9	5
留学	14	8	3
外交活动	10	5	1
来访北京时间	18~35 岁	36~50 岁	51~65 岁
2013~2019 年	73	70	50
2009~2012 年	19	15	21
2002~2008 年	7	11	13
1993~2001 年	1	4	9
1978~1992 年	0	0	6
1978 年以前	0	0	1
样本量（个）	766	537	117

资料来源：笔者自制。

第三节　调研结果与分析

（一）城市整体印象

总体上讲，全球 14 国受访者对北京的整体印象比较好，北京整体印象打分均值为 7.0 分，评分在 8~10 分的占 47%，评分为 10 分的占 13%。对中国城市的评价，除上海与北京接近外，受访者对其他城市的整体评价均不如北京。对比国外城市，受访者对北京整体印象的评价仅次于英、法、德、美、日等国家首都，好于首尔、堪培拉及其他发展中国家首都城市（见图 1）。

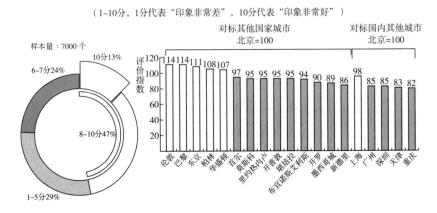

图 1 北京城市整体印象打分

资料来源：笔者自制。

基于不同经济发展程度，发展中国家受访者对北京印象明显好于发达国家。了解或来过北京的受访者对北京的整体印象评价明显更好。年轻人对北京城市形象的评价明显好于年长人群，或因更多的年轻人在2012 年后来过北京，更了解北京的发展现状（见图2）。未来要提升北京在海外民众心目中的印象可以从加大北京在国际社会中的媒体报道量，积极传递正面形象、吸引海外民众访问北京方面着手。

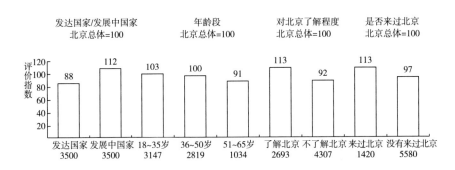

图 2 不同群体的北京城市整体印象对比

资料来源：笔者自制。

　　具体到调研涉及的不同国家，墨西哥和巴西民众对北京整体印象的评价指数最高，其次是印度、俄罗斯、阿根廷、埃及，以及南非。在调研国家中，日韩受访者对北京整体印象评价指数低于其他国家。北京与近邻日本东京和韩国首尔是友好城市，近年来城市间交往和各领域的合作均取得丰硕成果。例如北京与日本东京早在1979年就建立了友好城市关系，东京是北京市缔结的第一个国际友城。2019年，北京和东京共同组织活动庆祝缔结友好城市关系40周年；北京与首尔在1993年成为友好城市，并在2018年为缔结友好城市关系25周年共同举行了庆祝活动。未来需继续发挥首都交流引领作用，持续深化城市间的友好合作，特别是要大力加强与当地民众的交流和沟通，用好国际友好城市这个平台，讲好我们的故事，提升当地民众对北京及中国的印象，不断增进与日韩人民之间的友谊。

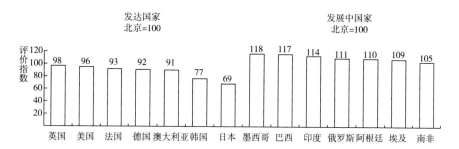

图3　不同国别海外民众的北京城市整体印象评价指数比较

资料来源：笔者自制。

　　北京的国际影响力在全球14国首都中排第五位，位居伦敦、华盛顿、巴黎、东京之后，领先于莫斯科、柏林和其他城市。北京国际影响力排名在发达国家、发展中国家以及不同年龄段没有差异。了解北京、曾经到访过北京的海外受访者对北京国际影响力的评价更好，增加海外民众对北京的认知和了解度有助于提升北京的国际影响力（见图4）。

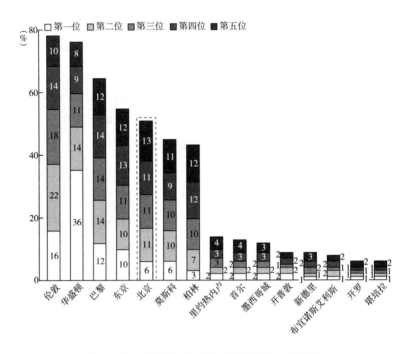

图4　北京及海外14座城市国际影响力前五位

资料来源：笔者自制。

为了更加清晰地了解海外民众对北京的城市印象，调查问卷要求受访者用不同词语描述北京城市形象（见表4）。北京在全球民众中的突出城市形象是"文化深厚"（80%）、"经济发达"（80%）、"历史悠久"（78%），其次是"科技创新"（76%）、"现代时尚"（67%）和"政治中心"（65%），提及相对少的是"和谐宜居"（57%）和"开放包容"（49%）。

表4　北京城市形象整体评价

A

单位：%

非常同意/比较同意	全球总体	发达国家	发展中国家	18～35岁	36～50岁	51～65岁
文化深厚	80	76	85	78	81	81

续表

非常同意/比较同意	全球总体	发达国家	发展中国家	18~35 岁	36~50 岁	51~65 岁
经济发达	80	73	86	78	82	80
历史悠久	78	75	81	76	80	80
科技创新	76	66	86	76	78	72
现代时尚	67	55	80	69	69	59
政治中心	65	65	66	61	67	72
和谐宜居	57	43	71	62	58	40
开放包容	49	38	59	54	49	31
样本量（个）	7000	3500	3500	3147	2819	1034

B

单位：%

非常同意/比较同意	全球总体	来过北京	来访时间2009 年以前	来访时间2009~2012	来访时间2013~2019
文化深厚	80	83	73	81	85
经济发达	80	82	74	76	85
历史悠久	78	82	72	78	85
科技创新	76	78	63	75	81
现代时尚	67	74	62	71	77
政治中心	65	71	65	68	74
和谐宜居	57	71	54	67	75
开放包容	49	66	46	64	70
样本量（个）	7000	1420	175	245	994

资料来源：笔者自制。

不同发展程度的国家对北京的印象有所差异，发展中国家提及最多的是"经济发达"（86%）、"科技创新"（86%），而发达国家提及最多的是"文化深厚"（76%）、"历史悠久"（75%），发达国家民众对北京是和谐宜居和现代时尚城市的认可度明显低于发展中国家。

对比各年龄段，年龄越小的海外民众对北京是和谐宜居和开放包容城市的认可度明显越高，对北京政治中心形象感知越弱。18~50岁的群体对北京的科技创新和现代时尚评价要好于50岁以上的群体。而18~35岁的年轻人对于北京的悠久历史和深厚文化底蕴的了解不如年长人群。

从来访北京时间来看，相较于早期游历北京的受访者，北京城市形象各个方面均有明显的提升。

（二）城市居民形象

北京居民在全球总体中普遍的突出印象是"勤劳敬业"（66%）、"遵纪守法"（60%）、"国家至上"（58%）、"公共场所举止文明"（58%）和"积极向上"（57%）；发展中国家同时认为北京居民是"开拓创新"（68%）的。

海外民众对北京居民在其他方面印象的正面评价不足半数，总体评价偏低的是"爱护生态环境"（35%）和"热情包容"（46%），特别是年长人群的相关评价明显低于年轻人。

对比不同时期海外民众到访北京的看法发现，北京居民形象获得海外民众越来越多的认可，2013年后来访的海外民众对北京居民"爱护生态环境"和"热情包容"的评价明显提升（见表5）。

表 5　北京城市居民形象整体评价

A

单位：%

正面/积极评价	全球总体	发达国家	发展中国家	18~35 岁	36~50 岁	51~65 岁
勤劳敬业	66	54	77	67	66	63
遵纪守法	60	49	72	60	62	58

续表

正面/积极评价	全球总体	发达国家	发展中国家	18~35 岁	36~50 岁	51~65 岁
国家至上	58	55	61	55	60	62
公共场所举止文明	58	47	68	59	58	54
积极向上	57	46	68	59	59	49
开拓创新	54	41	68	56	55	48
诚实守信	50	38	61	51	51	40
热情包容	46	35	58	49	47	37
爱护生态环境	35	21	49	39	35	24
样本量（个）	7000	3500	3500	3147	2819	1034

B

单位：%

正面/积极评价	全球总体	来过北京	来访时间 2009 年以前	来访时间 2009~2012	来访时间 2013~2019
勤劳敬业	66	67	58	62	70
遵纪守法	60	62	55	55	65
国家至上	58	63	59	59	64
公共场所举止文明	58	60	51	54	63
积极向上	57	64	56	61	67
开拓创新	54	57	42	56	60
诚实守信	50	60	46	54	64
热情包容	46	58	43	51	62
爱护生态环境	35	47	29	40	52
样本量（个）	7000	1420	175	245	994

资料来源：笔者自制。

（三）政治中心形象

为了进一步探析海外民众对北京政治中心的印象，调查问卷又设计了"城市政府印象"、"城市发展理念"和"城市大型活动"三个方面。全球总体中超过半数认为北京市政府是"治理能力高效"（54%）的，对"创新型政府"（47%）和"负责任的政府"（45%）形象也有一定认可。了解北京的受访者对北京市政府的正面评价普遍更高。对比发达国家，发展中国家对北京市政府的形象评价更为积极、认可度更高，尤其在"治理能力高效"（69%）、"创新型政府"（63%）和"负责任的政府"（62%）方面（见表6）。

表6　北京市政府整体评价

单位：%

评价要素	全球总体	发达国家	发展中国家	了解北京	不了解北京
治理能力高效	54	40	69	66	47
创新型政府	47	31	63	59	40
负责任的政府	45	28	62	59	37
法治政府	43	30	57	57	35
廉政建设	40	25	55	54	31
样本量（个）	7000	3500	3500	2693	4307

资料来源：笔者自制。

对比不同的国家，除韩国、墨西哥和巴西外，其他国家民众普遍提及最多的是北京市政府的"治理能力高效"，韩国提及最多的是"法治政府"，墨西哥和巴西提及最多的是"负责任的政府"。德国、日本和韩国对于"创新型政府"形象评价明显偏低，需在未来合作交往中提升（见表7）。

表7 基于不同国别海外民众的北京市政府评价比较

单位：%

评价要素	澳大利亚	韩国	日本	英国	德国	法国	美国
治理能力高效	44	23	26	49	42	42	51
创新型政府	38	14	16	37	21	45	45
负责任的政府	28	27	17	31	30	32	37
法治政府	30	28	20	29	38	28	35
廉政建设	28	16	13	27	21	30	36
样本量（个）	500	500	500	500	500	500	500
评价要素	墨西哥	巴西	阿根廷	印度	俄罗斯	南非	埃及
治理能力高效	76	68	60	73	77	63	64
创新型政府	64	61	52	73	69	60	63
负责任的政府	77	73	60	66	71	45	45
法治政府	59	67	46	66	50	50	58
廉政建设	58	67	40	66	60	42	52
样本量（个）	500	500	500	500	500	500	500

资料来源：笔者自制。

对比不同时间来访北京的海外民众的评价发现，北京市政府形象在持续提升。近几年来，尤其是在"创新型政府"和"负责任的政府"方面的认可度提升最明显（见表8）。

表8 不同时间来访海外民众的北京市政府评价比较

单位：%

评价要素	来访时间 2009年以前	来访时间 2009～2012	来访时间 2013～2019
治理能力高效	47	51	65
创新型政府	35	52	61
负责任的政府	38	60	63
法治政府	38	49	61
廉政建设	35	51	58
样本量（个）	175	245	994

资料来源：笔者自制。

　　在北京市政府提出的城市发展理念中，全球总体认知度最高的是"科技北京"和"智慧城市"，其次是"宜居城市"和"绿色北京"。发展中国家、了解北京的和较年轻的海外民众对这几个理念认知度更高（见表9）。

表9　北京城市发展理念认知
A
单位：%

正面/积极评价	全球总体	发达国家	发展中国家	了解北京	不了解北京
科技北京	38	25	51	53	29
智慧城市	36	23	49	50	27
宜居城市	27	17	37	40	19
绿色北京	24	15	34	36	17
城乡协同发展	19	14	23	28	12
建设国际人才社区	17	13	22	29	10
推动城市减量提质发展	15	12	18	24	10
样本量（个）	7000	3500	3500	2693	4307

B
单位：%

城市发展理念	全球总体	18~35 岁	36~50 岁	51~65 岁
科技北京	38	41	38	29
智慧城市	36	39	36	27
宜居城市	27	30	27	17
绿色北京	24	27	24	16
城乡协同发展	19	21	18	14
建设国际人才社区	17	20	16	11
推动城市减量提质发展	15	17	14	12
样本量（个）	7000	3147	2819	1034

资料来源：笔者自制。

　　在北京举办的大型活动中，2008 年北京奥运会的影响力突出，70%的全球受访者表示听说过，明显高于其他活动，特别是发展中国家认知更高。在北京举办的活动中，全球认知排名靠前的是"北京国际电影节"和"北京国际马拉松"（见表10）。

表 10　北京市大型活动认知对比

单位：%

大型活动	全球总体	发达国家	发展中国家	了解北京	不了解北京
2008 年北京奥运会	70	64	76	70	70
北京国际电影节	26	19	34	39	19
北京国际马拉松	23	19	27	34	16
"一带一路"国际合作高峰论坛	17	15	18	26	11
中非合作论坛北京峰会	16	11	21	26	9
北京国际图书博览会	16	9	23	28	9
北京世界园艺博览会	14	12	16	23	8
亚洲文明对话大会	12	9	15	20	7
样本量（个）	7000	3500	3500	2693	4307

资料来源：笔者自制。

从年龄分布来看，51~65 岁的受访者对 2008 年北京奥运会认知相对更高，18~50 岁的受访者对近几年来举办的其他大型活动的认知度相对高一些（见表11）。

表 11　不同年龄段来访者对北京市大型活动的认知比较

单位：%

大型活动	全球总体	18~35 岁	36~50 岁	51~65 岁
2008 年北京奥运会	70	67	70	77
北京国际电影节	26	28	28	20
北京国际马拉松	23	24	23	20
"一带一路"国际合作高峰论坛	17	17	16	18
中非合作论坛北京峰会	16	18	15	10
北京国际图书博览会	16	18	16	9

续表

大型活动	全球总体	18~35 岁	36~50 岁	51~65 岁
北京世界园艺博览会	14	17	12	9
亚洲文明对话大会	12	15	11	6
样本量（个）	7000	3147	2819	1034

资料来源：笔者自制。

北京市举办的活动广泛获得全球受访者好评，超过 80% 受访者对"北京国际图书博览会"、"北京世界园艺博览会"和"北京国际电影节"给予好评。作为普通民众，无论是否了解北京，普遍对图书、园艺、电影相关活动评价更好，说明北京可以通过不同题材的活动和主题峰会等展现和传播北京的不同形象特征，丰富北京的城市内涵（见表12）。

表 12　北京市大型活动的整体评价

单位：%

大型活动	全球总体			了解北京			不了解北京		
	样本量：活动认知人数	好	比较好	样本量：活动认知人数	好	比较好	样本量：活动认知人数	好	比较好
2008 年北京奥运会	80	42	38	87	53	34	72	30	42
北京国际电影节	81	37	44	84	43	41	73	26	47
北京国际马拉松	79	35	44	84	41	43	66	25	41
"一带一路"国际合作高峰论坛	69	30	39	74	36	38	57	21	36
中非合作论坛北京峰会	76	34	42	80	39	41	68	32	36
北京国际图书博览会	84	43	41	87	47	40	74	33	41
北京世界园艺博览会	82	42	40	86	47	39	76	38	37
亚洲文明对话大会	78	36	42	83	41	42	63	38	25

资料来源：笔者自制。

（四）文化中心形象

在海外民众的印象中，北京的名胜古迹（56%）是全球认知最广泛的文化符号，如故宫、天坛、长城、颐和园等。海外民众对北京的文化符号认知排第二位的是北京的著名饮食（48%），特别是发达国家。北京文化符号排第三位的是旗袍、唐装、中山装等传统服装（38%）。按了解程度排序提及的其他文化符号依次是：现代建筑、文艺演出、知名学府、特色文化街区和艺术区域。发达国家与发展中国家对北京现代建筑的了解差距最大。

了解和到访过北京的海外民众普遍对北京的现代建筑、特色文化街区、艺术区域和知名学府有更多认知，特别是 2009 年后到访北京的海外民众对这些更现代的北京文化符号的了解明显好于更早期来访者，而他们对北京的名胜古迹、著名饮食和文艺演出的了解略有减弱（见表 13）。

表 13　北京文化符号认知

A

单位：%

文化符号	全球总体	发达国家	发展中国家
名胜古迹（故宫、天坛、长城、颐和园等）	56	50	62
著名饮食（烤鸭、炸酱面）	48	50	45
传统服装（旗袍、唐装、中山装）	38	32	43
现代建筑（鸟巢和水立方、国家大剧院等）	30	23	37
文艺演出（京剧、杂技、话剧等）	30	27	32
知名学府（清华、北大等）	28	23	32
特色文化街区（南锣鼓巷、三里屯、秀水街、四合院、大栅栏等）	20	16	24
艺术区域（中国美术馆、798 艺术区、宋庄艺术区等）	17	13	21
样本量（个）	7000	3500	3500

B

单位：%

文化符号	了解北京	来过北京	来访时间 2009 年以前	来访时间 2009～2012	来访时间 2013～2019
名胜古迹	64	59	63	59	59
著名饮食	54	52	59	51	51
传统服装	48	46	41	41	48
现代建筑	44	47	37	43	50
文艺演出	39	40	43	44	38
知名学府	42	40	33	34	43
特色文化街区	32	37	27	34	40
艺术区域	28	34	26	31	36
样本量（个）	2693	1420	176	245	994

资料来源：笔者自制。

在北京的文化地标选择中，全球总体推荐度最高的前五名是长城
（65%）、故宫（40%）、天坛（33%）、天安门（28%）和颐和园
（26%），其中排名第一的长城推荐度明显领先于其他地标。

总体来看，发达国家推荐度较高的是长城、故宫和天安门，发展中
国家对鸟巢和水立方以及国家大剧院的推荐度也较高。2009 年以后游
历北京的海外民众对大运河文化带、三里屯、798 艺术区、鸟巢和水立
方、国家大剧院、秀水街的推荐度提升（见表 14）。

表 14　北京文化地标推荐及排名

单位：%

文化地标	全球总体	发达国家	发展中国家	来访时间 2009 年以前	来访时间 2009～2012	来访时间 2013～2019
长城	65	57	73	62	55	64
故宫	40	31	49	43	39	47
天坛	33	21	46	40	37	43

续表

文化地标	全球总体	发达国家	发展中国家	来访时间2009年以前	来访时间2009~2012	来访时间2013~2019
天安门	28	31	24	43	40	37
颐和园	26	22	30	42	38	38
鸟巢和水立方	14	57	30	27	33	34
国家大剧院	21	12	30	22	27	29
秀水街	16	11	22	19	24	26
北京四合院	14	9	19	22	16	24
大运河文化带	14	10	17	15	19	25
798艺术区	10	8	13	15	17	21
三里屯	8	6	10	9	20	17
样本量（个）	7000	3500	3500	175	245	994

资料来源：笔者自制。

对于北京文化休闲活动，全球总体到北京最有兴趣参与的是参观名胜古迹（64%）、品尝美食（57%）、参观博物馆、美术馆等文化类场馆（48%）。从不同时间游历北京的受访者的兴趣变化看，2009年以来海外民众对参观博物馆、美术馆等文化类场馆的兴趣持续提升，2013年以后来北京购物的兴趣增加明显，去酒吧的兴趣反而有所减弱（见表15）。

表15　北京文化休闲活动参与兴趣及排名

A

单位：%

文化休闲活动	全球总体				
	推荐总体	第一位	第二位	第三位	其他顺位推荐
参观名胜古迹	64	29	16	10	9
品尝美食	57	18	15	13	11
参观博物馆、美术馆等文化类场馆	48	12	14	10	12
购物（秀水街、红桥市场等）	43	8	10	11	14

续表

文化休闲活动	全球总体				
	推荐总体	第一位	第二位	第三位	其他顺位推荐
体验民俗风情（胡同游、逛大栅栏和潘家园古玩市场等）	42	10	11	10	11
看演出（音乐会、京剧、杂技、武术表演等）	37	8	9	9	11
在居民家中参观或做客	24	5	5	5	9
去酒吧	18	3	3	3	9

B

单位：%

文化休闲活动	了解北京	来过北京	来访时间2009年以前	来访时间2009~2012	来访时间2013~2019
参观名胜古迹	66	60	63	55	61
品尝美食	59	55	53	48	57
参观博物馆、美术馆等文化类场馆	55	49	42	47	51
购物	51	47	42	37	50
体验民俗风情	48	45	42	40	47
看演出	45	44	42	41	46
在居民家中参观或做客	30	30	29	28	31
去酒吧	21	25	16	27	26
样本量（个）	2693	1420	175	245	994

资料来源：笔者自制。

在提升北京文化中心形象举措方面，全球民众谈及最多的恰恰是他们到北京来最感兴趣的，同时也是他们对北京文化符号最认可的选项，即"保护文化遗产"（51%）和"推广饮食文化"（35%）。因此，北京市在落实名胜古迹保护并加大保护力度的同时，还需要加强相关工作的对外沟通和宣传，让世界人民了解我们保护文化遗产的决心和举措，进而帮助打造和提升北京的文化中心形象；在饮食文化推广方面，可挖掘和利用本地传统饮食的文化渊源和内涵，以美食为载体让世界人民更全面地了解我们。除此之外，海外民众普遍将"提高居民的文化素质"和"提升城市文化中心形象"联系起来，这说明北京居民文化素质的提升也将有助改善他们对北京的总体印象的评价。

2013~2019年曾到访北京的受访者对于加强北京文化中心形象还提出可以"建设特色文化街区"（37%）、"组织丰富的文艺演出"（36%）、"重视文化创意产业"（35%）、"组织文化产品展览"（34%），以及"扩大文化场馆建设"（32%）（见表16）。

表16　北京文化中心形象提升路径对比

单位：%

文化中心形象要素	全球总体	了解北京	来访时间 2013~2019	对北京的整体印象评价好	对北京的整体印象一般/不好
保护文化遗产	51	53	49	55	43
推广饮食文化	35	40	42	40	26
提高居民的文化素质	31	38	37	32	28
组织丰富的文艺演出	29	36	36	34	21
重视文化创意产业	29	35	35	34	20
扩大文化场馆建设	28	34	32	34	18
组织文化产品展览	27	34	34	33	17
建设特色文化街区	26	35	37	31	18
建设更多高水平知名学府	20	27	28	25	11
推进夜间经济发展	19	26	30	23	11
培养文化名人	17	24	27	21	10
样本量（个）	7000	2693	994	4391	2609

资料来源：笔者自制。

（五）国际交往中心形象

总体上，海外民众对北京的国际化形象认可度较高，北京国际化程度均值为7.2分，认为非常好（8~10分）的占48%。发展中国家受访者认为北京国际化程度非常好的超过60%，打分均值达到7.8分，明显好于发达国家的评价（6.5分）。了解北京的受访者对北京的国际化程度评价明显更好，认为北京国际化程度非常好的接近七成（66%），打分均值为7.9分。所以，北京未来需要加大在发达国家的城市形象宣传。

曾经来访过北京的海外民众对北京国际化形象的认可度，明显好于从未来过北京的人，且来访时间越近对北京国际化程度的认可度越高，2013~2019年来过北京的受访者认为北京国际化程度非常好的占66%，打分均值为7.9分，这说明北京近些年来在国际化形象方面的表现和变化是得到世界各国人民的关注和认可的。越年轻的海外民众对北京国际化形象的认可度越高，其中18~35岁的年轻人评价北京国际化程度非常好的占51%，或与近年来更多年轻人来访北京有关，这也从另一个侧面印证了北京近年来在国际化形象上的发展和提升（见图5）。

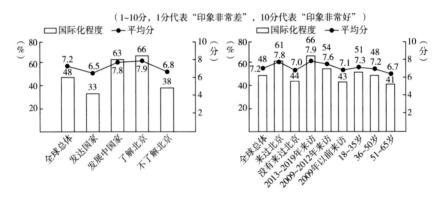

图5　北京国际化程度总体评价

资料来源：笔者自制。

全球14国受访者认为最能体现城市国际交往中心形象的表现是"对外国人的包容度高"（42%），特别是发达国家民众。发达国家受访者认为其次能体现城市国际交往中心形象的是城市在"设置清晰、规范的多种外国语指引标识"、"发达便利的重要国际交通枢纽"和"公正规范的涉外管理政策"方面的表现。而发展中国家受访者认为最能体现国际交往中心形象的是城市具有"举办各种具有国际影响力的文艺活动和体育赛事"（48%），以及"举办重大外交外事活动"和"经常举办国际及区域型会议和展会等活动"的能力和经验（见表17）。

表 17 北京国际交往中心形象要素对比

单位：%

国际交往中心形象表现要素	全球总体	发达国家	发展中国家
对外国人的包容度高	42	39	45
举办各种具有国际影响力的文艺活动和体育赛事	38	28	48
举办重大外交外事活动	36	28	44
设置清晰、规范的多种外国语指引标识	36	32	39
发达便利的重要国际交通枢纽	36	31	41
经常举办国际及区域型会议和展会等活动	35	27	42
公正规范的涉外管理政策	34	30	37
众多重要国际组织进驻	32	26	38
外国人数量多	29	24	34
样本量（个）	7000	3500	3500

资料来源：笔者自制。

提升国外50岁以上群体对北京国际化程度的评价，需要让他们感受到北京"对外国人的包容度高"，且具有"公正规范的涉外管理政策"和"举办各种具有国际影响力的文艺活动和体育赛事"的便利性（见表18）。

表 18 不同年龄段受访者对最能体现北京城市国际交往中心形象要素的对比

单位：%

国际交往中心形象表现要素	全球总体	18~35 岁	36~50 岁	51~65 岁
对外国人的包容度高	42	39	43	46
举办各种具有国际影响力的文艺活动和体育赛事	38	36	41	37
举办重大外交外事活动	36	37	36	34

国际交往中心形象表现要素	全球总体	18~35 岁	36~50 岁	51~65 岁
设置清晰、规范的多种外国语指引标识	36	35	37	36
发达便利的重要国际交通枢纽	36	36	36	35
经常举办国际及区域型会议和展会等活动	35	33	36	36
公正规范的涉外管理政策	34	33	32	38
众多重要国际组织进驻	32	32	32	29
外国人数量多	29	31	29	24
样本量（个）	7000	3147	2819	1034

资料来源：笔者自制。

具体问及提升北京国际交往中心形象的举措，全球总体受访者提及最多的是"美好的旅游体验"（45%）、"安全卫生便捷的饮食及饮食环境"（44%）和"良好的社会治安"（43%）；其次提及较多的是"发达便利的交通"（41%）、"干净整洁温馨的酒店"（40%）、"热情好客的市民"（40%）、"公共场所清晰标准的外语标识"（39%），以及"和谐优美的城市景观"（37%）（见表 19）。

表 19　北京国际交往中心形象的提升空间

单位：%

国际交往中心形象提升要素	全球总体	发达国家	发展中国家	了解北京	不了解北京
美好的旅游体验	45	36	54	47	43
安全卫生便捷的饮食及饮食环境	44	40	47	45	43
良好的社会治安	43	38	47	46	41
发达便利的交通	41	34	48	45	38
热情好客的市民	40	31	48	42	38
干净整洁温馨的酒店	40	34	46	42	39
公共场所清晰标准的外语标识	39	35	42	40	38
和谐优美的城市景观	37	32	42	40	35
不断改善的民生福祉	30	26	35	33	29

续表

国际交往中心形象提升要素	全球总体	发达国家	发展中国家	了解北京	不了解北京
涉外服务人员高效的工作效率	30	23	37	34	28
便捷的购物、休闲环境	30	23	37	35	27
特色鲜明的地标性建筑	27	24	29	31	24
样本量（个）	7000	3500	3500	2693	4307

资料来源：笔者自制。

51~65 岁的群体看重"安全卫生便捷的饮食及饮食环境"、"良好的社会治安"和"公共场所清晰标准的外语标识"（见表20）。

表 20　不同年龄段受访者对北京国际交往中心形象提升措施的比较

单位：%

国际交往中心形象提升要素	全球总体	18~35 岁	36~50 岁	51~65 岁
美好的旅游体验	45	44	46	42
安全卫生便捷的饮食及饮食环境	44	41	44	51
良好的社会治安	43	42	42	46
发达便利的交通	41	38	42	45
热情好客的市民	40	38	41	43
干净整洁温馨的酒店	40	38	41	43
公共场所清晰标准的外语标识	39	36	38	46
和谐优美的城市景观	37	36	38	36
不断改善的民生福祉	30	30	30	32
涉外服务人员高效的工作效率	30	29	31	32
便捷的购物、休闲环境	30	29	31	31
特色鲜明的地标性建筑	27	27	27	26
样本量（个）	7000	3147	2819	1034

资料来源：笔者自制。

（六）科技创新中心形象

全球 14 国受访者对北京科技创新能力（见图6）给予充分的肯定，超过 60% 的评价非常好（8~10 分），科技创新能力均值为 7.8 分；特别是发展中国家，有超过 70%（77%）的给到非常好评价，均值达到 8.5 分；了解北京的受访者超过 70% 的评价非常好，均值达到 8.3 分。

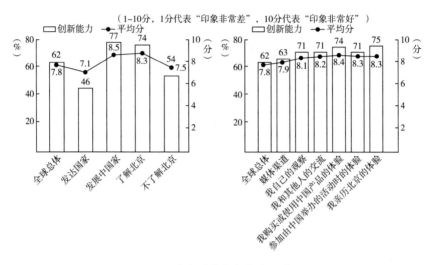

图 6　北京科技创新能力评价

资料来源：笔者自制。

从受访者接触到的不同信息来源来看，曾经来过北京/自己观察、购买或使用过中国产品或曾经在本国参加过由中国举办的活动的受访者对北京的科技创新能力评价相对更高，而通过媒体渠道了解北京的受访者其评价相对低，说明未来北京提升科技创新形象不能仅仅通过媒体传播科技创新信息，还需要让海外民众充分接触并体验到北京科技创新的成果，包括产品和服务等，除了通过多渠道报道，还可以增加社交平台的推广，给海外民众留下更深刻的印象。

全球受访者提及反映北京科技创新水平最多的是"科技企业数量众多"（50%）、"交通营运系统（机场、高铁、地铁）发达"（46%）、"公共场所的科技技术应用面广"（43%）、"互联网覆盖程度高"（42%）。从区域分布来看，发达国家和发展中国家的受访者和全球总体无明显差异。对北京科技创新能力总体评价相对负面（1~4 分）的海外民众，评价前五大反映北京科技水平的方面时也对"移动支付便捷"给予了认可（见表 21）。

表 21　北京科技水平体现评价

A

单位：%

科技水平要素	全球总体
科技企业数量众多	50
交通营运系统（机场、高铁、地铁）发达	46
公共场所的科技技术应用面广	43
互联网覆盖程度高	42
科学研究机构数量众多	38
高校众多	32
移动支付便捷	30
共享单车覆盖率高	22
样本量（个）	7000

B

单位：%

科技水平要素	全球总体	发达国家	发展中国家	科技创新能力评价比较好	科技创新能力评价不好
科技企业数量众多	50	38	61	62	28
交通营运系统（机场、高铁、地铁）发达	46	35	56	56	27
公共场所的科技技术应用面广	43	32	55	54	25
互联网覆盖程度高	42	31	52	52	26
科学研究机构数量众多	38	29	48	49	20
高校众多	32	27	38	39	20
移动支付便捷	30	25	35	35	24
共享单车覆盖率高	22	16	28	26	14
样本量（个）	7000	3500	3500	4134	1448

资料来源：笔者自制。

（七）和谐宜居之都形象

海外民众对北京和谐宜居之都的评价尚可，45%的受访者认为非常

好（8~10分），总体评价均值为 7.0 分。但发达国家和不了解北京的
受访者对北京和谐宜居之都的印象明显走低。曾经来过北京，特别是近
几年的来访者对北京和谐宜居印象更好些。越年轻的群体对北京和谐宜
居的评价越好（见图7）。

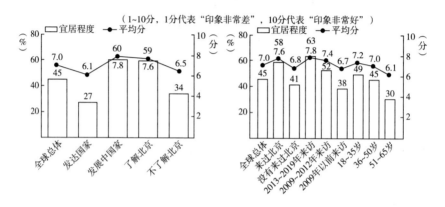

图7　北京和谐宜居之都整体评价

资料来源：笔者自制。

　　全球 14 国民众认为北京城市的宜居程度主要体现在"经济发展水
平较高"（49%）、"文明程度很高"（38%）、"充满机遇"（37%）和
"可持续发展"（30%）方面。然而，北京在体现城市和谐宜居形象的
"社会安全"（27%）、"生活便捷"（24%）、"环境舒适"（24%）、"城
市景观设计和谐优雅"（23%），以及"适合个性发展"（23%）和"有
益于健康"（16%）方面的城市印象相对较弱。北京要全方位打造国际
城市，需要兼顾和谐宜居相关形象的建设（见表22）。

表22　北京城市和谐宜居形象评价

单位：%

和谐宜居之都形象要素	全球总体	发达国家	发展中国家	了解北京	来访过北京
经济发展水平较高	49	35	62	53	44

和谐宜居之都形象要素	全球总体	发达国家	发展中国家	了解北京	来访过北京
文明程度很高	38	26	50	45	38
充满机遇	37	25	49	45	39
可持续发展	30	19	41	38	38
社会安全	27	19	36	36	37
生活便捷	24	19	29	32	34
环境舒适	24	16	32	33	34
城市景观设计和谐优雅	23	15	32	31	29
适合个性发展	23	15	31	32	30
有益于健康	16	10	23	25	27
样本量（个）	7000	3500	3500	2693	1420

资料来源：笔者自制。

对比不同时间到访北京的外国人的评价发现，北京城市印象各方面都有所提升，特别是"生活便捷"和"环境舒适"方面，相对2009年以前评价提升最多（见表23）。

表 23　基于不同来访时间的北京城市宜居评价比较

单位：%

和谐宜居之都形象要素	来访时间 2009 年以前	来访时间 2009~2012	来访时间 2013~2019
经济发展水平较高	38	39	46
文明程度很高	36	35	40
充满机遇	37	34	40
可持续发展	30	34	41
社会安全	28	33	39
生活便捷	20	31	37
环境舒适	23	32	36
城市景观设计和谐优雅	21	31	31
适合个性发展	25	26	32
有益于健康	21	22	30
样本量（个）	175	245	994

资料来源：笔者自制。

对于游历北京的评价，近八成（76%）海外民众对北京的印象在来访后变好，有超八成（82%）受访者对游历北京的经历和体验给予认可，其中感到非常满意的占44%，来访北京后对北京印象转好的比例持续增加，且满意度不断提升，近半数（47%）2013~2019年来访北京的外国人表示对在京经历和体验非常满意（见表24）。

表24 游历北京满意度评价

单位：%

来访北京后印象转变和满意度	全球总体	来访时间2009年以前	来访时间2009~2012	来访时间2013~2019
来访后印象变好	76	61	77	79
非常满意	44	30	40	47
比较满意	38	38	39	38
一般	14	27	17	11
不满意/非常不满意	3	5	4	3
样本量（个）	1420	175	245	994

资料来源：笔者自制。

发展中国家的受访者对在京经历和体验的满意度明显高于发达国家的受访者，表示非常满意的占63%（见表25）。

表25 来自发达国家与发展中国家的受访者在京体验满意度比较

单位：%

来访满意度	发达国家	发展中国家
非常满意	28	63
比较满意	44	32
一般	22	5
不满意/非常不满意	6	0
样本量（个）	774	646

资料来源：笔者自制。

18~50 岁的海外民众对在京经历和体验的满意度明显好于 51~65 岁的偏年长人群（见表 26）。

表 26　不同年龄段来访者的在京体验满意度比较

单位：%

来访满意度	18~35 岁	36~50 岁	51~65 岁
非常满意	47	44	26
比较满意	36	39	45
一般	14	14	22
不满意/非常不满意	3	3	7
样本量（个）	766	537	117

资料来源：笔者自制。

就"最近一次在北京停留时的体验"，来过北京的受访者的负面评价中，对"政府工作人员"、"交通运输业"和"食宿服务业"的不满意程度相对略高。因此，北京的服务水平亟须改进，以改善来京外国人对北京的印象和满意度（见图 8）。

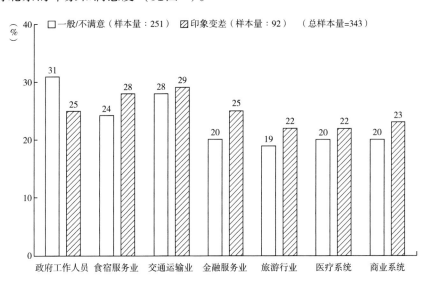

图 8　北京停留体验满意度评价

资料来源：笔者自制。

其中，发达国家来访者的负面评价普遍高于发展中国家。显然，提升对"交通运输业"和"政府工作人员"的满意度，有助于改善发达国家来访者对北京的满意度，而发展中国家来访者更关注"旅游行业"的体验（见图9）。

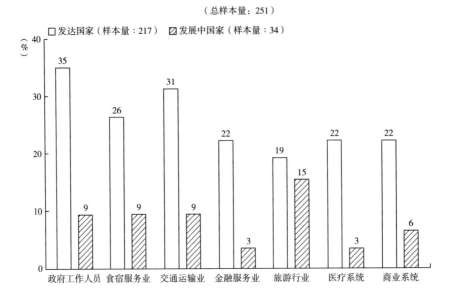

（总样本量：251）

☐ 发达国家（样本量：217） ▨ 发展中国家（样本量：34）

图9 来自发达国家与发展中国家的受访者北京停留体验满意度比较
资料来源：笔者自制。

除此之外，还需要为年长人群提供更好的交通运输、金融服务和商业系统服务体验，提升年轻人对食宿服务业的满意度，更好地满足36~50岁人群对医疗系统人员的需求（见图10）。

在提升北京形象方面，改善环境污染（19%）、提高国民素质（16%）、治理空气污染（15%）是提高海外民众在京体验满意度亟须深入调研并大力部署解决的问题。其次提及的问题包括城市太拥挤/人太多了、污染问题、交通拥堵、食品质量不好、英语路牌指引少等，这些问题也需逐项研究并落实具体改进措施（见表27）。

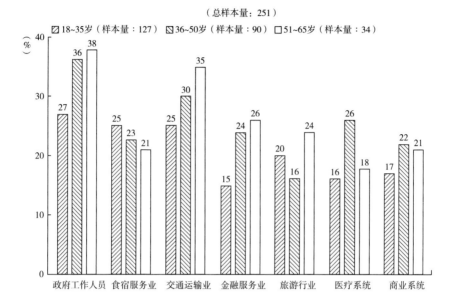

（总样本量：251）

图 10　不同年龄段来访者的北京停留体验满意度比较

资料来源：笔者自制。

表 27　北京满意度提升方向

单位：%

来访北京具体 不满意方面	一般/不满意	2013~2019 年 来访	来访后 印象变好	来访后 印象变差
环境污染/到处都很脏	19	19	15	20
国民素质（包容、礼仪等）	16	17	13	23
空气污染/空气质量差/雾霾	15	17	15	23
太拥挤/人太多了	7	8	11	5
污染严重/污染问题	6	3	8	2
交通拥堵	5	7	5	2
食品质量不好	3	2	2	2
交通不方便	2	1	3	0
费用高（房价、日常等）	2	1	2	2

来访北京具体 不满意方面	一般/不满意	2013~2019 年 来访	来访后 印象变好	来访后 印象变差
英语路牌指引少	2	3	3	0
服务人员英语沟通不流畅	2	2	1	0
食品卫生问题	2	1	0	2
样本量（个）	251	145	96	44

资料来源：笔者自制。

发达国家来访者提及不满意最多的是环境污染/到处都很脏问题，也是各年龄层普遍不满意的地方。发展中国家不满意提及最多的是国民素质（包容、礼仪等）问题。51~65 岁年长来访者对于交通拥堵问题的不满意程度超过了国民素质（包容、礼仪等）（见表 28）。

表 28　基于国家和年龄的北京满意度提升方向比较

单位：%

来访北京具体不满意方面	发达国家	发展中国家	18~35 岁	36~50 岁	51~65 岁
环境污染/到处都很脏	20	12	15	18	38
国民素质（包容、礼仪等）	15	18	13	21	9
空气污染/空气质量差/雾霾	17	6	9	23	18
太拥挤/人太多了	7	9	9	7	3
污染严重/污染问题	6	6	6	6	6
交通拥堵	5	3	3	4	12
食品质量不好	2	9	2	4	3
样本量（个）	217	34	127	90	34

资料来源：笔者自制。

（八）北京全球媒体报道量及信息认知渠道

全球受访者认为北京在全球的媒体报道量充分的占 46%，认为非常充分的达到 14%，发展中国家认为媒体报道充分的占比高于发达国家，年轻人认为报道充分的占比高于年长人群（见表 29）。

表 29　北京全球媒体报道量

单位：%

全球媒体报道量	全球总体	发达国家	发展中国家	18~35 岁	36~50 岁	51~65 岁
非常充分	14	9	18	17	13	6
比较充分	32	30	35	34	32	28
一般	37	42	32	36	37	42
不太充分/非常不充分	17	19	15	13	18	24
样本量（个）	7000	3500	3500	3147	2819	1034

资料来源：笔者自制。

近邻韩日两国民众认为北京在全球的媒体报道量充分的远低于其他发达国家，美英澳也有部分民众认为北京在全球的媒体报道量还不充分，需要继续加强（见表30）。

表 30　发达国家对北京全球媒体报道量的评价

单位：%

全球媒体报道量	澳大利亚	韩国	日本	英国	德国	法国	美国
非常充分	9	3	3	14	8	10	17
比较充分	37	22	15	33	31	38	33
一般	40	47	46	36	49	42	34
不充分	15	28	36	16	12	10	16
样本量（个）	500	500	500	500	500	500	500

资料来源：笔者自制。

发展中国家中，俄罗斯民众认为北京在全球的媒体报道量充分的明显偏低，其次是阿根廷，南非和埃及也有部分民众认为北京在全球的媒体报道量还不充分，需要继续加强（见表31）。

表 31　发展中国家对北京全球媒体报道量的评价

单位：%

全球媒体报道量	墨西哥	巴西	阿根廷	印度	俄罗斯	南非	埃及
非常充分	15	26	8	33	7	18	21
比较充分	38	45	25	45	20	36	34
一般	36	19	45	17	51	30	27
不充分	11	10	22	5	22	16	18
样本量（个）	500	500	500	500	500	500	500

资料来源：笔者自制。

　　全球民众认知和了解北京的主要信息渠道是"本国媒体"（56%）、"我自己的观察"（38%）、"我和其他人的交流"（34%）、"我购买或使用中国产品的体验"（32%）。海外年轻人较年长人群与中国媒体、中国举办的活动、中国产品有更多接触，也更愿意与他人交流相关信息。但总体来看，中国媒体作为信息传播渠道的影响力还相对较弱，特别是针对发达国家及年长人群（见表 32）。

表 32　认知北京的信息渠道

单位：%

认知渠道	全球总体	发达国家	发展中国家	18~35 岁	36~50 岁	51~65 岁
本国媒体	56	57	54	52	57	65
中国媒体	19	16	22	22	17	13
其他国家的媒体	27	20	34	29	26	23
我自己的观察	38	33	44	38	39	36
我和其他人的交流	34	28	40	36	33	32
参加由中国举办的活动时的体验	15	11	19	18	14	8
我购买或使用中国产品的体验	32	19	45	33	33	25
我亲历北京的体验	11	10	12	12	11	8
样本量（个）	7000	3500	3500	3147	2819	1034

资料来源：笔者自制。

在媒介渠道方面，电视、网站、社交平台、纸媒（报纸、杂志、书籍）是外国人获得北京信息最重要的媒介，电影对接触中国媒体的外国受众也是非常重要的信息渠道（见表33）。

表 33　了解北京的信息来源媒介

单位：%

媒介渠道	本国/中国/其他媒体	本国媒体	中国媒体	其他国家媒体
电视	73	75	62	65
网站	66	64	66	72
社交平台	42	38	46	47
纸媒（报纸、杂志、书籍）	40	39	39	39
电影	33	27	41	39
广播	23	20	29	24
样本量（个）	5304	3906	1301	1905

资料来源：笔者自制。

考虑到发达国家社交平台的普及和发展，目前发达国家民众从社交平台上获得有关北京的信息明显偏低，可考虑通过当地主流社交平台发布和传播北京信息和形象的可行性，并利用好社交平台广泛的影响力和快速的传播力，让社交平台为打造北京积极的正面形象发挥更大的作用。同样地，在发展中国家也需要在网站传播北京信息和形象。

总体来看，社交平台和网站是年轻人聚集较多的媒介，做好基于社交平台和网站的沟通可以覆盖和影响更多的年轻人。而电视、网站和纸媒（报纸、杂志、书籍）是年龄偏长人群了解北京的重要媒介（见表34）。

表 34　基于国家和年龄的信息来源媒介比较

单位：%

媒介渠道	发达国家	发展中国家	18~35 岁	36~50 岁	51~65 岁
电视	74	73	70	75	80
网站	50	81	69	65	60
社交平台	26	57	50	37	27

媒介渠道	发达国家	发展中国家	18~35 岁	36~50 岁	51~65 岁
纸媒（报纸、杂志、书籍）	37	44	37	40	50
电影	25	41	39	31	23
广播	21	25	25	22	20
样本量（个）	2629	2675	2387	2122	795

资料来源：笔者自制。

在直接信息渠道方面，全球受访者通过中国在当地举办的各种活动了解和认识北京，提及最多的是文化年（49%），以及海外中国文化中心举办的活动（47%）和中国使馆举办的活动（47%），其次是旅游年（44%）、演出（40%）、产品销售活动（34%）和孔子学院举办的活动（33%）。发展中国家提及中国使馆举办的活动的较多，发达国家提及旅游年和孔子学院举办的活动相对突出。

从年龄分布来看，18~35 岁的受访者通过孔子学院举办的活动了解信息的比例明显更高，36~50 岁的受访者更多地通过中国使馆举办的活动来了解信息；而 51~65 岁的受访者通过产品销售活动和演出了解和认知北京的明显高于 50 岁及以下人群（见表 35）。

表 35　认知北京的直接信息渠道比较

单位：%

直接信息渠道	全球总体	发达国家	发展中国家	18~35 岁	36~50 岁	51~65 岁
文化年	49	46	51	50	51	37
海外中国文化中心举办的活动	47	45	48	46	48	48
中国使馆举办的活动	47	39	52	45	50	49
旅游年	44	43	45	46	44	35
演出	40	27	47	35	45	48
产品销售活动	34	19	43	29	39	49
孔子学院举办的活动	33	30	36	37	32	20
样本量（个）	1062	386	676	580	399	83

资料来源：笔者自制。

第四节　海外民众北京城市形象认知现状与需求分析

鲜明而独特的城市形象对北京国际形象传播的重要性不言而喻，而这一过程的成效不可避免地受到海外民众认知与态度的影响。本次调研结果反映出海外民众对北京城市形象各个方面的认知存在一定的共同性和差异性，具体表现在以下几个方面。

（一）首都北京整体形象方面，北京在全球的整体印象比较好，受访者打分均值为 7.0 分，国际影响力排第五位；国内一线城市排名稳居第一位

对比全球 14 国首都城市，海外民众对英、法、德、美、日等国家首都的整体印象评价明显好于北京，而北京总体上表现好于首尔、堪培拉及其他发展中国家首都城市。

对比国内一线城市（包含直辖市），除上海与北京表现接近外，海外民众对其他国内城市的整体印象评价均不如北京。

对比发展中国家和发达国家，来自发展中国家的民众对北京的整体印象普遍好于发达国家，表示非常满意的占 63%。墨西哥和巴西民众对北京整体印象的评价相对最好。其次是印度、俄罗斯、阿根廷、埃及，以及南非。

对比周边国家和非周边国家，近邻日韩的受访者对北京整体印象评价相对明显低于其他国家。

对比已来访和未来访的受访者，了解和曾经来访北京的海外民众对北京整体印象更好。

对比各年龄层，年轻人对北京形象的评价明显好于年长人群，或与更多的年轻人在 2012 年后来过北京，更了解北京发展现状有关。海外越小年龄人群对北京"和谐宜居"和"开放包容"的认可度明显越高，对北京政治中心形象感知越弱。18~50 岁的人群对北京的"科技创新"

和"现代时尚"的评价要好于50岁以上人群。而18~35岁的年轻人对于北京的"悠久历史"和"深厚文化底蕴"的了解，不如年长人群。

对比亲身体验北京前后的印象变化，近80%的海外民众对北京的印象在来访后变好，来访北京后对北京印象转好的比例持续增加，且满意度不断提升，几乎半数2013~2019年来访北京的海外民众表示对在京经历和体验非常满意。

对比不同时间到访北京的海外民众的评价发现，相较于早期游历北京的受访者，北京城市形象各个方面均有明显的提升。其中，"经济发达"提升最高，其次是"和谐宜居"。2013年以后来访的海外民众对北京居民"爱护生态环境"和"热情包容"的评价明显提升；"生活便捷"和"环境舒适"方面，相对2009年以前的评价提升最多。

对比全球14国首都的国际影响力，北京排第五位，位居伦敦、华盛顿、巴黎、东京之后，领先莫斯科、柏林和其他城市，了解和来过北京的人对北京国际影响力排名更积极，分别排第四位和第三位。

（二）城市及其居民评价方面，从整体来看，北京在海外民众中的普遍印象是历史悠久、文化内涵深厚、经济发达，而近年来北京的科技创新、现代时尚形象不断提升，未来需大力打造和谐宜居和开放包容的形象

对北京的评价，无论是发达国家还是发展中国家，海外民众对北京普遍的总体印象是"历史悠久""文化深厚""经济发达"。近年来，北京的"科技创新"形象和"现代时尚"形象持续加强，特别得到海外年轻人群的认可，而北京作为首都"政治中心"的鲜明形象略有淡化。相对而言，北京在"和谐宜居"和"开放包容"方面的认可度略低，还有很大的提升空间。

对北京居民的评价，海外民众的普遍印象是"勤劳敬业"、"遵纪守法"、"国家至上"、"公共场所举止文明"和"积极向上"；亟须加强的是"爱护生态环境"和"热情包容"形象。

（三）政治中心形象方面，北京市政府的"治理能力高效"形象突出，法治形象提升明显，被认为是创新型、负责任的政府。北京市政府提出的"科技北京"和"智慧城市"等城市发展理念认知度较高

海外民众对北京市政府的普遍印象是"治理能力高效"，是"创新型政府"和"负责任的政府"，其中创新型和负责任的政府形象近年来提升明显，负责任的政府得到印度、俄罗斯、墨西哥、巴西和阿根廷几国民众的认可度更高。德国、日本和韩国对创新型政府形象评价明显偏低，在未来合作交往中应注意体现和提升。

北京市政府提出的城市发展理念在海外民众中认知度最高的是"科技北京"和"智慧城市"，其次是"宜居城市"和"绿色北京"。发展中国家、了解北京的和较年轻的海外民众对这几个理念的认知度更高。

在北京市举办的大型活动广受全球受访者青睐，"2008年北京奥运会"认知度最高，"北京国际图书博览会""北京世界园艺博览会""北京国际电影节"得到超过80%受访者的好评。

（四）文化中心方面，北京的文化符号全球认知度排前三名的依次是"名胜古迹"、"著名饮食"与"传统服装"。比较而言，发达国家对"著名饮食"作为北京文化符号的认可度高于发展中国家，而对"现代建筑"的认可度则低于后者

海外民众来北京最感兴趣的活动是参观名胜古迹，而他们选出的前五大北京文化地标也恰恰都是名胜古迹，按推荐度顺次是长城、故宫、天坛、天安门和颐和园。发达国家推荐度最高的是长城和天安门，发展中国家对鸟巢和水立方以及国家大剧院的推荐度也较高。

在提升北京文化中心形象举措方面，海外民众谈及最多的是"保护文化遗产"。海外民众谈及的第二多的是"推广饮食文化"，到北京来品尝美食是他们感兴趣的第二项活动。

同时，海外民众对到北京来参观博物馆、美术馆等文化类场馆的兴趣持续提升，近年来游历北京的海外民众对大运河文化带、三里屯、

798 艺术区、鸟巢和水立方、国家大剧院和秀水街的推荐度提升。2009 年后到访北京的外国人对更现代的北京文化符号的了解明显好于早期的来访者。

（五）国际交往中心方面，北京国际化程度近年来得到更广泛认可。曾经来访过北京的海外民众对北京国际化形象的认可度明显好于从未来过北京的人，且来访时间越近对北京国际化程度的认可度越高，越年轻的海外民众对北京国际化程度的认可度越高

海外民众认为北京国际化程度非常高的占 48%。18~35 岁的年轻人认可度更高，占 51%。2013~2019 年来过北京的受访者认为北京国际化程度非常好的占 66%，打分均值为 7.9 分。发展中国家评价明显好于发达国家。

海外民众认为最能体现北京国际交往中心形象的表现是"对外国人的包容度高"，这对发达国家民众尤其重要；其次是"举办各种具有国际影响力的文艺活动和体育赛事"、"举办重大外交外事活动"和"经常举办国际及区域型会议和展会等活动"；再有就是"设置清晰、规范的多种外国语指引标识""发达便利的重要国际交通枢纽""公正规范的涉外管理政策"。

至于提升北京国际交往中心形象的具体举措，海外受访者提及最多的是"美好的旅游体验"、"安全卫生便捷的饮食及饮食环境"和"良好的社会治安"；其次是"发达便利的交通""干净整洁温馨的酒店""公共场所清晰标准的外语标识"，以及"热情好客的市民"和"和谐优美的城市景观"方面。

（六）科技创新中心方面，北京创新能力在整体调查结果中表现积极，特别是发展中国家的和了解北京的受访者，给予更高评价。科技企业数量众多、交通营运系统（机场、高铁、地铁）发达、公共场所的科技技术应用面广，以及互联网覆盖程度高是具体体现

海外受访者对北京科技创新能力给予充分的肯定，超过 60% 的评价非常好，科技创新能力均值为 7.8 分；特别是发展中国家，有超过 70% 的给到非常好评价，均值达到 8.5 分；了解北京的受访者超过 70% 的评价非常好，均值达到 8.3 分。

结合受访者接触的不同信息来源进行分析发现，曾经游历北京、自己观察、购买或使用过中国产品以及参加过由中国举办的活动的人对北京科技创新能力的评价，优于从媒体了解北京的人。

最能够反映北京科技创新水平的是"科技企业数量众多""交通营运系统（机场、高铁、地铁）发达""公共场所的科技技术应用面广""互联网覆盖程度高"。

对北京科技创新能力总体评价相对负面（1~4 分）的海外民众，在评价前五大反映北京科技水平的方面时也对"移动支付便捷"给予了认可。

（七）和谐宜居之都方面，海外民众对北京和谐宜居之都的评价尚可。但发达国家和不了解北京的受访者对北京和谐宜居之都的印象分明显走低，这说明北京与国际一流和谐宜居之都的目标尚有差距，需要深化和落实改进措施

海外民众认为北京和谐宜居之都形象非常好（8~10 分）的占 45%；来访北京后，76% 的海外民众对北京的印象变好，82% 的受访者认可游历北京的经历和体验，且对北京印象转好和满意的比例不断提升，2013~2019 年来访北京的外国人有 47% 的表示对在京经历和体验非常满意。

相对表现突出的是"经济发展水平较高"、"文明程度很高"、"充满机遇"和"可持续发展"四个方面，北京在体现城市和谐宜居方面给海外民众的印象略显薄弱，体现在"社会安全"、"生活便捷"、"环境舒适"、"城市景观设计和谐优雅"、"适合个性发展"和"有益于健康"等维度的分值偏低。

针对北京"和谐宜居"的形象，海外民众反映出的"不满意"的

问题较多：首先最不满意的是环境污染、国民素质问题、空气污染方面；其次是城市太拥挤/人太多了、污染问题、交通拥堵、食品质量不好、英语路牌指引少。

从海外访客最近一次在北京停留时的经历看，需要持续改进和提高政府工作人员、交通运输业和食宿服务业人员的服务水平，以帮助改善和提升来京外国人在北京的体验和对北京的印象。

（八）北京全球媒体报道量及信息认知渠道方面，北京全球媒体报道量有待提升。在信息获取方面，本国媒体和亲身体验成为海外民众认知与理解北京的主要途径；中国媒体作为信息传播渠道的影响力还相对较弱

海外民众认为北京在全球的媒体报道量充分的占 46%，认为非常充分的占 14%，发展中国家民众认为充分的占比高于发达国家，年轻人认为充分的占比高于年长人群。

全球民众认知和了解北京的主要信息渠道是本国媒体、个人观察、和其他人的交流、购买或使用中国产品的体验。海外年轻人较年长人群与中国媒体、中国举办的活动、中国产品有更多接触，也更愿意与他人交流相关信息。

电视、网站、社交平台、纸媒（报纸、杂志、书籍）是外国人获得北京信息最重要的媒介，电影对接触中国媒体和其他国家媒体的外国受众也是非常重要的信息渠道。社交平台和网站是年轻人聚集较多的媒介，做好基于社交平台和网站的沟通可以覆盖和影响更多的年轻人。而电视、网站和纸媒（报纸、杂志、书籍）是年龄偏长人群了解北京的重要媒介。

海外受访者通过中国在当地举办的各种活动了解和认识北京，提及最多的是文化年，以及海外中国文化中心和中国使馆在当地举办的活动，其次是旅游年、演出、产品销售活动和孔子学院举办的活动。发展中国家受众提及中国使馆举办的活动的较多，发达国家受众提及旅游年和孔子学院举办的活动相对突出。

第五节　建议与对策

综观本次调查，基于数据所呈现的特征，面向全球 14 个国家的海外民众的北京形象提升策略主要集中在以下几个方面。

（一）抓住"一带一路"和"四个中心"建设的重要历史机遇，及时把握北京国际形象发展新动向，聚焦特定群体，瞄准新的发力点，进行差异化、精准传播，做到"影响能影响的人"

交互对比分析显示，从时间上看，北京国际形象在"四个中心"和"和谐宜居之都"五个维度上近年来均有明显的提升，尤其是"国际交往中心"和"科技创新中心"在海外民众认知中表现突出，而且受访者来京时间越近，印象越好，说明北京近些年的变化以及在塑造自身国际形象方面所付出的努力得到了世界各国人民的关注和认可。

分析还显示，亲历中国的、年轻的、来自发展中国家的以及近年来过北京的海外民众，给予北京更高的评价。这些群体，往往对北京持更多正面的感知和态度，正是当下北京在国际交流合作中最有可能被影响的人。把握他们的不同需求和特点，增强北京形象国际推广的针对性与实效性；及时创造条件将"积极的受众"转化成北京形象国际传播的"积极的民间使者"，让他们成为像约德·汉蒙德（Jord Hammond）和麦克·山下（Michael Yamashita）这样以拍摄美丽动人的中国而在社交平台上爆红的人，从而引发传播逆流，不断消解负面影响。

扩大在传统西方大国之外的朋友圈中的影响力，周边国家对北京的消极评价，也应该成为传播战略关注的重点。

（二）注重多元化国际传播渠道开发与建设，充分利用各类重大主场国际活动的优势，进一步丰富海外民众喜闻乐见的活动内容，扩大北京城市形象的影响力和辐射力

作为"双奥之城"的北京近年来举办的大型国际活动在彰显城市

的认知度和影响力方面成绩斐然，已经成为改善政治形象、提升北京整体形象的重大突破口，特别是形象推广方面。与典型媒体渠道相比较，"2008年北京奥运会"、"北京国际图书博览会"、"北京世界园艺博览会"和"亚洲文明对话大会"等基于亲身体验的非媒体传播渠道，不仅为北京赢得了全球受访者广泛的好评，而且成为受访者喜爱的活动。

北京市举办的重大主场外交活动，是其他国家难以复制的大国首都的传播优势，也是最好的宣传舞台。这个舞台上集聚了各国政要、社会精英等意见领袖，各国主流媒体会尾随而至，他们不管原先对北京有多么漠视，受西方媒体的影响多深，都会在大型活动中重新书写他们眼中的北京形象。埃及媒体，在"2019年北京'一带一路'国际合作高峰论坛"之后的巨大转变，转而对北京的关注、对中国的正面报道，就是很好的例证。

未来可利用海外民众普遍对图书、园艺、电影、体育等大型活动的喜爱，延伸大型活动的主题，通过更多地举办海外民众喜闻乐见的活动来宣传和践行北京的城市发展理念，丰富北京的城市内涵，利用共同的期待与爱好，架起北京人民与其他国家大都市人民之间的心心相通之桥。

（三）紧贴城市形象在个体层面生成的基本规律，重视海外民众的实际体验和需求，扣紧他们的五官感受、沿着他们体验北京的轨迹规划传播路径，大题小做，小中见大，不畏精细，使北京城市的风貌与精神入脑入心，真正做好接地气的体验式传播

北京形象是个体亲身体验和五官感受中细碎的马赛克拼接的头脑图像。调查显示，海外民众对政治中心的评价、对北京记忆最深的文化符号、对国际交往中心的印象、对科技创新中心的赞许以及他们对"和谐宜居之都"的较低的评价，都与他们日常生活的衣、食、住、行、游、娱、购涉及的方方面面以及他们五官的所知所感密切相关。

在设计"四个中心"和"和谐宜居之都"的各种传播和推广方案

时，建议将北京建设大型活动服务保障体系的经验，运用到提升北京形象的传播实践中去，紧扣日常生活细节，锁定人的五官感受，沿着外国人的脚印去统筹规划，缜密策划，打造北京形象的经典与精品、排查北京形象的败笔与短板，着力提升国际化公共服务水平，将传播和推广活动植根于真实体验和实际生活需求，让形象从预期的美好体验中开始，在体验中升华。

借鉴发达国家在首都形象塑造中体验式传播的惊人效果，利用好外国人群体和北京在不同时空的"接触点"，使北京形象有更多的"落地点"，使北京城市的风貌与精神入脑入心。日本东京羽田国际机场的洗手间，整洁、优雅、清香，游客认为其达到五星级酒店标准。一个小小的洗手间，其实就是东京乃至日本与外国人的"接触点"，但日本人把它做成了城市和国家的名片，其现代化发达程度、国民的素质、匠人精神、审美和品位以及对游客的人文关怀，尽在其中，值得我们借鉴。

（四）深度开发"四个中心""和谐宜居之都"的一体化形象塑造模式，推进北京国际形象和相关产业的深度融合。一方面，使产业本身成为展现多个维度的北京形象的载体；另一方面，在这种融合中形成城市形象的转化、生产、运输和消费的循环系统，从而形成北京形象的"软宣传""深传播"的嵌入式、浸润式传播体系

调查显示，海外民众认知北京的渠道具有明显的体验性和产业依托性：除媒介渠道外，旅游是海外民众来访北京的首要活动；自身观察和购买或使用中国产品成为海外民众了解北京的重要渠道。同时，北京拥有依托服务业和新兴产业打造自身国际形象的优势：北京是全国高铁网的"心脏"，已经"飞"入双枢纽时代，又是全国"双创"领头羊，正在建设"三城一区"的科技创新蓝图。

借鉴发达国家经验，建议将北京整体形象的塑造与传播，融入旅游产业、餐饮业、交通运输业等服务业以及文化创意产业、科技创新产业和走出海外的其他产业之中，一方面，使产业本身成为展现多个维度的北京形象的载体；另一方面，凝练从这种融合中衍生出的城市符号，并将其打造成具有代表性的延伸文化产品，使之再次回到旅游、零售、餐饮等行业中进行"流通和消费"，形成城市形象转化、生产、运输和消费的循环系统，以此塑造丰满、动感的北京形象。这方面，伦敦哈罗德百货大楼以高品质的服务，将高端零售业、旅游业与富丽堂皇的文化艺术、名人效应完美融合，是塑造伦敦在世界城市之中高端形象的典范。而日本大阪的秋叶原、日本桥电器街，更是将日本的旅游业、零售业、日本科技和动漫融为一体，成为大众消费的胜地和御宅族文化的圣地。

借鉴这些国际经验，同时利用北京丰富的文化资源和产业优势，推广故宫将旅游与文创结合的经验，给"高铁玩具"注入"一带一路"故事，给"三城一区"注入文化内涵，使北京形象活起来，可穿戴、可消费、可带走，从而深度开发北京形象塑造与传播的一体化模式，建立"软宣传""深传播"的嵌入式、浸润式传播体系。

（五）重点提升文化中心形象，及时呼应海外民众的关切与期待

调查显示，在提升北京文化中心形象方面，海外民众认为最重要的举措就是"保护文化遗产"、"推广饮食文化"和"提高居民的文化素质"。

未来需要在加大文化遗产保护力度的同时，加强相关工作的对外宣传，通过社交平台多发布像"我在故宫修文物"之类有广泛影响力的短视频，让世界人民在了解北京保护文化遗产方面的努力和举措的同时，了解博大精深的中国文化以及中国人的匠人精神。

在饮食文化推广方面，多挖掘北京传统饮食的特色、文化渊源和内涵，展现古都风韵，展现中国人的养生哲学、审美品位和健康的生活方式，提高卫生标准，保证食品安全，营造高雅整洁的就餐环境，不能只关注大饭店，还要治理好外国人最关注的小餐馆。可以征集并挑选出不同国家民众最喜欢的美食，打造适合不同国家民众的精品，用符合现代生活需求的方式在特色美食文化区、酒店、机场等场所推广宣传。

要加大对餐饮业、旅游业服务人员国际化服务质量和外语水平的培训，培养会讲北京故事的"文化专家型"导游，特别是针对旅游业高度发达的发达国家的游客；培养会讲外语，有跨文化意识，能体现首都风范、现代风貌的服务员。

响应海外民众对到北京博物馆、美术馆等文化类场馆持续上升的兴趣与期待，提升文化类场馆外国游客游览的便捷度、舒适度、参与度与获得感。近年来游历北京的海外民众对大运河文化带、三里屯、798艺术区、鸟巢和水立方、国家大剧院和秀水街的推荐度不断提升，可以考虑建设更多的特色文化街区、组织丰富的文艺演出、重视文化创意产业、组织文化产品展览、扩大文化场馆建设等，来改善其文化体验。

（六）重点提升国际交往中心形象的建议

调查显示，海外民众认为，"对外国人的包容度高"是最能体现北京城市国际交往中心形象的要素，并且尚有很大的提升空间，尤其是对发达国家的民众而言。鉴于目前对该印象的具体成因尚不清楚，建议加强对此问题的深入研究。

在提升北京国际交往中心形象的具体举措方面，未来需要在"一核两轴四区域"国际交往空间布局中，对海外受访者提及最多的"美好的旅游体验""安全卫生便捷的饮食及饮食环境""良好的社会治安""发达便利的交通""干净整洁温馨的酒店""公共场所清晰标准的外语标识"，"热情好客的市民"以及"和谐优美的城市景观"等方面存在的问题，加大政府的关注，加大研究力量的投入。

（七）重点提升和谐宜居之都形象的建议

提升北京和谐宜居之都的形象需要正视海外民众最不满意的方面，继续努力解决"环境污染""国民素质""空气污染""太拥挤/人太多了""交通拥堵""食品质量不好""英语路牌指引少"等问题。

作为海外民众来京最容易接触到的层面，交通运输业和政府工作人员的涉外服务水平亟须改进，做好此项工作，有助于提高来京外国人对北京的满意度。组织对城市公共服务者如出租车司机、警务工作人员等的外语和外事水平培训，提升外国人在京旅行和生活的便捷度。

（八）增加北京全球媒体报道量及丰富城市信息认知渠道的建议

鉴于中国媒体作为信息传播渠道的国际影响力还相对较弱，特别是那些对北京乃至中国持有偏见的发达国家年长人群，建议通过加强与各国当地媒体的合作，扩大中国媒体在当地的影响力，扩大北京城市正面形象的传播效果。

强化社交平台的对外传播作用，以移动媒体为终端对北京城市形象进行微传播。尽管全球范围内社交媒体已积累庞大的活跃用户群体，但是目前发达国家民众从社交平台上获取与北京相关信息的程度明显偏低，可考虑通过当地主流社交平台塑造和传播北京形象的可行性，充分发挥其信息多元化、表现形式立体化和传播互动化的媒体优势，积极打造具有鲜明特色的城市形象；在严格把关的情况下加大外籍人士作为信息来源的比例，激发他们围绕自己在北京的经历讲述小故事、创作微视频，在新媒体平台上以外国人喜闻乐见的方式"说透北京"。

未来要特别提升在韩国、日本、俄罗斯、阿根廷的媒体报道量，提高在美、英、澳和非洲国家的媒体报道量。举办旅游年和孔子学院活动，更好地覆盖和影响海外年轻人群；通过电视和纸媒传播、产品活动、演出等影响年长人群；随着中国电影业迈向全球市场，充分利用电影传播北京形象。

第四章
北京城市国际形象国别报告

第一节　英国人眼中的北京形象①

一　研究背景

英国，全称大不列颠及北爱尔兰联合王国（The United Kingdom of Great Britain and Northern Ireland），位于欧洲西部，由大不列颠岛（包括英格兰、苏格兰、威尔士）、爱尔兰岛东北部和一些小岛组成。② 在政治影响力上，英国是联合国安理会常任理事国，具有较强的国际政治影响力，在国际上具有较大的话语权。在经济实力上，英国的经济体量排世界第五位，欧洲第二位，首都伦敦是世界著名金融中心，拥有现代化金融服务体系，开发了跨国银行借贷、国际债券发行、基金投资等业务。伦敦同时也是世界最大的外汇交易中心，拥有数量最多的外国银行分支机构或办事处。此外，英国的文化输出在世界范围内来说影响力较大，其影视剧、戏剧、文学作品都传播至世界各国，"英国文化"已经成为可靠的国际文化名片。③

---

① 本报告由郭晓迪、张晓东撰写。
② https://baike.so.com/doc/3764882-3955016.html，最后访问日期：2020年3月9日。
③ 张颖：《首脑外交与中英关系的"黄金时代"》，《现代国际关系》2018年第3期，第49~55页。

中英双方都是联合国安理会常任理事国，两国在维和、裁军、环保、打击毒品走私和国际恐怖主义活动方面有着广泛的合作空间。英国政府于 1950 年 1 月 6 日承认中华人民共和国，是第一个承认新中国的西方国家，于 1972 年实现了两国关系正常化；1997 年 7 月 1 日，中国政府恢复对香港行使主权，中英关系从此进入了一个新阶段；1998 年，布莱尔首相访华，双方共同签署了《中英联合声明》，决定建立新型伙伴关系；2004 年，中英两国从全面伙伴关系迈入全面战略伙伴关系；2015 年是中英全面战略伙伴关系第二个十年的开局之年，也是中欧建交 40 周年，中英关系和中欧关系发展面临继往开来的重要机遇；2018 年 11 月 27 日，国务院总理李克强与英国首相卡梅伦的会晤，标志着中英关系进入"黄金时代"；2019 年是中华人民共和国成立 70 周年，也是中英建立代办级外交关系 65 周年，随着二十国集团（G20）领导人第 14 次峰会的举行，中英关系站在新的历史起点上，中方期待与英国新一届政府共同推动两国、两军关系不断向前发展，着眼大局，把握大势，共担重任。

然而，针对英国的对象国研究，目前还没有达到系统化和相对成熟的阶段，总体研究覆盖面太窄，深度和广度都不够。为了做进一步的调查研究，笔者在中国知网（China National Knowledge Infrastructure，CNKI）进行关键词搜索，其中与中国国家形象研究相关的文献有 20 篇，与北京城市形象研究相关的文献有 3 篇，且研究内容主要集中于旅游和媒体报道量。由图 1 可知，关于中国国家形象研究主要集中于 2008~2013 年英国主流媒体（比如《泰晤士报》、BBC）对中国国情的报道分析，研究方向带有明显的事件标志性，涉及层面主要局限于文化和新媒体领域，并未向其他方面进一步扩展。

笔者经过进一步的关键词共现聚类处理，得到"中国国家形象"研究维度（见图 2），由图 2 可知，第一，关于英国主流媒体眼中的中国国家形象的相关文献首先聚焦于 BBC 对中国国家形象的构建，其次

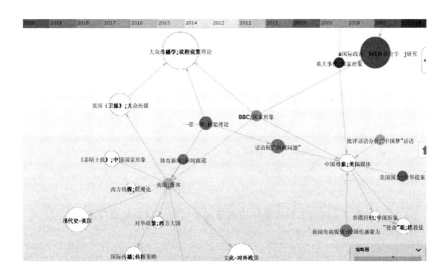

图 1　英国主流媒体眼中的中国形象相关文献互引网络分析

资料来源：据中国知网自制。

为关注中英两国的旅游交流、全球化文化交流和经济层面交流等。既有文献的关键词黏合度相对较低（最大值仅为 3，多数取值为 2，黏合度越高越好），尚未构建出相互连接、彼此串联的综合研究体系。第二，研究者大都采用了共时研究方法，选取某一重大历史事件，结合当前国际背景进行个案分析，比如奥运会报道、南海研究、G20 杭州峰会等，研究文献之间的联系不够紧密，无法发挥研究全局的作用。第三，在学科分布上，既有文献集中在人文社科类研究，研究方法主要避开了量化实证分析，中国国家形象在英国的构建主要资料来源为英国当地的主流媒体，并以报纸和广播为主要构建依据，构建角度过于单一和片面，未能深入中国本土媒体和中国大中型城市进行多维度的政治、经济、文化、外交分析，导致构建的形象可信度大大下降。鉴于相关研究的缺乏，我们对英国人眼中的北京形象进行了问卷调查。下文呈现的是问卷调查结果和相关分析讨论。

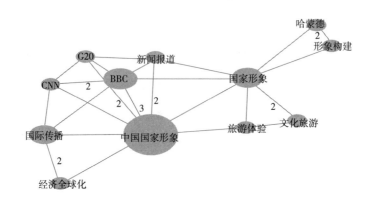

图 2　英国人眼中的中国形象相关文献关键词共现网络

资料来源：据中国知网自制。

二　调研结果与分析

（一）样本统计特征

在本次调查中，英国 500 名受访者的性别比为 1∶1，男女各占一半。从年龄分布上看，样本涵盖老、中、青三代人。根据英国的人口分布与地区差异，其中 18~35 岁的青年群体占总体的 44%、36~50 岁的青壮年群体占 40%、51~65 岁的老年人群体占 16%（见图 3）。

文化程度方面，英国的受访者与全球样本总体呈现不同的趋势。受过职业教育的受访者占 30%（见图 4）。一方面，较之同为欧洲国家的德国，受调查的英国民众接受职业教育的程度相对偏低，但受调查的英国民众接受本科教育的程度相对偏高，英、德两国民众接受研究生教育的程度基本持平。另一方面，受调查的英国民众教育背景在各种程度上和发达国家、欧洲国家基本保持一致。就全球视野来看，英国的初级教育和职业教育程度高于全球总体水平，但本科和研究生教育程度低于全球总体水平，"基础教育普及率高，高等教育普及率低"成为英国受访民众的突出特点。

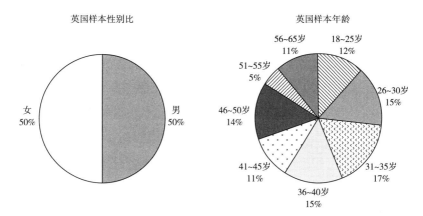

图 3　英国样本的性别与年龄分布

资料来源：笔者自制。

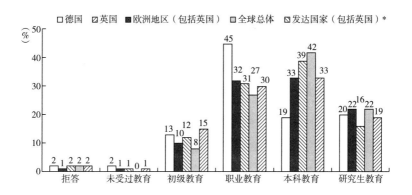

图 4　样本教育背景对比

＊英国与发达国家、欧洲地区存在被包含关系，全书此类问题同。

资料来源：笔者自制。

收入方面，英国受访者的平均收入水平高于欧洲地区总体水平，且和德国的平均收入水平基本持平（见图5）。英国受访者主要是中高收入，其中占比最多的是5万到7万美元，符合发达国家的平均标准。除去拒答人数，英国受访者的平均年收入全部集中在 1 万到 7 万美元之间。相比于德国平均年收入超过 7 万美元的高收入者占总样本的 9%，欧洲地区国家平均年收入超过 7 万美元的高收入者占总样本的 2%，英国的高收入（高于 7 万美元）样本暂时缺失，这恰好对照了英国"基础教育普及率高，高等教育普及率低"的教育特点。

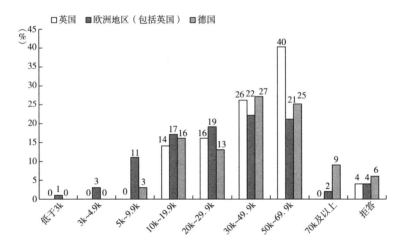

图 5　英国、德国、欧洲地区受访者美元计家庭年收入对比
资料来源：笔者自制。

（二）北京整体印象

本次调研中英国的受访者全部对北京有所认知，作为"国际化大都市"，北京的到访率为 23%，略高于上海（21%）（见图 6）。广州、深圳作为广东省的贸易中心也保持较高的辨识度，到访率均达到 13%。天津和重庆两个直辖市在英国民众当中的认知状况则与北京、上海存在较大的差距。在北京、上海、广州、深圳四大超级一线城市中，英国民众对北京的认知度低于上海 1 个百分点，但在到访率和认知度两方面二者旗鼓相当。这说明相较于中国其他城市，北京在英国受访民众中的知名度较高。

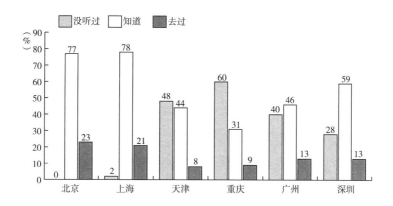

图 6　英国受访者的中国城市认知对比

资料来源：笔者自制。

就北京个体而言，从时间维度上看，英国受访者在 2008 年北京奥运会之前的到访率高于欧洲地区和全球发达国家的平均水平，但在 2008 年北京奥运会之后稍落后于两者，未能保持稳定。大型体育赛事是一个重要的影响因子。2012 年之后，三者的到访率均突破了 60%，保持较高的增长势头。2018 年习近平主席强调"中国开放的大门永远不会关闭，只会越开越大"，可以预见的是，未来到访北京的人数仍会有所增长（见图 7）。从到访北京事由角度分析，旅游是英国民众赴京的主要事由，其次是学术活动、商务、来华工作、探亲访友、外交活动及留学。欧洲地区和发达国家民众也拥有相同的来京事由。值得注意的是，英国受访者在留学动机维度上低于欧洲地区，但在外交活动、来华工作、探亲访友、学术活动四个层面上高于欧洲地区和发达国家，尤其是学术活动方面，英国与北京交往频繁（见图 8）。

综合分析，我们但凡去一个城市，都带有一定的目的性，而英国民众到访北京大多是源于旅游、商务等短期活动，长远来看并不能满足北京的长足发展。北京市政府更希望英国民众可以来留学、工作，甚至定居，尤其想吸引高端外来人才为北京发展做贡献。另外，北京的科研机

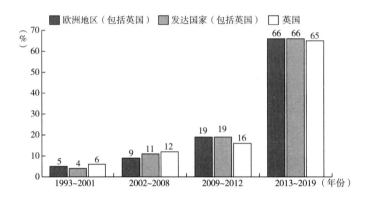

图 7 英国人来访北京时间

资料来源：笔者自制。

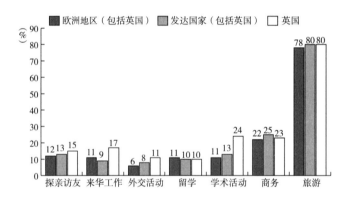

图 8 欧洲地区、发达国家、英国受访者到访北京事由

资料来源：笔者自制。

构也应该给予相应的政策扶持，为人才引进做好进一步工作，与市政府的宣传部门合力，把外来人才吸引入京。

英国受访民众对北京城市形象的平均打分为 6.8 分（满分为 10 分），略低于全球总体水平（7.0 分），也略低于欧洲地区（6.9 分）。但是，北京城市形象在英国的平均得分高于发达国家给出的平均分

（6.2 分），也略高于德国给出的平均分（6.5 分）（见图 9）。由此表明，北京在英国维持着较好的形象水准，但仍须进一步提升。

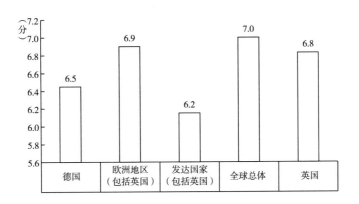

图 9　各国（地区）对北京城市印象平均打分对比
资料来源：笔者自制。

2015 年，习近平主席对英国进行了正式访问，双方共同揭开了中英关系"黄金篇章"，2018 年，习近平主席在钓鱼台国宾馆会见来华进行正式访问的英国首相特雷莎·梅，双方进一步推动了中英关系在新时代健康稳定发展。尽管两国民众交流不够频繁，但政策的引导增进了两国人民之间的信任，自然也影响了英国民众对中国首都北京的评价。因此，两国不仅要增进文化等各个方面的密切交流，尤其是基于国与国的交往，城市和城市之间的交流也应该更加频繁。

从全球范围考察，英国受访者对北京的总体评分和欧洲地区受访者基本一致，但高于发达国家和德国。鉴于北京的得分处于中等偏上水平，所以北京要进一步宣传其独特形象，要多角度、大范围普及各个国家对北京的认知，尤其要多关注发达国家和全球其他国家。北京市整体印象对比见图 10。

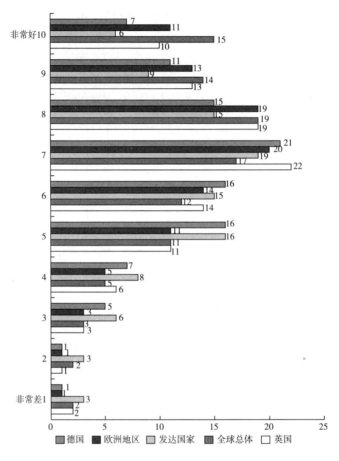

图 10　北京市整体印象对比

资料来源：笔者自制。

（三）北京印象与市民形象

北京在英国民众眼中的形象整体不错，受访者最为突出的四个城市印象分别是"科技创新"（81%）、"经济发达"（78%）、"文化深厚"（76%）、"现代时尚"（76%）。在"历史悠久"和"和谐宜居"维度北京得分不佳，分别占 69% 和 61%，而在"政治中心"和"开放包容"上受众认可度最低，仅占 58% 和 48%（见图 11）。因此，北京在英国形成了科技、经济、文化发展水平高的现代化都市的印象，但同时也留下了政治和开放程度并不理想的印象。

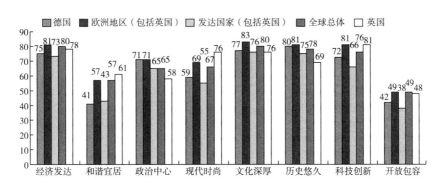

图11　各国（地区）的北京都市特色印象对比

资料来源：笔者自制。

　　与同为欧洲国家的德国相比，英国对北京的印象在历史、政治两大方面有待进一步提升，尤其需要在"开放包容"和"政治中心"两个方面进行完善，有效提升北京在英国民众中的形象。此外，从图11还可以看出，相比于欧洲地区对北京各个领域的中、高度评价，发达国家对北京的评价偏低，这说明北京的全球认知度存在地域之分，要进一步打开全球视野，增加海外民众对北京的了解。而且要加大对"科技创新"的宣传力度，突出重点进行宣传，证明北京完全有条件给国内和国外民众提供更加舒适的环境。与此同时，北京市政府也应该提供切实可行的政策。

　　在北京市民形象方面，超过60%的英国民众对北京市民的直观印象是"遵纪守法"（63%）、"公共场所举止文明"（62%）、"勤劳敬业"（61%）。由此可知，北京民众在英国保持了一定程度的正面形象，形成了勤劳守纪的人文特点，但在"爱护生态环境"（27%）方面得到的评价非常不好（见图12）。

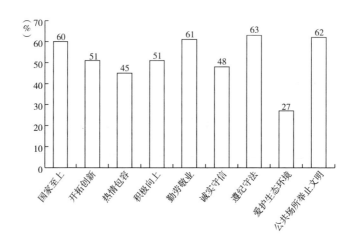

图 12 英国民众眼中的北京市民形象

资料来源：笔者自制。

一方面，这说明北京市民在综合素质方面有较大的提升空间；另一方面，说明北京市民需要打破英国民众对他们的刻板印象。北京市民的对外形象是完全可以通过时间和引导改变的，比如可以多提高民众的"爱护生态环境""热情包容"的特质，用人格魅力为北京添姿夺彩，这也是每一个北京市民的责任和义务。

（四）政治中心形象

1. 政府形象

前文已述，英国民众对北京的政治形象目前存在较大的提升空间。尽管可能存在一部分受访民众会把中国政府和北京市政府相提并论，但这并不影响我们调查北京在英国民众眼中的整体印象。近一半的英国民众评价北京市政府形象为"治理能力高效"（49%），37%的英国民众认同"创新型政府"，31%的英国民众认同"负责任的政府"。

2. 城市发展理念

在北京市政府提出的城市发展理念认知层面，英国民众对"科技北京"（29%）最为认同，"智慧城市"（26%）居第二位，"宜居城市"
（21%）处于第三位（见图13）。英国民众的选择与欧洲地区、发达国
家和全球总体的印象排名保持了小差异范围内的一致性，尤其在"科
技北京"和"智慧城市"两个方面，受访国家民众都给予了较高的关
注。较之全球总体，英国受访者对北京城市发展整体上的认同度偏低，
说明中国在科技北京、绿色北京、智慧城市等多方面亟须发展与完善，
至少目前英国民众的满意度还不高。但我们仔细分析可以发现，其实英
国民众对北京的认知也存在一定的滞后性。20世纪50年代，北京的森
林覆盖率确实低得可怜，森林的沙漠化确实是首先要解决的问题。但
60多年过去了，北京在山区种植的森林面积远远超过40万亩，并建设
了以下景区：八达岭国家公园、密云水库、十三陵水库、平谷金海湖、
北宫国家森林公园、百望山森林公园、怀柔慕田峪长城、门头沟妙峰
山、顺义五彩浅山、通州大运河森林公园……北京已经在向"三季有
彩、四季常绿"宜居之都转变了，只不过英国民众对北京的变化并不

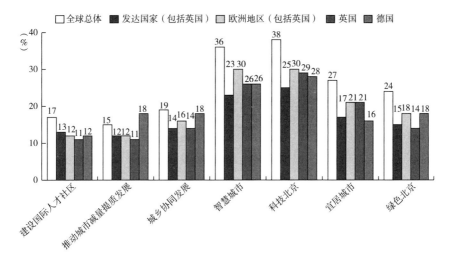

图13　各国（地区）的北京市城市发展理念认同对比

资料来源：笔者自制。

知情。来京旅游的英国民众不在少数，如果北京市政府相关部门能够出台一系列政策鼓励来京的英国民众在社交平台展示北京的日常，这将成为展现当代北京最直观的途径。

3. 大型活动

在北京举办的大型活动中，2008年北京奥运会具备强劲的影响力，英国民众（72%）对2008年北京奥运会印象深刻，高于德国（60%）、全球总体（70%）和发达国家（64%）。2008年北京奥运会后，在京举办的大型活动在英国民众中的影响力直线下降，没有一项大型活动的影响力超过20%。"北京国际电影节"在英国的影响力（17%）排第二名，"北京国际马拉松"（15%）排第三名。值得注意的是，"北京国际马拉松"（15%）的认知情况明显低于全球总体水平（见图14）。大型活动作为主场外交的依托点，在英国民众中的影响力有待提升，尤其是一部分区域性活动及组织在英国的宣传力度和

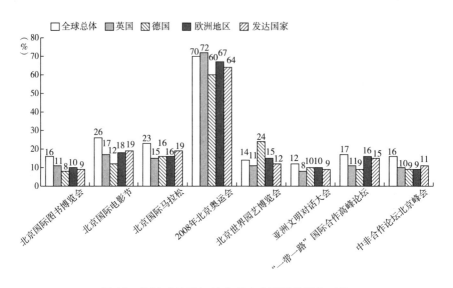

图14　各国（地区）的北京市大型活动认知对比

资料来源：笔者自制。

民众认知度较低，为了提高英国民众对北京的认知，可以多举办"文化年"等活动。习近平主席指出，中英都是文化大国，应该加强创意文化交流，通过文化产品和文化活动增进两国民众对对方国家的了解。比如 2018 年下半年，在黑龙江省美术馆举办的"归来的木刻·中英当代版画作品展导赏"不仅抓住了英国木口木刻的特点，更凸显了东北的独特地域特色。类似于这种文化交流的活动需要多在中国城市展开，而北京恰恰应该起到示范作用，以其独特的优势为中英文化交流铺出一条新的道路。

在大型活动评价方面，2017 年"一带一路"国际合作高峰论坛在英国受访群众中评价颇高（46%），高于德国（19%）和全球总体（30%）。且就英国内部评价得分而言，其评价远高于民众对北京其他大型活动的评价，甚至超过好评如潮的 2008 年北京奥运会（38%），这说明"一带一路"国际合作高峰论坛得到了国际的高度认可，这不仅与国内媒体的宣传力度大有关，更与"一带一路"倡议本身的价值密切相关。"一带一路"建设会有今天的成绩，不是宣传出来的空架子，而是"一带一路"确实为中国扩大对外开放开辟了新天地，也为世界各国发展提供了新机遇，让共建国家有所受益。而"一带一路"国际合作高峰论坛在北京的召开也相应地提升了北京在国际上的知名度和影响力。此外，通过图 14 和图 15 的对比可知，英国民众虽然对"中非合作论坛北京峰会"的认知度不高，却保持较高的美誉度（36%），略高于全球总体（34%），远远超过德国（13%）。此外，英国受访者还钟情于"北京国际图书博览会"（37%）、"北京国际马拉松"（34%）和"北京国际电影节"（33%），由此可知，英国民众对软性的体育文娱活动更为喜爱，文化、娱乐和体育内容依旧是参与北京形象建构的重要因素，在北京形象的跨国传播中扮演重要角色，我们应该投其所好，对不同国家开展相应的交流活动。

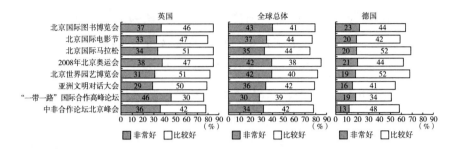

图 15　英国、全球总体、德国对北京市大型活动的评价对比

资料来源：笔者自制。

（五）文化中心形象

与欧洲地区和全球总体相比，英国民众对北京文化符号的整体印象不够突出，但从各个维度的评价比重来看，其结果基本与体验旅游的赴京事由相吻合（见图8）。通过对图16的数据整理发现，在英国民众眼中，比起以长城为代表的名胜古迹（44%），他们认为北京最为特殊的文化符号是著名饮食（46%），让人既感到意外又自豪。这说明北京文化在传播过程中，可以多推出类似于《舌尖上的北京》等带有专属文化符号的节目，塑造具有北京特色的文化形象，加大力度发挥优势，同时做出相应改进补齐短板。

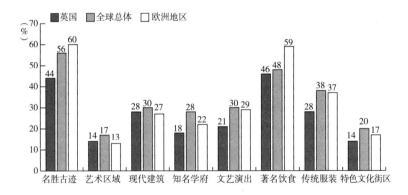

图 16　英国、全球总体、欧洲地区民众眼中的北京文化符号对比

资料来源：笔者自制。

　　在北京的文化地标选择中，38%的英国受访者将长城排在首位，将长城排在第二位和第三位的受访者各占7%和5%。其次是天安门（推荐顺序占比依次为7%、12%、5%），天坛（推荐顺序占比依次为6%、7%、4%），颐和园（推荐顺序占比依次为5%、9%、5%），故宫（推荐顺序占比依次为5%、6%、4%）（见图17）。蕴藏着悠久历史文化的古建筑群成了最能代表北京的文化符号。值得注意的是，英国民众对国家大剧院、798艺术区和三里屯等现代人文景观的推荐度相对较低，这说明英国民众对传统文化的重视程度非常高，最能吸引英国人目光的并不是彰显现代化特色的大都市景观，而是蕴藏着古代中国悠久历史的神秘文化。因而更要加强对传统文化的学习和推广，讲好中国故事，讲好北京故事。2019年，中共中央办公厅、国务院办公厅印发了《长城、大运河、长征国家文化公园建设方案》，方案明确要以主题明确、内涵清晰、影响突出的文物和文化资源为主干，生动呈现中华文化的独特创造、价值理念和鲜明特色，促进科学保护、世代传承、合理利用，积极

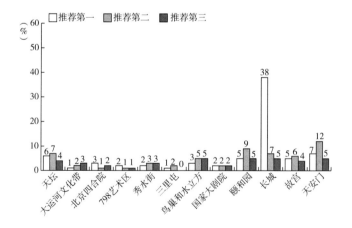

图17　英国受访者的北京文化地标推荐

注：样本量为500。

资料来源：笔者自制。

拓展思路、创新方法、完善机制。预计到 2023 年底基本完成任务，要求各部门权责明确、运营高效、监督规范，形成一批可复制、可推广的成果经验，为全面推进国家文化公园建设创造良好条件。随着国家政策的一步步完善，相信北京的文化地标会越来越具有代表性、多样化，牢牢把握世界民众的关注点。

在强化北京文化中心建设方面，38%的英国民众首选"保护文化遗产"，其次为"推广饮食文化"（32%）以及"重视文化创意产业"（29%）（见图 18）。虽然英国民众对中国文化遗产保持较高的关注度，但与德国（48%）、欧洲地区（51%）和全球总体（51%）相比，其重视程度远远不够，可见全球总体和欧洲地区对中华文化的重视程度非常高。因此，建议北京将传统文化进行产业化、规模化传播运作，顺应包括英国在内的全球期待。

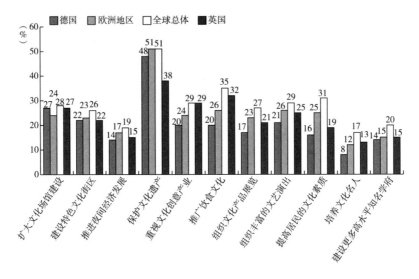

图 18　各国（地区）眼中的北京文化中心提升路径对比

资料来源：笔者自制。

（六）国际交往中心形象

英国民众对北京的国际化程度打分均值为 6.9 分（见图 19），呈现较高的认可度，该得分虽低于全球总体（7.2 分），但略高于发达国家（6.5 分）、德国（6.6 分）、欧洲地区（6.8 分）。很显然，英国作为老牌发达国家，会将北京的国际印象与伦敦做对比，所以这一打分还是相对客观的。

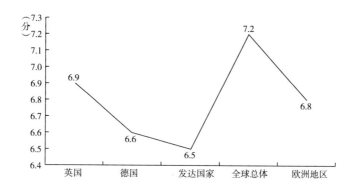

图 19　北京国际交往中心形象得分对比

资料来源：笔者自制。

如图 20 所示，38%的英国受访民众认为"对外国人的包容度高"是北京作为国际交往中心形象的最佳缩影，其后依次是"举办各种具有国际影响力的文艺活动和体育赛事"（35%）、"举办重大外交外事活动"（33%）。值得注意的是，三类受访民众对"外国人数量多"这一要素并不感兴趣，所占比例均较低：全球总体（29%）、欧洲地区（26%）、英国（23%）。可见西方国家的民族向心力稍差、对共情传播策略的适应性可能不会太高。而作为北京市政府要进一步加大宣传、扩展宣传界面和平台。

在提升北京作为国际交往中心的要素方面，英国受访者认为最有效的举措是提升"美好的旅游体验"（41%），其次是"发达便利的交通"（39%）、"公共场所清晰标准的外语标识"（39%）和"安全卫生便捷

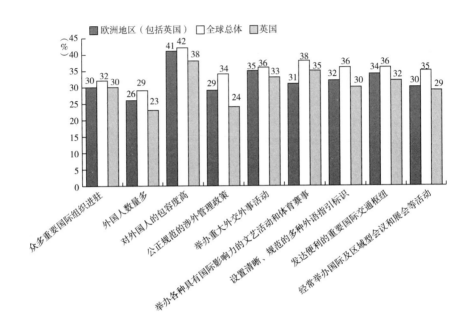

图20　北京国际交往中心形象要素对比

资料来源：笔者自制。

的饮食及饮食环境"（39%）（见图21）三个方面的提升。相比之下，欧洲地区的基本状况与英国保持一致，旅游体验问题是二者的关注重心。由此可见，欧洲民众实际上是将北京作为一个旅行目的地而非一个国际交往中心，对北京存在一定的认知偏差。如果要进一步提升北京的国际交往能力，北京市政府要进一步加强对外宣传，巧借"旅游之都"平台，宣传北京其他优势特色，展现北京的城市魅力。

（七）科技创新中心形象

英国民众对北京的科技创新程度打分均值为7.7分（见图22），呈现较高的认可度，该数值略低于欧洲地区（7.8分）和全球总体（7.8分），高于发达国家（7.1分）和德国（7.3分）。

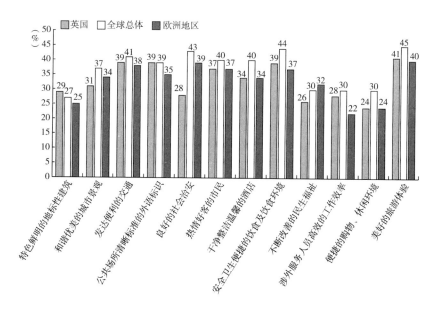

图 21　北京国际交往中心形象提升要素对比

资料来源：笔者自制。

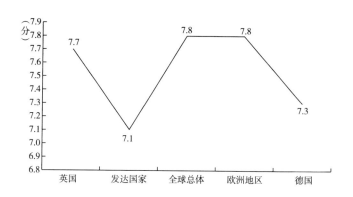

图 22　北京科技创新中心形象得分均值

资料来源：笔者自制。

如图 23 所示，大部分英国民众认为能够体现北京科技创新中心的要素首先为"科技企业数量众多"（45%），其次为"交通营运系统（机场、高铁、地铁）发达"（41%）以及"公共场所的科技技术应用面广"（37%）和"科学研究机构数量众多"（37%）。英国受访者的回馈情况与欧洲地区在各个维度上保持了基本一致，但数量上略低于全球总体水平。此外，英国民众对北京的高校有一定的兴趣，而北京的交通营运系统（机场、高铁、地铁）和网络覆盖程度也大大吸引着包括英国在内的欧洲地区民众，其中最突出的就是北京的地铁和高铁。2019年1月，"复兴号"动车在世界上首次实现时速350千米自动驾驶，这是我国高铁自主创新的又一重大标志性成果，各项技术指标均达世界一流水平，这是让英国民众万分瞩目的。因为这满足了英国民众对复杂多样、长距离、长时间、连续高速出行的迫切需求，"复兴号"是足以体现中国特色而又领先于世界的科技符号，所以更要做好宣传工作。

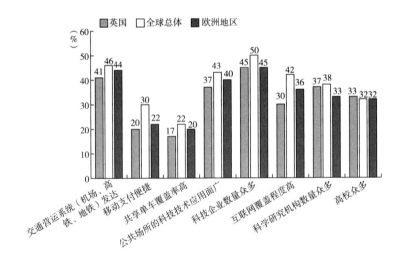

图23 英国、全球总体、欧洲地区眼中的北京科技符号对比
资料来源：笔者自制。

（八）和谐宜居之都形象

英国民众对北京的宜居程度打分均值为6.8分（见图24），呈现的认可度与全球总体（7.0分）、欧洲地区的得分（6.8分）基本持平，但明显高于发达国家（6.1分）及德国（6.3分）。

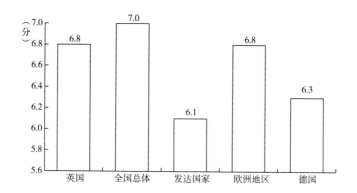

图 24　北京和谐宜居之都得分对比
资料来源：笔者自制。

英国受访者指出北京的宜居程度主要体现在"经济发展水平较高"
（41%）、"充满机遇"（32%）和"文明程度很高"（30%）方面，与欧
洲地区状况保持一致，但在各个维度上的占比都略低于全球总体水平
（见图 25）。英国民众与欧洲地区相比，在可持续发展和城市景观设计
方面的要求稍低。

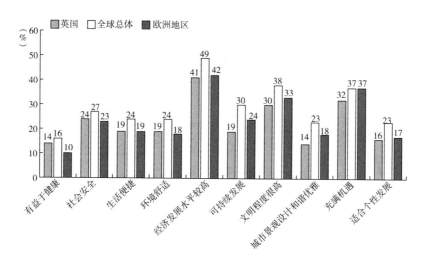

图 25　北京城市宜居形象评价对比
资料来源：笔者自制。

在提升北京形象方面，英国民众强调要改善环境状况，其中受访民众的不满意因素主要集中在污染严重（18%）、空气质量差（12%）和国民素质（12%）方面。英国民众在各个维度上与欧洲地区大体一致，除了国民素质问题，在"到处都是监控"方面显示出包括英国在内的欧洲地区民众的不满度（6%），其占比远远高于全球总体（1%），这与欧洲民众注重保护个人隐私、强调个性发展有密切关系。从图26中反馈的信息可知，北京的城市居民素质还要进一步提高，同时宣传北京形象时要结合不同国家的具体情况，采取不同方案。

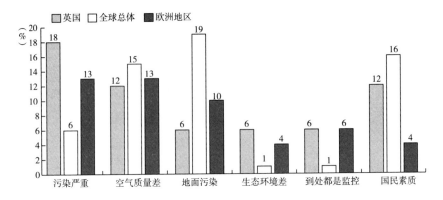

图26　英国、全球总体、欧洲地区眼中的北京形象提升路径对比
资料来源：笔者自制。

（九）北京媒体报道量及受众认知渠道

英国受访者在北京的全球媒体报道量方面与全球总体几乎保持一致，认为"比较充分"的英国民众（33%），略高于全球总体（32%）、德国（31%）以及发达国家（30%）（见图27）。可见英国受访者对北京并不陌生，北京在英国具备良好的"群众基础"。

英国受访者对北京的认知主要依赖本国媒体（54%）（见图28），因此，英国媒体成了北京形象提升之路上的重要平台。另外，英国民众

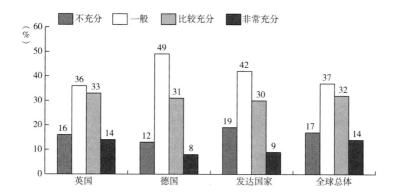

图 27　各国（地区）的北京媒体报道量对比

资料来源：笔者自制。

也依赖"我自己的观察"（35%）和"我和其他人的交流"（29%），人际传播和群体传播成为英国民众了解北京的重要渠道，从中凸显英国民众的独立性、自主性。

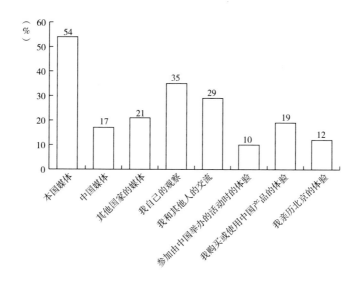

图 28　英国受访者的北京认知渠道

资料来源：笔者自制。

在媒介方面，英国受访者对北京的认知主要依赖电视（79%），高于全球总体（73%）、欧洲地区（71%）和德国（69%）（见图29），形成了以电视为主体，网站（42%）和纸媒（报纸、杂志、书籍）（39%）为两翼的局面。与此同时，广播（32%）也保持强劲的势头，相比全球总体、欧洲地区，占比最高。虽然英国还是大多依赖传统媒体加深对中国、对北京的了解，但现代新媒体的影响力也不容小觑，所以要进一步拓宽宣传渠道，从传统媒介到网络平台，从期刊、电视到社交平台，只有把宣传工作做到位，才能加深其他国家对北京的良好印象。

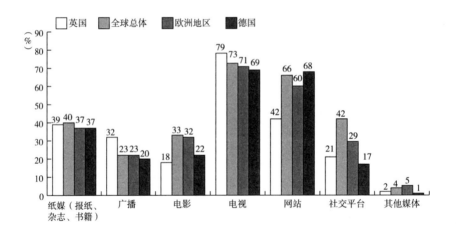

图 29　各国（地区）的北京形象认知媒介对比
资料来源：笔者自制。

在直接信息渠道方面，英国受访者对北京的认知主要源自"文化年"（60%）、"孔子学院举办的活动"（46%）以及"海外中国文化中心举办的活动"（38%）（见图30），与欧洲地区大体保持一致。"产品销售活动"（10%）几乎无法成为英国受众认知北京的信息源，"演出"（18%）在英国民众中的成效也亟须提升和扩大。

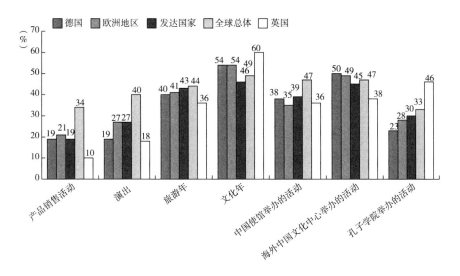

图 30　各国（地区）的北京认知信息渠道对比

资料来源：笔者自制。

三　建议与对策

英国是历史最为悠久的发达资本主义国家，中国是当今最具代表性的发展中国家。中英双边关系在当今国际政治舞台上具有极为鲜明的独特性。中国始终把握外交主动权，在中英关系中根据双方本质诉求与长远趋势，为中英双边关系的发展构建了行之有效的发展模式与对话机制。在此背景下，中英双边关系发展趋势总体平稳向好是可以期待的。面向未来，我们有理由相信，随着双方的合作更为深入密切，中英关系将更为深入持久，中英构建具有示范效应的不同文化体之间互融互通、协作共赢的特色双边关系完全可以期待。因此，在英国民众心中建立良好的北京国际形象不仅拥有文化意义，而且对于国与国之间的共同发展都有很重要的现实意义和长远意义。

国家形象是一个国家综合国力的象征，是国家极其重要的无形财产，良好的国家形象对于提升文化软实力有重要的推动作用。① 长期以来我们对于海外受众对中国文化符号的认知与态度一直处于主观猜测的状态，不仅缺乏定量的实证研究，而且许多研究结论也缺乏数据的支持。② 此次，通过对调查数据的全面分析，我们认为应当从传播者、传播渠道、传播内容以及传播受众等四个方面入手，来提升英国民众眼中的北京国际形象。而北京城市形象传播的核心是通过北京这一个城市传播整个国家的形象。③

从传播者的角度来看，每一种国际形象的传播任务应当由最合适的传播者完成；而传播者之间也应当进行分工协作，形成国家形象传播的最佳合力。④ 此外，公众人物作为一种特殊的文化符号，其传播作用也同样应该得到重视。公众人物或多或少拥有一定的群众基础和媒体报道量，尤其是为英国民众所知的公众人物可以作为北京国际形象的传播使者，促进文化形象的构建。⑤ 习近平主席指出，中英要多加重视"文化年"的意义，应该在两国中的多个城市举办彰显中国特色的活动，使其内容覆盖文化艺术、图书、广播电影电视、思想对话、青年教育等各个领域，增进两个历史悠久的文化大国人民的相互了解和友谊。而中英"文化年"也是两国在"一带一路"倡议下增进民心相通的重要举措，是世界文明大国交流互鉴的良好机遇。

从传播渠道来看，媒体对北京形象的宣传作用不可忽略。除了运用国内媒体以及承办相应的综艺节目来传播北京国际形象之外，还可以充

---

① 杨冬云：《国家形象的构成要素与国家软实力》，《湘潭大学学报》（哲学社会科学版）2008 年第 5 期，第 96~101 页。
② 王丽雅：《中国文化符号在海外传播现状初探》，《国际新闻界》2013 年第 5 期，第 74~83 页。
③ 赵继敏：《2022 冬奥会北京—张家口城市形象传播策略》，《青年记者》2019 年第 11 期，第 75~76 页。
④ 郑晨予：《基于自组织的国家形象传播模式构建——兼论与国家形象互联网承载力的对接》，《江淮论坛》2016 年第 1 期，第 149~153 页。
⑤ 陈晓伟：《明星符号与国家形象的建构》，《东岳论丛》2012 年第 1 期，第 65~68 页。

分利用海外媒体向全球宣传良好的北京形象。另外，可以有效使用社交类媒体来提升北京形象，还可以从更加贴近英国受众心理的角度出发，使英国民众讲述中国故事，通过他们的目光折射出国际视野下的中国形象，从而增强说服力。①

优质的内容是对外传播的基础和核心。② 传播内容方面也要根据不断变化的时代和发展趋势进行一定的调整和完善。从前文的数据分析得出，英国民众最为喜闻乐见的传播媒介还是电视、报刊，而正在迅速发展的是网络媒介，如短视频等。基于此，我们不仅要与英国主流媒体，例如《泰晤士报》《世界新闻报》等报刊和 BBC 等广播公司进行合作，而且要关注发布内容的质量。我们必须坚决从更为国际化的角度发布北京的相关实时照片、文字、视频，主动积极地提升外媒对北京的社会价值认同感。此外，中国本土的新型文学产品——网络文学文本及其衍生的相关影视、动漫作品等，也可以借助专业人士的翻译上传到外媒平台，用内容丰富、形式多样的作品来展示北京独特的文化气质。关于播放宣传片的平台，不要太有局限性，要把眼光放长、放远，涉及各个领域，从各个方面展现一个更加真实、更加立体的北京，比如学术会议茶歇、文艺活动开幕、广告间隙、新闻发布会开始前等。此外，播放宣传片时切记要采取循环式播放，让民众的短期记忆转化成长期记忆，利用好"纯粹接触效应"，努力把"北京印象"固定在外国民众脑海中。

从传播受众的角度来看，最能反映一个电视栏目的传播效果和受众接受程度的标志就是收视率。选择什么样的传播内容以获得海外受众的认可，也是一个值得探讨的现实问题。2008 年 *Wild China* 首次在 BBC2

---

① 夏临：《"讲好中国故事"主题短视频的国家形象传播策略探析》，《视听》2019 年第 11 期，第 5~9 页。

② 董子铭、刘肖：《对外传播中国文化的新途径——我国网络文学海外输出现状与思考》，《编辑之友》2017 年第 8 期，第 17~20 页。

上进行播放时，收视率创下了 BBC 以中国为题材的电视纪录片的纪录。① *Wild China* 之所以受到英国受众的高度关注，一个原因是受北京举办的 2008 年奥运会强劲的影响，70％以上的英国民众对北京奥运会印象深刻。但奥运会后，在京举办的大型活动在英国民众中的影响力直线降低，没有一项大型活动的影响力可以超过 20％。对于其他优秀的中国纪录片，像《舌尖上的中国》，其在外媒获得成功的原因，在前文数据中也有迹可寻，比如英国民众对北京的饮食文化有极大的兴趣。这说明传播者应该抓住受众群体的独特心理去设计传播内容。

新春佳节期间，紫禁城完全可以开启传统"年味儿"展览，欢迎英国民众观赏中国的古玩、书画、雕刻等传统艺术作品，让英国民众在享受文化大餐的同时，感受中国的"年味儿"，并且向世界展示亮丽的新年风景，把北京形象生动地呈现在英国民众乃至世界民众面前，这就是文化独有的魅力。

第二节　法国人眼中的北京形象②

一　研究背景

法兰西共和国（The French Republic，La République Française），简称法国，位于欧洲西部，是欧盟面积最大的国家。作为最发达的工业国家之一，法国在核电、航空、航天和铁路方面居世界领先地位。法国在农牧业、交通运输业等各方面同样发达。法国还是世界第一大旅游接待国。作为联合国安理会常任理事国、欧盟创始国及北约成员国，法国在国际事务中发挥重要作用。中华人民共和国和法兰西共和国于 1964 年

---

① 谢稚、孙茜：《跨文化传播中文化差异、受众接受度与传播效果——以中英合作纪录片 BBC *Wild China* 和 CCTV〈美丽中国〉为例》，《现代传播》（中国传媒大学学报）2013 年第 10 期，第 91~94 页。
② 本报告由陈静、姚瑞雪撰写。

1 月 27 日建交，这是中国加强同西欧国家关系的一个重大突破。自建交以来，中法双边关系不断发展。2019 年 3 月，中国国家主席习近平赴法国访问期间，中法两国共同签署了涵盖文化、能源、航空等方面的一系列协议。2019 年 11 月，马克龙总统再度访华。中法两国元首之间的密切沟通将为双边全面关系发展带来强劲动力。[①]

中法两国在学术研究领域的关系也十分密切。笔者在中国知网（CNKI）进行关键词搜索，关于中法两国的文献十分丰富。但法国对北京国际形象的研究方面较少，仅搜索到两篇相关文章。其一以《北京的陷落》和《勒内·莱斯》两部文学作品为例，探究 20 世纪法国作家笔下的北京城市形象。其二以法国主流报纸《费加罗报》2000 ~ 2015 年涉京报道为基础，探究法国媒体描绘下的北京形象。研究发现，《费加罗报》呈现的北京形象是其作为中国的"政治中心"和"国际交往中心"，而对其他方面阐释较少。由于直接相关文献数量较少，笔者遂进行了更为宽泛的主题词检索。以"法国中国形象"为主题词搜索，得到文献 42 篇。其中近 10 篇文章以法国主流媒体的报道为基础，探究中国形象，均以经济形象为主。其余则是在文学、音乐、影视方面探究国别形象。已有数据显示，中国国家/城市形象的建构主要依托媒体，尤其是以报纸为代表的传统媒介。通过主流媒体进行分析，侧重点不同会有不同的形象呈现，带有一定的片面性。文献研究也大多停留在宏观层面，未能全面客观分析具体城市的形象问题。

二　调查结果与分析

（一）样本统计特征

本次关于法国的问卷为法语版本，共计发放问卷 500 份，占欧洲范

---

① 《法国国家概况》，中华人民共和国外交部，https：//www.fmprc.gov.cn/web/gjhdq_ 676201/gj_ 676203/oz_ 678770/1206_ 679134/1206x0_679136/，最后访问日期：2019 年 11 月 16 日。

围内样本总量的1/4。问卷统一按照概率抽样的方式配额发放，共收回有效问卷500份，问卷有效率为100%。

在本次调研中，法国样本中的男女各占一半，性别比例为1：1。从样本年龄分布上看，涵盖范围较广。根据欧洲的人口分布与国家差异，其中18~35岁的青年群体占43%，36~50岁的青壮年群体占41%，51~65岁的老年群体占16%。

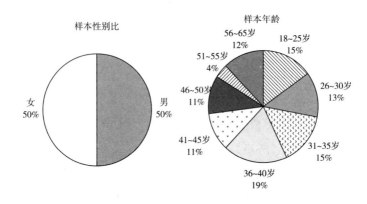

图1 法国样本的性别与年龄分布

资料来源：笔者自制。

在受教育程度方面，法国的受访者与全球总体样本相较而言，情况有些许不同（见图2）。职业教育和研究生教育较全球总体和发达国家而言比例要高，分别为32%和24%，基本与欧洲地区样本持平。但样本中，接受过本科教育的民众仅占31%，与全球总体和发达国家之间存在不小的差距。与欧洲其他样本国家相比，法国的本科教育与其他国家大致持平，远低于俄罗斯。总体而言，法国样本受教育程度分布较为合理。

收入水平方面，法国受访者的平均收入水平高于全球总体和发达国家的平均水平，基本与欧洲地区保持一致（见表1）。年收入超过3万美元的民众接近50%，但这一数字远低于英国（66%）和德国（61%）。与发展中国家俄罗斯相比，法国从高收入样本（高于3万美元）及整体收

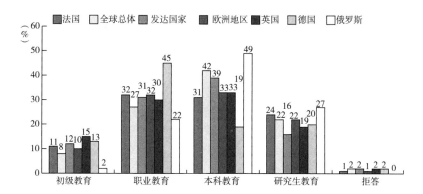

图 2　法国受访者样本教育背景对比

资料来源：笔者自制。

入水平上看，远高于俄罗斯整体水平。因此，不论是从受教育程度，还是收入水平来看，法国受访民众，整体都处于较高水平。

表 1　样本收入对比

单位：%

美元计家庭年收入	法国	全球总体	发达国家	欧洲地区	英国	德国	俄罗斯
低于 3k	0	7	0	1	0	0	5
3k～4.9k	0	8	0	3	0	0	11
5k～9.9k	9	15	2	11	0	3	30
10k～19.9k	16	16	12	17	14	16	24
20k～29.9k	25	16	15	19	16	13	22
30k～49.9k	27	14	26	22	26	27	7
50k～69.9k	21	13	26	21	40	25	0
70k 及以上	0	8	16	2	0	9	0
拒答	3	5	4	4	4	6	2

资料来源：凯度洞察 2019 年北京国际形象调查报告结果。

（二）北京整体印象

本次受访的法国民众皆对北京有所认知，认知率为100%（见表2），其中到访率为16%，略低于全球平均（20%）和发达国家（22%），与上海到访率持平。天津和重庆两个直辖市在认知状况、了解度和到访率方面均与北京、上海存在较大差距。广州和深圳则保持较高的辨识度。综上，在中国大城市中，北京在认知度、了解度和到访率三方面均处于领先地位。

表2 法国民众对中国大城市的认知对比

单位：%

城市认知度	北京	上海	天津	重庆	广州	深圳
知道这个城市	100	98	45	30	73	68
了解这个城市	36	34	12	10	16	15
去过这个城市	16	16	5	3	8	7
样本量（个）	500	500	500	500	500	500

资料来源：凯度洞察2019年北京国际形象调查报告结果。

就北京到访率而言，可能由于国家距离较远、语言问题及文化差异等各种因素，法国样本到访率总体低于欧洲地区和发达国家水平。从时间方面看，受访民众八成以上（见表3）是在2008年北京奥运会之后才来北京的，2013年以后来到北京的人数占60%。但近年来，法国民众到访率与发达国家相比，低6个百分点。从年龄分布上看，年龄与到访率呈负相关，法国年轻群体占比高达52%，略低于欧洲地区和发达国家水平。从来京事由角度分析，近80%的法国民众来京的目的为旅游，其次为商务、探亲访友和留学，此外还有来华工作、参加学术活动及外交活动等。法国在商务、来华工作、学术活动和外交活动方面的数据远低于欧洲地区和发达国家水平，其他方面基本持平。

表 3　到访率、事由、时间和年龄区间一览

单位：%

是否来过北京	法国	欧洲地区	发达国家
到访率	16	18	22
样本量（个）	500	2000	3500
到访北京事由			
旅游	79	78	80
商务	15	22	25
来华工作	6	11	9
探亲访友	14	12	13
学术活动	6	11	13
留学	11	11	10
外交活动	5	6	8
来访北京时间			
2013~2019 年	60	66	66
2009~2012 年	24	19	19
2002~2008 年	5	9	11
1993~2001 年	9	5	4
年龄			
18~35 岁	52	54	55
36~50 岁	35	38	34
51~65 岁	12	8	10
样本量（人）	80	361	774

资料来源：凯度洞察 2019 年北京国际形象调查报告结果。

　　法国民众对北京城市形象的总体打分为 6.5 分（满分为 10 分）（见图 3），高于发达国家总体水平（6.2 分），低于欧洲地区（6.9 分）和全球总体水平（7.0 分）。由此表明，就整个西方发达国家来看，法国民众对北京城市形象的印象不算太差，但这一形象仍有较大提升空间。

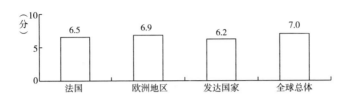

图 3　北京形象总体得分对比

资料来源：笔者自制。

从全球范围来看，法国民众打分均值超过 7 分的国际城市分别是伦敦、巴黎、东京和柏林（见图 4）。北京以 6.5 分的得分排在堪培拉之后，位居第七名。这说明在法国民众看来，北京城市形象虽然比不上欧美那些老牌的国际性城市，却胜过首尔、莫斯科等城市。可见，北京城市形象在法国的传播已经取得了一定成效，但与某些发达国家城市相比还存在较大差距。

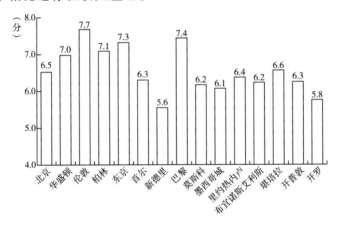

图 4　国际城市形象总体得分对比

资料来源：笔者自制。

（三）北京印象与市民形象

北京在法国民众心目中最突出的形象标签分别是"文化深厚"（86%）、"历史悠久"（83%）和"科技创新"（80%）（见表 4）。由此可见，在法国民众眼中，北京不仅是一座古老的内涵丰富之城，而且具有较强的科技创新能力。法国民众还比较认可北京在"经济发达"（79%）和"现代时尚"（60%）方面的形象，但对"和谐宜居"（46%）和"开放包容"（44%）的认可度相对较低。从总体来看，法国在各个维度上的打分与欧洲地区基本持平，比发达国家总体水平要高。这说明法国与欧洲其他国家的民众更认可北京在历史、文化、科技和经济等方面的价值和成就。而"和谐宜居"和"开放包容"这两个维度得分较低这一点为我们今后更好地进行北京形象传播指明了方向。

表 4　北京城市整体印象对比

单位：%

非常同意/比较同意	法国	欧洲地区	发达国家	发展中国家	全球总体
文化深厚	86	83	76	85	80
经济发达	79	81	73	86	80
历史悠久	83	81	75	81	78
科技创新	80	81	66	86	76
现代时尚	60	69	55	80	67
政治中心	74	71	65	66	65
和谐宜居	46	57	43	71	57
开放包容	44	49	38	59	49

资料来源：凯度洞察 2019 年北京国际形象调查报告结果。

在北京市民形象方面，六成以上的法国民众（见表 5）认为北京市民"勤劳敬业"（72%）、"遵纪守法"（67%）、"积极向上"（66%）、"国家至上"（63%），但法国民众对北京市民的"热情包容"（35%）和"爱护生态环境"（24%）认可度相对偏低，而欧洲地区对这两个维度的认可度要稍高于法国。总体而言，北京市民在法国民众中的形象在各个维度上均优于发达国家总体水平，这说明北京市民在法国民众中保持了较为正面的形象。

表5　北京城市居民印象对比

单位：%

正面/积极评价	法国	欧洲地区	发达国家	发展中国家	全球总体
勤劳敬业	72	72	54	77	66
遵纪守法	67	66	49	72	60
国家至上	63	61	55	61	58
公共场所举止文明	56	59	47	68	58
积极向上	66	53	46	68	57
开拓创新	47	47	41	68	54
诚实守信	44	48	38	61	50
热情包容	35	43	35	58	46
爱护生态环境	24	27	21	49	35

资料来源：凯度洞察2019年北京国际形象调查报告结果。

（四）政治中心形象

1. 政府形象

法国民众对北京市政府形象认可度总体偏低，只有不到半数的受访者（见图5）认为北京市政府是"创新型政府"（45%）和"治理能力高效"（42%）的政府。"负责任的政府"（32%）、"廉政建设"（30%）和"法治政府"（28%）等维度的得分更低。尽管存在数据差异，法国对北京市政府形象的评价总体上与英国和德国保持一致，却远低于俄罗斯。可见，北京市政府在法国乃至西欧发达国家中的形象还有较大提升的空间。

2. 城市发展理念

有关北京市政府提出的城市发展理念，法国民众对其认知度最高的是"智慧城市"（34%），其次是"科技北京"（26%），"宜居城市"（17%）排在了第三位，详见表6。除在"智慧城市"这一维度上存在较大差异外，法国民众对北京城市发展理念的认知度与发达国家基本一致。就欧洲地区而言，法国除在"智慧城市"和"建设国际人才社区"

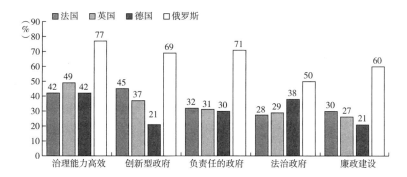

图 5　法国、英国、德国、俄罗斯对北京市政府形象评价对比

资料来源：笔者自制。

两个维度上的认知度稍高外，其他均不高于欧洲地区总体水平。这说明，法国受访民众对北京的城市发展理念知之甚少。

表 6　北京市城市发展理念认同对比

单位：%

城市发展理念	法国	欧洲地区	发达国家	发展中国家	全球总体
科技北京	26	30	25	51	38
智慧城市	34	30	23	49	36
宜居城市	17	21	17	37	27
绿色北京	14	18	15	34	24
城乡协同发展	15	16	14	23	19
建设国际人才社区	15	12	13	22	17
推动城市减量提质发展	12	12	12	18	15

资料来源：凯度洞察 2019 年北京国际形象调查报告结果。

3. 大型活动

"2008 年北京奥运会"在法国的影响力突出，62% 的法国受访民众对此印象深刻（见表 7），但这一数据却低于全球总体水平（70%）和欧洲地区水平（67%）。除 2008 年北京奥运会外，其他大型活动在法国的影响力相对较弱："北京国际电影节"、"北京国际马拉松"及"'一带一路'国际合作高峰论坛"的认知度分别只有23%、19%、19%。而刚刚举办的"北京世界园艺博览会"的认知度仅为13%。大型活动作为城市实力的具体展现，在法国民众中的影响力有待提升。

表7 各国（地区）的北京市大型活动认知对比

单位：%

大型活动	法国	欧洲地区	发达国家	发展中国家	全球总体
2008年北京奥运会	62	67	64	76	70
北京国际电影节	23	18	19	34	26
北京国际马拉松	19	16	19	27	23
"一带一路"国际合作高峰论坛	19	16	15	18	17
中非合作论坛北京峰会	9	9	11	21	16
北京国际图书博览会	12	10	9	23	16
北京世界园艺博览会	13	15	12	16	14
亚洲文明对话大会	10	10	9	15	12

资料来源：凯度洞察2019年北京国际形象调查报告结果。

在大型活动评价方面，超过80%的法国民众（见表8）对"2008年北京奥运会"（86%）、"北京国际马拉松"（85%）、"北京国际图书博览会"（89%）和"北京世界园艺博览会"（88%）给予了好评，且上述各维度的得分均高于欧洲地区和全球总体水平。受访者普遍对图书、园艺、电影、体育等活动的评价更好，说明文体娱乐活动更易引起法国民众的关注和喜爱。

表8 法国、欧洲地区、全球总体对北京市大型活动评价对比

单位：%

大型活动	法国			欧洲地区			全球总体		
	非常好	比较好	样本量	非常好	比较好	样本量	非常好	比较好	样本量
2008年北京奥运会	29	57	86	35	47	82	42	38	80

续表

大型活动	法国			欧洲地区			全球总体		
	非常好	比较好	样本量	非常好	比较好	样本量	非常好	比较好	样本量
北京国际电影节	28	51	79	28	48	76	37	44	81
北京国际马拉松	22	63	85	26	53	79	35	44	79
"一带一路"国际合作高峰论坛	14	62	76	28	49	77	30	39	69
中非合作论坛北京峰会	23	42	65	24	43	67	34	42	76
北京国际图书博览会	31	58	89	31	49	80	43	41	84
北京世界园艺博览会	32	56	88	26	52	78	42	40	82
亚洲文明对话大会	25	48	73	25	47	72	36	42	78

资料来源：凯度洞察 2019 年北京国际形象调查报告结果。

（五）文化中心形象

在法国受访者眼中，"名胜古迹"（62%）（见图6）是北京最著名的文化符号，如故宫、天坛、长城和颐和园等。"著名饮食"（57%）和"文艺演出"（35%）则分列第二、三位。与欧洲地区和全球总体相比，法国对北京的"现代建筑"、"知名学府"和"特色文化街区"等的认知度较低。总体而言，法国民众更青睐中国的传统文化与特色美食。

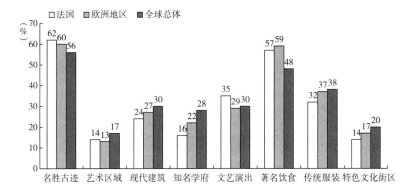

图 6　北京文化符号对比

资料来源：笔者自制。

在法国民众眼中，北京文化地标总体推荐度最高的前五名分别是长城（65%）、故宫（41%）、天安门（22%）、天坛（19%）和颐和园（18%），详见表9。其中排名第一的长城的推荐度明显高于其他文化地标，得到了近半数法国受访者的首推。此外，14%的受访者首推了故宫，另有5%的受访者首推了天安门。地标推荐与文化符号的认知度相契合，体现了法国民众重历史、重传统的特点。但矛盾的是，同样具有历史韵味的北京四合院的推荐度极低（2%）。三里屯、798艺术区等新兴文化地标也很少能得到法国民众的青睐。

表9 北京文化地标推荐

单位：%

文化地标	法国（样本量 = 500）			
	第一位	第二位	第三位	
长城	49	10	6	65
故宫	14	16	11	41
天坛	4	8	7	19
天安门	5	9	8	22
颐和园	4	9	5	18
鸟巢和水立方	2	5	3	10
国家大剧院	3	6	5	14
秀水街	1	1	1	3
北京四合院	2	1	1	4
大运河文化带	3	3	3	9
798艺术区	2	2	3	7
三里屯	1	3	1	5

资料来源：凯度洞察2019年北京国际形象调查报告结果。

在文化休闲活动方面，总体推荐率排名居前三位的分别是"参观名胜古迹"（62%）、"体验民俗风情"（46%）和"品尝美食"（44%），详见表10。其中法国40%的受访民众将"参观名胜古迹"列在首位，而对"去酒吧"和"看演出"等活动的热情并不高。由此可见，法国民众来北京休闲时更倾向于体验北京的传统文化。

表 10 北京文化休闲活动推荐

单位：%

文化休闲活动	法国（样本量 = 500）			
	第一位	第二位	第三位	
参观名胜古迹	40	15	7	62
品尝美食	13	16	15	44
参观博物馆、美术馆等文化类场馆	7	10	7	24
购物（秀水街、红桥市场等）	6	8	8	22
体验民俗风情（胡同游、逛大栅栏和潘家园古玩市场等）	12	22	12	46
看演出（音乐会、京剧、杂技、武术表演等）	5	7	6	18
在居民家中参观或做客	7	5	8	20
去酒吧	3	3	3	9

资料来源：凯度洞察 2019 年北京国际形象调查报告结果。

在提升北京文化中心形象的举措方面，法国民众最为重视的是"保护文化遗产"（53%）（见表 11），这一数据高于欧洲地区（51%）、全球总体（51%）。"提高居民的文化素质"和"组织文化产品展览"以 25% 的占比并列第二，"推广饮食文化"（22%）排名第三。由此可见，法国民众极为看重一座城市在历史文化保护方面所做的努力。

表 11 北京文化中心形象提升路径对比

单位：%

文化中心形象要素	法国	欧洲地区	发达国家	全球总体
建设更多高水平知名学府	15	15	12	20
培养文化名人	13	12	12	17
提高居民的文化素质	25	25	26	31

文化中心形象要素	法国	欧洲地区	发达国家	全球总体
组织丰富的文艺演出	16	26	22	29
组织文化产品展览	25	23	19	27
推广饮食文化	22	26	28	35
重视文化创意产业	18	24	23	29
保护文化遗产	53	51	55	51
推进夜间经济发展	17	17	13	19
建设特色文化街区	19	23	23	26
扩大文化场馆建设	17	24	22	28

资料来源：凯度洞察 2019 年北京国际形象调查报告结果。

（六）国际交往中心形象

法国民众对北京国际化程度的打分均值为 6.7 分（见图 7），略高于发达国家平均值（6.5 分），但低于欧洲其他受访国及全球总体（7.2分）。其中认为非常好的只有 33%，较之英国的 40% 有一定差距。北京在法国的国际交往中心形象有待进一步提升。

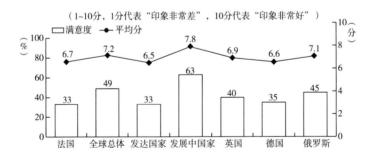

图 7　北京国际交往中心形象得分对比

资料来源：笔者自制。

法国受访者认为，最能体现北京国际交往中心形象的要素是"举办重大外交外事活动"（53%）（见表 12）。"对外国人的包容度高"

（39%）居第二位。"外国人数量多"（32%）排名第三，此数据明显高于欧洲地区（26%）和全球总体（29%）。由此可见，对法国民众来讲，在异域城市能否感受到当地人的包容，能否享受到应有的规范化服务，是非常重要的，而"外国人数量多"则是上述两点最为直接的反映。

表 12　北京国际交往中心形象要素对比

单位：%

国际交往中心形象	法国	欧洲地区	全球总体
对外国人的包容度高	39	41	42
举办各种具有国际影响力的文艺活动和体育赛事	26	31	38
举办重大外交外事活动	53	35	36
设置清晰、规范的多种外国语指引标识	31	32	36
发达便利的重要国际交通枢纽	30	34	36
经常举办国际及区域型会议和展会等活动	26	30	35
公正规范的涉外管理政策	31	29	34
众多重要国际组织进驻	29	30	32
外国人数量多	32	26	29

资料来源：凯度洞察 2019 年北京国际形象调查报告结果。

在提升北京作为国际交往中心的要素方面，法国受访者提及最多的是"美好的旅游体验"（37%）（见表 13），其次是"干净整洁温馨的酒店"（35%）和"不断改善的民生福祉"（34%）。值得注意的是，法国民众对于"良好的社会治安"（26%）这一要素并不感兴趣，明显低于欧洲地区和全球总体水平。总体而言，法国民众较为关注是否能在北京拥有舒适美好的生活体验，似乎对北京国际交往中心这一概念不太理解，而更倾向于将北京作为一个旅游目的地。

表 13 北京国际交往中心形象提升要素对比

单位：%

国际交往中心形象	法国	欧洲地区	全球总体
美好的旅游体验	37	40	45
安全卫生便捷的饮食及饮食环境	31	37	44
良好的社会治安	26	39	43
发达便利的交通	33	38	41
热情好客的市民	33	37	40
干净整洁温馨的酒店	35	34	40
公共场所清晰标准的外语标识	31	35	39
和谐优美的城市景观	30	34	37
不断改善的民生福祉	34	32	30
涉外服务人员高效的工作效率	18	22	30
便捷的购物、休闲环境	18	24	30
特色鲜明的地标性建筑	28	25	27

资料来源：凯度洞察 2019 年北京国际形象调查报告结果。

（七）科技创新中心形象

法国民众对北京的科技创新程度打分均值为 7.3 分（见图 8），该数值略高于发达国家的平均分（7.1 分），但与发展中国家的分值（8.5分）和全球总体（7.8 分）相比仍有较大差距。受访群众中，认为非常好（8~10 分）的占比为 47%，这一比例低于与其相邻的英国（59%）和德国（50%），但比发达国家的总体比例略高。

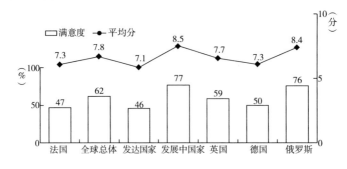

图 8 北京科技创新中心形象得分

资料来源：笔者自制。

法国民众认为北京的科技创新点主要聚焦于"科技企业数量众多"（41%）、"交通营运系统（机场、高铁、地铁）发达"（37%）、"公共场所的科技技术应用面广"（32%）及"高校众多"（32%）这几方面，详见表14。但法国受访者在科技创新上反馈的数据从总体看均低于欧洲地区和全球总体水平，唯有"移动支付便捷"这一维度上的得分稍高于欧洲地区平均水平，这表明法国民众对移动支付有较大的兴趣。

表 14　北京科技水平体现评价

单位：%

科技水平要素	法国	欧洲地区	全球总体
科技企业数量众多	41	45	50
交通营运系统（机场、高铁、地铁）发达	37	44	46
公共场所的科技技术应用面广	32	40	43
互联网覆盖程度高	28	36	42
科学研究机构数量众多	28	33	38
高校众多	32	32	32
移动支付便捷	24	22	30
共享单车覆盖率高	17	20	22

资料来源：凯度洞察 2019 年北京国际形象调查报告结果。

（八）和谐宜居之都形象

法国受访民众对北京的宜居程度打分均值为 6.3 分（见图9），只有 27%的受访者认为北京非常适宜居住。法国对北京宜居城市的这一认可度略高于发达国家（6.1 分），但明显低于其邻国英国（6.8 分）和全球总体（7.0 分）。法国民众对北京宜居性的认可度还有较大提升空间。

在法国民众看来，北京城市形象主要体现在"经济发展水平较高"（35%）、"文明程度很高"（27%）和"充满机遇"（25%）等方面，而非"可持续发展"（15%）、"适合个性发展"（14%）和"有益于健康"（6%）等方面（见表15）。而在各个维度上，北京城市形象的得分

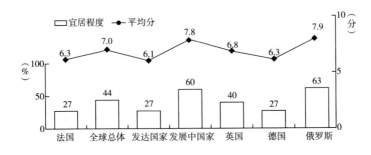

图9 北京和谐宜居之都得分对比

资料来源：笔者自制。

均低于欧洲地区和全球总体水平。看来，要想全方位改善北京在法国民众心目中的形象，传播工作任重而道远。

表15 北京城市宜居形象评价对比

单位：%

城市形象	法国	欧洲地区	全球总体
经济发展水平较高	35	42	49
文明程度很高	27	33	38
充满机遇	25	37	37
可持续发展	15	24	30
社会安全	22	23	27
生活便捷	21	19	24
环境舒适	16	18	24
城市景观设计和谐优雅	19	18	23
适合个性发展	14	17	23
有益于健康	6	10	16

资料来源：凯度洞察2019年北京国际形象调查报告结果。

在游历北京满意度方面，超过八成（84%）（见表16）的法国受访者对在北京的体验表示认可，这一数据远超发达国家的平均值（72%），并略高于全球总体（82%）。其中感到非常满意的受访者占33%，这一得分依然高于发达国家的平均值（28%）。由此可见，北京在旅游方面的资源和服务深受法国民众的喜爱。

表 16　游历北京满意度评价对比

单位：%

满意度评价	法国	欧洲地区	发达国家	全球总体
非常满意	33	45	28	44
比较满意	51	40	44	38
一般	11	11	22	14
不满意/非常不满意	6	3	6	3

资料来源：凯度洞察 2019 年北京形象调查报告结果。

在提升北京形象方面，法国受访者强调最多的是污染严重/污染问题（31%）、食品质量不好（15%）和环境污染/到处都很脏（15%），详见图 10。此外，认为到处都是监控（8%）、警察太多（8%）的也不乏其人。而且，法国民众对污染严重/污染问题的重视程度远超欧洲地区（13%）和全球总体（6%），相似的情况还出现在有关食品质量、监控、警察等多个维度。这向我们提升北京形象提出了严峻的挑战。

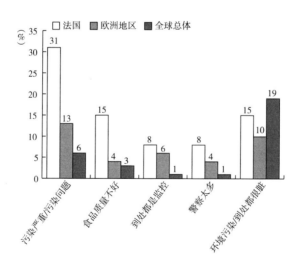

图 10　法国、欧洲地区、全球总体眼中的北京形象提升路径对比
资料来源：笔者自制。

（九）北京媒体报道量及受众认知渠道

法国受访者认为北京在国际媒体环境下媒体报道量充分的占48%，其中认为媒体报道量非常充分的受访者占10%，认为比较充分的民众占38%，高于欧洲地区、发达国家及全球总体（见表17）。可见，法国受访者对北京并不陌生，北京在法国拥有较高的知名度。

表17　北京媒体报道量对比

单位：%

媒体报道量	法国	欧洲地区	发达国家	全球总体
非常充分	10	10	9	14
比较充分	38	31	30	32
一般充分	42	44	42	37
不太充分/非常不充分	10	16	19	17

资料来源：凯度洞察2019年北京国际形象调查报告结果。

法国民众对北京的认知主要来自"本国媒体"（57%），其次是"我自己的观察"（39%）和"我和其他人的交流"（33%）（见表18）。世界各地区了解北京的渠道占比大同小异，但在"我购买或使用中国产品的体验"这一维度上，法国得分相较其他国家或地区要低，说明中国产品在传播北京形象方面起到的作用在法国尚未得到充分发挥。

表18　各国（地区）的北京认知渠道对比

单位：%

认知渠道	法国	欧洲地区	发达国家	发展中国家	全球总体
本国媒体	57	58	57	54	56
中国媒体	12	13	16	22	19
其他国家的媒体	20	23	20	34	27
我自己的观察	39	30	33	44	38
我和其他人的交流	33	38	28	40	34

续表

认知渠道	法国	欧洲地区	发达国家	发展中国家	全球总体
参加由中国举办的活动时的体验	10	10	11	19	15
我购买或使用中国产品的体验	16	22	19	45	32
我亲历北京的体验	8	9	10	12	11

资料来源：凯度洞察 2019 年北京国际形象调查报告结果。

在媒介方面，近八成法国受访者对北京的认知依赖电视（79%），其依赖程度超过欧洲地区（71%）和全球总体（73%）。纸媒（报纸、杂志、书籍）（40%）和网站（35%）则分列第二、三位（见图11）。而且，法国民众通过网站了解北京的程度（35%）远低于欧洲地区（60%）和全球总体水平（66%）。可见，法国民众更喜欢通过电视来了解北京，纸媒（报纸、杂志、书籍）、网站、电影和社交平台的信息传播作用尚未得到足够重视。

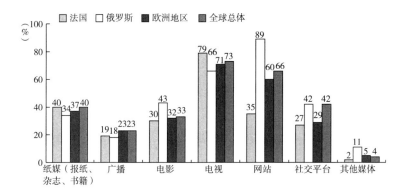

图 11　各国（地区）的北京形象认知媒介对比
资料来源：笔者自制。

在直接信息渠道方面，法国受访者提及最多的是"海外中国文化中心举办的活动"（51%）、"旅游年"（47%）及"文化年"（41%）（见表19）。与欧洲地区和发达国家的平均得分相比，法国在前两个维度上的得分较高，但在"文化年"这一维度上得分略低，同样的情况出现在"中国使馆举办的活动"（33%）和"孔子学院举办的活动"

（27%）这两个维度上。这给我们今后提升北京在法国民众心目中的知名度方面指出了努力的方向。

表 19　各国（地区）北京信息认知渠道对比

单位：%

认知渠道	法国	欧洲地区	发达国家	发展中国家	全球总体
文化年	41	54	46	51	49
海外中国文化中心举办的活动	51	49	45	48	47
中国使馆举办的活动	33	35	39	52	47
旅游年	47	41	43	45	44
演出	27	27	27	47	40
产品销售活动	18	21	19	43	34
孔子学院举办的活动	27	28	30	36	33

资料来源：凯度洞察 2019 年北京国际形象调查报告结果。

三　建议与对策

　　法国是西方第一个与新中国建立外交关系的国家，中法两国关系源远流长。2019 年 11 月 6 日，习近平主席在人民大会堂接见法国总统马克龙时指出："我们在两国建交 55 周年之际实现了互访，推动中法关系迈上了新台阶。我愿同你一道，面向世界，面向未来，面向人民，推动中法全面战略伙伴关系更上层楼，继续走在大国关系前列。"[①] 在两国关系朝着纵深进一步发展之际，了解北京在法国民众心目中的形象显得十分必要。北京第二外国语学院首都对外文化传播研究院北京国际形象研究所开展的此次北京形象全球调查抓住了这一契机，全面调查了法国民众对北京形象的认知情况。总的来说，法国民众对北京并不陌生，他

---

① 《习近平谈中法关系：面向世界、面向未来、面向人民》，央视网，http://m. news. cctv. com/2019/11/06/ARTIDANrCzBNmyGV6t4Pgglz191106. shtml，最后访问日期：2019 年 11 月 17 日。

们认为北京是一座历史悠久的、有着灿烂文化的城市。近几十年来，北京在科技和经济等方面取得的成就也得到法国民众的认可。但北京形象在他们眼中并非尽善尽美，其原因较为复杂。简而言之，由于受众的广泛性、混杂性、隐蔽性，加之中国特色社会主义制度的独特性，北京形象的提升与完善定将是一个长期复杂的探索过程。

基于对法国民众的调查数据，面向法国的北京形象提升策略主要集中在以下几个方面。

（一）主动出击，改善北京整体形象

从调查数据来看，北京在法国有相当的知名度，而且相比西方发达国家整体而言，法国民众对北京的整体印象不算太差，但来北京工作、参加商务活动、学术活动和外交活动的法国人并不多。就北京的国际影响力来说，法国民众将其排在了第七位。这说明在法国民众看来，北京城市形象虽然比不上欧美那些老牌的国际性城市，却胜过首尔、莫斯科等城市。可见，北京城市形象在法国的传播已经取得了一定成效，但与某些发达国家城市相比还存在较大差距。这里面有历史的和地理的原因，也有意识形态的原因，但更加符合法国民众口味的传播方式也是我们应当考虑的因素。为此，我们应多借鉴西方老牌国际性城市如伦敦、巴黎、东京和柏林的传播模式，加强顶层设计，优化传播模式，畅通传播渠道，使北京的魅力和影响力更加深入法国民众之心。

就北京的具体印象而言，法国民众眼中的北京既古老又时尚，既有文化底蕴又有创新潜质，这说明法国民众既欣赏北京在历史、文化方面的价值，也认同其在经济和科技方面取得的巨大成就。但他们却对北京在和谐宜居和开放包容这两点上持保留态度。这也部分地解释了为什么来华的法国人多以旅游为目的，而并非以其他较为深入的方式来了解中国。这跟法国媒体长期以来戴着"有色眼镜"有关，我们需要在传播时安排好重点和节奏，针对北京的和谐宜居和开放包容这两方面讲好故事，主动出击，让法国民众了解更加真实的北京。

（二）以宣扬城市发展理念为突破口，改变刻板印象，提升北京政治中心形象

法国民众对北京市政府形象的认可度总体偏低，因此，只有加强有关北京市政府廉政、高效、公正、法治等方面的宣传，重点突出北京的城市发展理念，才能转变法国民众对北京市政府的刻板印象，提高其对北京市政府形象的认可度。

（三）彰显历史厚度，保护文化遗产，奠定北京文化中心形象

在文化地标方面，法国受访者对长城、天坛、故宫和颐和园等名胜古迹的认可度普遍较高，体现了他们重历史、重传统的特点。北京四合院却是一个特例，这一浓缩北京古代建筑文化和风俗传统的存在并未得到法国民众的特别青睐。在文化休闲活动方面，法国民众在北京更想体验的是北京传统文化，而非他们熟悉的酒吧或演出。此外，法国民众还建议北京通过保护文化遗产来提升自己的文化中心形象。因此，在打造北京文化中心形象时，应该更侧重于展现北京极具特色的古典和传统之美，同时大力宣传北京在保护文化遗产等方面的举措和成效。

（四）厘清概念，注重引导，提升北京国际交往中心形象

法国民众对北京的国际化程度有一定的认可，但只有1/3的受访者认为北京国际交往中心形象非常好。在他们看来，体现一座城市国际交往中心形象的要素包括"对外国人的包容度高"、"公正规范的涉外管理政策"和"外国人数量多"等。但从他们较为关注是否能在北京拥有舒适美好生活体验这一点来看，他们对北京国际交往中心这一概念的理解存在偏差，将国际交往中心简单理解成了旅游目的地。为此，必须首先向法国民众阐释清楚北京国际交往中心的内涵，同时凸显北京作为中国特色大国主场外交核心承载地的角色，注重宣传其作为中国首都的外交功能，让更多的法国民众意识到北京在国际交往中的主体作用[1]，

---

[1] 李军凯、张红、孙艳艳：《加快推进北京国际交往中心建设》，《经济日报》2019年11月22日，第12版。

提升北京国际交往中心的形象。

（五）凸显便捷的移动支付技术，有点有面地提升北京科技创新中心形象

法国民众对北京科技创新能力的认可度高于发达国家的平均水平，但低于全球总体水平。在有关北京科技创新点方面，法国民众的总体认可度低于欧洲地区和全球总体水平，却比较认可"移动支付便捷"这一点。法国人担心移动支付软件会泄露个人隐私，在支付手段上一直比较保守，由此造成了他们在支付方式上的落后局面。他们欣赏北京在移动支付手段和方式上的创新，这为我们传播北京科技创新中心形象提供了很好的切入点。我们可以在保持惯常宣传思路的基础上，突出北京在移动支付上的创新，有点有面地提升北京科技创新中心形象。

（六）宣传和治理并重，全方位提升北京和谐宜居之都形象

法国受访群众对北京宜居城市的认可度略高于发达国家总体水平，但明显低于其邻国英国和全球总体水平。只有极少数法国民众认为北京是一座可持续发展、适合个性发展和有益于健康的城市。这跟最近几年北京出现的空气污染现象有关。除此之外，有相当一部分法国民众认为北京的食品质量堪忧，环境差。为此，应该宣传和治理并重，同时大力宣传北京在治理大气污染、严格食品安全检验和卫生制度等方面采取的措施和取得的成效，彻底改变北京在法国民众心目中的不宜居形象。

（七）优化传播机制和渠道，为提升北京城市形象打下良好的舆论基础

法国民众对北京并不陌生，他们对北京的认知主要来自"本国媒体"，这与世界各地了解北京的方式大同小异。但在"我购买或使用中国产品的体验"这一维度上，法国得分相较其他国家或地区要低很多，这说明中国产品在向法国民众传播北京形象方面的作用尚未得到充分发挥。在媒介方面，法国民众更喜欢通过电视来了解世界，纸媒（报纸、杂志、书籍）、网站、电影和社交平台的信息传播作用尚未引起足够重视。此外，参加"海外中国文化中心举办的活动"、"旅游年"及"文化年"等活动也是法国民众了解北京的有效途径。这些都证明了我们以往的宣传模式和渠道在总体上是适用的，只不过还需要加以优化，明确媒体受众定位，即"将信息传播给谁"[1]，提高精准度和有效性，为全方位、立体化打造北京城市形象创造更佳的舆论基础。

第三节　德国人眼中的北京形象[2]

一　研究背景

德意志联邦共和国（The Federal Republic of Germany, Die-Bundesrepulik Deutschland），简称德国，是位于中欧的议会共和制国家。目前，德国是欧洲第一大经济体，也是欧盟的创始成员国之一，此外，德国还是北约、申根公约、七国集团、联合国等国际组织的重要成员。德国是高度发达的工业国，经济总量居欧洲首位，世界第四位。

德国认为亚洲是关乎德国和欧洲未来的核心地区，因此，积极谋求通过双边和多边渠道加强同亚洲国家的关系，酝酿出台"新亚洲政策"，在德国外交部设立亚太司，并单设中国处。[3] 中德建交以来（1950 年中国与民主德国建交，1972 年与联邦德国建交），在双方领导人的务实推动下，中德关系在历经波澜之后，逐步走向成熟和稳定，德国一直是中国在欧洲的最大贸易伙伴。此外，中德两国在科技、文化和教育交流等领域也有十分紧密的交流与合作。以德国总理默克尔为例，2019 年 9 月，默克尔对中国进行了其任期内的第 12 次访问。

---

① 陶建杰：《传媒与城市软实力——基于结构方程模式的研究》，博士学位论文，复旦大学新闻传播学系，2009，第 136 页。
② 本报告由黄婧、邓二红撰写。
③ 《德国概况》，中华人民共和国外交部，2019 年 4 月，https://www.fmprc.gov.cn/web/gjhdq_676201/gj_676203/oz_678770/1206_679086/1206x0_679088/。

　　"国家形象会影响国与国之间的认知与判断，良好的国家形象有助于消解恶意认知和负面解读，从而增进国家间交流与合作"①，因此，无论是中国，还是德国都开展了关于中国形象的调查。总体而言，德国民众眼中的中国国家形象研究主要从三个维度展开。

　　一是由中国外宣智库发起的大型问卷调查。自 2012 年起，当代中国与世界研究院（原中国外文局对外传播研究中心）每年都与专业机构合作开展中国国家形象全球调查，德国便是其中的一个样本国家。

　　二是中国学者对德国民众眼中的中国形象进行的学术研究。笔者在中国知网（CNKI）以"德国中国形象"为主题词进行检索，经过人工筛选后，共得出 45 篇相关文献。通过关键词梳理和大致阅读得出以下研究趋势（见图 1）。

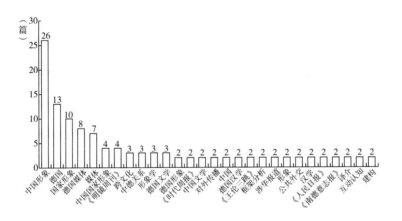

图 1　德国中国形象研究关键词分布

资料来源：中国知网。

　　从研究方法看，主要采用质性分析中的文本分析法，量化实证研究较少；从研究依托的媒介看，主要分析德国主流媒体、德国智库、德国

---

　　① 王志强：《德国人视角下的中国形象——以德语版中国旅游指南为例》，《德国研究》2009年第 1 期，第 37 页。

文学作品、德国旅游指南、德国影视剧以及德国的教科书。具体到德国主流媒体，最常被分析的媒体是《明镜周刊》（有学者翻译为《明镜》周刊，笔者将二者合并统计），其次是《时代周报》和《南德意志报》。被分析的德国文学作品则与研究者的兴趣直接相关；从研究视角看，主要分析德国媒体在一定时间内，或者与重大事件相关的涉华报道，如2008 年北京奥运会、上海世博会、"一带一路"国际合作高峰论坛等。德国民众眼中的中国形象又可再细分为政治形象、经济形象和文化形象等。

三是德国民调机构发起的聚焦中国（经济）形象的民意调查。如德国商业银行委托民调机构 Forsa 发起关于各国投资吸引力的调查，中国便是其中的一个样本国家。①

具体到城市，城市国际形象的跨文化传播，是现代城市融入全球一体化的必然过程，也是获得新的全球资源配置的前提。② 北京作为中国的政治和文化中心，其在德国民众心目中的国际形象不仅直接影响到德方的投资、消费和出行，而且也影响到德国民众对中国的总体认知。

与宏观的中国形象研究相比，对北京国际形象的研究目前还十分有限，笔者分别以"德国北京国际形象"、"北京国际形象"以及"北京形象"为主题词进行检索，共搜索到关于北京形象的文献 41 篇，经过人工筛选，笔者发现，仅有 1 篇文献与德国民众眼中的北京形象直接相关。徐剑、董晓伟、袁文瑜对 2000～2015 年《明镜周刊》涉京报道进行了批判性话语分析。然而，上述研究对北京的形象研究仅停留在文本分析层面，缺乏明确针对德国民众的具体实证调查。因此，北京第二外国语学院首都对外文化传播研究院北京国际形象研究所与凯度洞察合作，以在线问卷调查的方式对抽样的德国民众进行深度调查，收集到的

---

① John Stanley Hunte：Die China-Falle：Umfrage zeigt überraschende Einschätzung deutscher Firmenbosse，2019 年 5 月 28 日，https：//www. businessinsider. de/commerzbank-forsa-umfrage-mittelstand-china-wirtschaft-2019-5。

② 昌敬惠、关颖：《跨文化传播语境下城市国际形象的传播策略研究》，《新闻世界》2018年第 11 期，第 89 页。

数据将客观而直接地呈现德国民众眼中的北京形象，调查结果将直接服务于北京"四个中心"城市战略定位。

二　调研结果与分析

（一）样本统计特征

本次投放至德国的问卷为德文版，共计发放 500 份（见图 2），占欧洲问卷总量的 1/4。问卷统一按照概率抽样的方式配额发放，共收回有效问卷 500 份，问卷有效率为 100%。

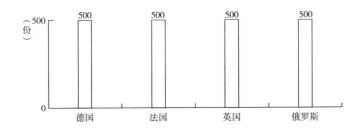

图 2　欧洲问卷样本分布

资料来源：笔者自制。

在本次调查中，德国样本的性别比为 1∶1，男女各占一半。从年龄分布上看，样本涵盖老、中、青三代人，其中 18～35 岁青年群体占 45%，36～50 岁青壮年群体占 40%，51～65 岁老年群体占 15%（见图 3）。

文化程度方面，德国的受访者呈现与全球样本总体不同的趋势：受过职业教育的受访者达到了 45%，而本科率只有 19%，远低于全球总体 42% 的本科率（见图 4）。尤其需要强调的是，德国民众的本科率相对较低，并不意味着德国受访者的文化素质低下，而是与德国特殊的教育体系有关。具体而言，德国的教育体系为"双轨制"，其中一轨为文理中学到大学的学术型。德国的学生从小学毕业开始，将经过三次分流，到不同的中学，文理中学只是四种中学形式之一；另一轨为职业学

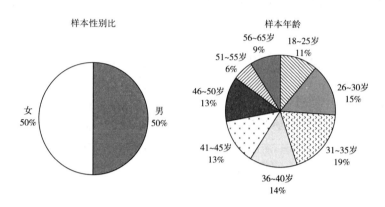

图 3　德国样本的性别与年龄分布

资料来源：笔者自制。

校教育到应用技术大学的职业型。① 德国的职业教育十分发达，学制多样、灵活，功能齐全、可互补，具有衔接的流畅性与毕业资格的等值性、向其他教育领域的可流动性和渗透性等特征②，深受德国家长和学生欢迎，与中国的职业教育相差较大。

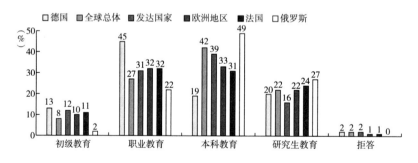

图 4　样本受教育背景对比

资料来源：笔者自制。

---

① 牛金成：《德国学校职业教育体系及其特点》，《职业技术教育》2018 年第 31 期，第 71 页。
② 牛金成：《德国学校职业教育体系及其特点》，《职业技术教育》2018 年第 31 期，第 66 页。

收入方面，德国受访者的平均收入水平高于欧洲地区，也高于其邻国法国（见表1）。德国是高度发达的工业国，经济总量居欧洲首位，世界第四位，收入水平较高也在情理之中。

表 1　德国样本收入对比

单位：%

美元计家庭年收入	欧洲地区	德国	法国
低于 3k	1	0	0
3k~4.9k	3	0	0
5k~9.9k	11	3	9
10k~19.9k	17	16	16
20k~29.9k	19	13	25
30k~49.9k	22	27	27
50k~69.9k	21	25	21
70k 及以上	2	9	0
拒答	4	6	3
样本量（个）	2000	500	500

资料来源：笔者自制。

（二）北京整体印象

在本次调研中，德国受访者全部对北京有所认知，到访率为16%，略低于全球总体水平（20%）。在被调查的六大城市中，德国受访者的北京到访率居于首位，上海紧随其后（15%），德国民众对其余四个城市的认知状况则与北京存在较大的差距（见表2）。

表 2　德国受访者对中国大城市的认知对比

单位：%

城市认知度	北京	上海	天津	重庆	广州	深圳
知道这个城市	100	97	46	36	54	64
了解这个城市	28	30	9	9	9	14
去过这个城市	16	15	5	6	7	6

资料来源：笔者自制。

就北京个体而言，德国受访者的到访率（16%）不仅低于全球总体到访水平（20%），也低于欧洲地区（18%）。作为"旅行世界冠军"，德国是全球最热衷旅游并付诸实施的国家，较低的北京到访率必然隐藏着深层原因。对旅游者而言，能最直接影响其旅游目的地的首先是德语版《中国旅游指南》所建构的中国形象。研究表明，21世纪初出版的德语版《中国旅游指南》虽然能较为客观地介绍中国的快速发展和由此带来的巨大变化，同时也指出了由现代化所致的环保等问题。在对当代中国社会制度、政治制度和中国公民行为文化的介绍方面很大程度上还停留在西方人对中国的定式思维和中国观上。它们通过对中国进行不同程度的批评和指责，来凸显西方的物质文明、社会制度和政治文化价值。① 除了旅游指南外，德国主流媒体对华报道的立场也较为相似，这也间接影响到德国游客到北京的旅行意愿。

从时间维度上看，德国受访者在2008年北京奥运会之后的四年（2009~2012）的到京率增速高于欧洲地区和发达国家水平，但随后几年的北京到访增长率逐渐放缓，稍落后于欧洲地区和发达国家水平。2008年北京奥运会作为万众瞩目的国际体育赛事，成为树立和传播国家形象的良好渠道，是一个国家面向世界的成功的形象广告，随着2008年北京奥运会的成功举办，在后奥运会时代，这种广告效应也将持续存在。

从到京事由角度分析，旅游是德国民众赴京的主要事由（73%），紧随其后的是商务（26%）、留学（18%）、探亲访友（14%）、学术活动（8%）、外交活动（8%）以及来华工作（3%）。其中，无论在德国还是欧洲地区以及其他发达国家，旅游和商务都是来京最主要的事由。德国人本身热衷旅游，再加之北京作为千年古都，具有深厚的历史文化底蕴，因此，德国受访民众中来京旅游的比例高达73%。值得注意的

---

① 王志强：《德国人视角下的中国形象——以德语版中国旅游指南为例》，《德国研究》2009年第1期，第44页。

是，德国受访者来京留学的比例达18%，远超欧洲地区和发达国家水平。此外，还需要关注的是，虽然中德之间商务活动频繁，但是真正来京长期工作的德国人比例仅为3%，远低于欧洲地区和发达国家水平，这一现象也值得进一步深究（见表3）。

表3　到访率、事由和时间区间一览

单位：%

是否来过北京	德国	欧洲地区	发达国家
到访率	16	18	22
样本量（个）	500	2000	3500
到访北京事由			
旅游	73	78	80
商务	26	22	25
来华工作	3	11	9
探亲访友	14	12	13
学术活动	8	11	13
留学	18	11	10
外交活动	8	6	8
来访北京时间			
2013~2019年	58	66	66
2009~2012年	26	19	19
2002~2008年	11	9	11
1993~2001年	4	5	4

资料来源：笔者自制。

德国民众对北京城市形象的总体打分为6.5分（满分为10分），低于全球总体水平（7.0分），也低于欧洲地区水平（6.9分）。尤其需要提及的是，北京城市形象在发达国家的总体得分（6.2分）远低于发展中国家的总体得分（7.9分）。王义桅、李燕燕在2015年曾对中德经济依存与民众好感度的非对称性进行过研究，研究表明，中国民众对德国的好感度继续保持较高水平，但德国民众对中国的国家形象评价却比较低，且这种评价呈持续下降的态势。[①] 因此，北京需通过多种渠道，多维度、全方位提升在发达国家中的形象水平，且要认识到形象水平的提升不可急于求成，需要做好持久攻坚的心理准备。

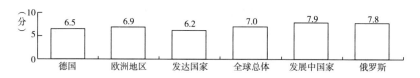

图5 北京形象总体得分对比

资料来源：笔者自制。

将目光放远于全球知名城市，德国受访者对北京的总体评分处于发达国家中等水平，优于韩国和日本。为了摒弃教育程度和收入水平的束缚，课题组采用了加权换算法，将得分均值换算成百分制，得到如下结果（见表4）。德法两国总体得分相当，在发达国家中处于中游水平，但远远低于发展中国家的得分。因此，提升北京在发达国家的形象水平，是外宣工作的重中之重。

表4 北京形象加权得分

发达国家 北京=100							发展中国家 北京=100						
英国	美国	法国	德国	澳大利亚	韩国	日本	墨西哥	巴西	印度	俄罗斯	阿根廷	埃及	南非
98	96	93	92	91	77	69	118	117	114	111	110	109	105

资料来源：笔者自制。

（三）北京印象与市民形象

北京在德国民众中最为突出的三个城市印象分别是"历史悠久"

[①] 王义桅、李燕燕：《国之交缘何民不亲？——中德经济依存与民众好感度的非对称性分析》，《德国研究》2015年第3期，第16页。

（80%）、"文化深厚"（77%）以及"经济发达"（75%）。在"开放包容"和"和谐宜居"方面，北京得分不佳，德国民众的认知仅分别为42%和41%。整个欧洲地区对北京的历史和文化认可度高于全球总体水平。与同在欧洲的法国相比，德国的北京印象在各个维度上均处于劣势（见表5）。由此可见，北京的城市印象在德国有待进一步提升，尤其需要在开放包容、和谐宜居两个方面下功夫。保护生态环境，有效树立北京作为和谐宜居、开放互信的大国首都的政治中心形象。

表5　北京城市整体印象对比

单位：%

非常同意/比较同意	全球总体	发达国家	发展中国家	德国	欧洲地区	法国
文化深厚	80	76	85	77	83	86
经济发达	80	73	86	75	81	79
历史悠久	78	75	81	80	81	83
科技创新	76	66	86	72	81	80
现代时尚	67	55	80	59	69	60
政治中心	65	65	66	71	71	74
和谐宜居	57	43	71	41	57	46
开放包容	49	38	59	42	49	44

资料来源：笔者自制。

在北京市民形象方面，德国民众对北京市民的直观印象是"勤劳敬业"（73%）、"公共场所举止文明"（66%）以及"遵纪守法"（63%）。北京市民在德国民众中的形象在"积极向上"（44%）维度上大幅落后于在法国民众中的形象（66%），也落后于欧洲地区（53%）以及全球总体（57%）。由此可见，北京市民在德国民众心中留下了一个矛盾的多面形象。从正面形象看，北京市民勤劳、文明、守纪，但他们在"爱护生态环境"（15%）和"热情包容"（30%）以及"开拓创新"（37%）三个方面的得分极低（见表6）。是否热情包容，实际上已经涉及中德文化的异同，中国人所认为的热情包容不一定会被德国人认同。意识形态的改变需要长期的过程，但是在保护生态环境方面，很多措施都能取得立竿见影的效果，加强对民众的环保意识宣传，完善相关立法，加强中德间的环保合作，是北京市政府亟须完成的任务，也是快速改善北京国际形象的绝佳途径。

表6　北京市民形象对比

单位：%

正面/积极评价	全球总体	发达国家	发展中国家	德国	欧洲地区	法国
勤劳敬业	66	54	77	73	72	72
遵纪守法	60	49	72	63	66	67
国家至上	58	55	61	56	61	63
公共场所举止文明	58	47	68	66	59	56
积极向上	57	46	68	44	53	66
开拓创新	54	41	68	37	47	47
诚实守信	50	38	61	41	48	44
热情包容	46	35	58	30	43	35
爱护生态环境	35	21	49	15	27	24

资料来源：笔者自制。

（四）政治中心形象

1. 政府形象

统计数据表明，德国民众对北京的政治形象还有很大上升空间，各个维度的评分均低于欧洲地区和全球总体水平。与其余四个维度相比，德国民众最认同"治理能力高效"（42%），紧随其后的是，38%的德国民众认为北京市政府是一个"法治政府"，30%的德国民众认为北京市政府是一个"负责任的政府"，略低于法国的32%。尤其值得注意的是，德国民众非常不认可北京市政府在廉政建设和创新方面所做出的努力，两项评分均为21%。在治理能力、法治建设和责任感方面，德国与法国的评分差距甚微，但在廉政建设和创新方面，两国民众的认知有着明显的差别，尤其是在创新方面，德国的21%与法国的45%差距如此之大，着实让人感到困惑，需要深究其原因（见图6）。要改善德国民众对北京市政府的政治印象，尤其应当纵深化推进廉政建设，大力实施创新驱动发展战略，加快创新型政府建设步伐。

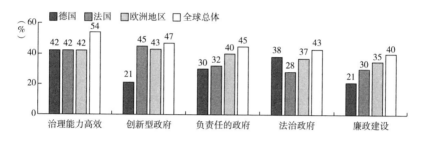

图6　北京市政府形象得分对比

资料来源：笔者自制。

2. 城市发展理念

在北京市政府提出的城市发展理念认知层面，德国民众对于"科技北京"（28%）最为认同，"智慧城市"（26%）位列第二，"城乡协同发展"（18%）、"绿色北京"（18%）和"推动城市减量提质发展"（18%）并列第三（见表7）。德国民众的选择与发达国家和法国的总体水平保持了小差异范围内的一致性。较之于法国，德国受访者在"科技北京"、"绿色北京"、"城乡协同发展"和"推动城市减量提质发展"四个维度上更为认同，但在其他维度上的认知度低于法国。综上，德国民众更加关注科技因素在构建智慧城市中的运用与发展，也对北京市政府在生态建设和城乡协同发展方面有着更多的关注与期待。

表7 北京市城市发展理念认同对比

单位：%

城市发展理念	全球总体	发达国家	发展中国家	德国	法国
科技北京	38	25	51	28	26
智慧城市	36	23	49	26	34
宜居城市	27	17	37	16	17
绿色北京	24	15	34	18	14
城乡协同发展	19	14	23	18	15
建设国际人才社区	17	13	22	12	15
推动城市减量提质发展	15	12	18	18	12

资料来源：笔者自制。

3. 大型活动

在北京举办的大型活动中，2008年奥运会成为北京的名片，六成德国民众对北京奥运会印象深刻，与法国基本持平。德国民众对各项指标的评分一向处于全球低位，对2008年北京奥运会的认同能达到60%，仅略低于全球总体（70%），足以证明2008年北京奥运会成功举办的强大影响力。2008年北京奥运会后，在京举办的大型活动在德国的影响力相对减弱。"北京世界园艺博览会"（24%）位列第二，"北京国际马拉松"（16%）紧随其后。尤其值得注意的是，德国受访者对环保（园艺）、体育（马拉松）、文化活动（电影节）的关注度和认同度明显高于大型政治活动，"亚洲文明对话大会"的认同率仅为10%，"'一带一路'国际合作高峰论坛"和"中非合作论坛北京峰会"的认知情况更是低至9%（见表8）。

表8 北京市大型活动的认知对比

单位：%

大型活动	全球总体	发达国家	发展中国家	德国	法国
2008年北京奥运会	70	64	76	60	62
北京国际电影节	26	19	34	12	23

续表

大型活动	全球总体	发达国家	发展中国家	德国	法国
北京国际马拉松	23	19	27	16	19
"一带一路"国际合作高峰论坛	17	15	18	9	19
中非合作论坛北京峰会	16	11	21	9	9
北京国际图书博览会	16	9	23	8	12
北京世界园艺博览会	14	12	16	24	13
亚洲文明对话大会	12	9	15	10	10

资料来源：笔者自制。

在大型活动评价方面，65%的德国民众对 2008 年北京奥运会做出积极评价，其中认为非常好的德国民众比例为 21%，得分略低于法国和全球总体水平。此处需要指出，德国民众对"北京国际马拉松"（72%）、"北京世界园艺博览会"（71%）以及"北京国际图书博览会"（67%）的认知度甚至优于"2008 年北京奥运会"（65%），虽然总体仍略低于法国和全球总体水平，但已算十分积极正面。综上，德国民众普遍更看重象征国家软实力的体育、文化活动。因此，体育和文化因素依旧是参与北京形象建构的首要因素，在北京形象的跨国传播中扮演重要角色。

表 9　北京市大型活动的评价对比

单位：%

大型活动	全球总体		德国		法国	
	非常好	比较好	非常好	比较好	非常好	比较好
2008 年北京奥运会	42	38	21	44	29	57
北京国际电影节	37	44	20	42	28	51
北京国际马拉松	35	44	20	52	22	63
"一带一路"国际合作高峰论坛	30	39	19	34	14	62

续表

大型活动	全球总体		德国		法国	
	非常好	比较好	非常好	比较好	非常好	比较好
中非合作论坛北京峰会	34	42	13	48	23	42
北京国际图书博览会	43	41	23	44	31	58
北京世界园艺博览会	42	40	19	52	32	56
亚洲文明对话大会	36	42	16	41	25	48

资料来源：笔者自制。

（五）文化中心形象

在德国人看来，北京最负盛名的文化符号是"名胜古迹"（61%）和"著名饮食"（61%），二者高居榜首，其次是"传统服装"（37%）（见图7）。显然大部分德国人对北京的历史建筑和饮食有浓厚兴趣。在"艺术区域"（15%）、"特色文化街区"（18%）和"知名学府"（22%）这三个维度上得分偏低，由此可见，德国人比较看重北京作为古都的历史风貌和风土人情。此外，德国人对北京作为文化中心形象的认识，与整个欧洲地区的视角一致，得分差别很小。在"著名饮食"这一维度，德国民众的得分（61%）明显高于全球总体水平（48%）。

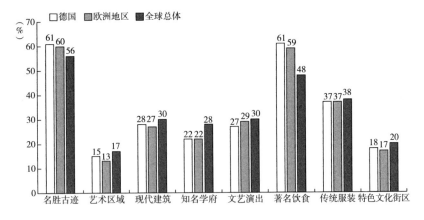

图 7　北京文化符号对比

资料来源：笔者自制。

在北京的文化地标中，超过半数的德国受访者将长城（55%）和故宫（51%）排在前两位，天坛（34%）和颐和园（28%）居于第三位和第四位。长城、故宫和天坛是最能代表北京的文化符号。长城居于首位，或许因为在众多的媒体宣传中长城频繁出现，给德国民众留下极为深刻的印象。北京四合院（11%）、798 艺术区（10%）和三里屯（8%）这三项人文景观的得分垫底，国家大剧院（13%）与鸟巢和水立方（17%）的受欢迎程度也不高，需要进一步推广。

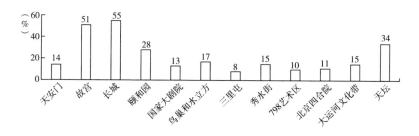

图 8　北京文化地标推荐

资料来源：笔者自制。

在德国民众眼中，北京最值得推广的文化地标，依然是长城和故宫遥遥领先，在26%的受访者心目中，北京最值得推荐的文化地标是长城，而24%的德国受访者把故宫放在第一位。其他的文化地标，无论是历史古迹颐和园、天坛和北京四合院，还是现代建筑国家大剧院、鸟巢和水立方等，以及现代的798 艺术区，均只有不到10%的受访者把它们列在首位。值得注意的是，在中国人心目中神圣的天安门，只有3%的德国受访者把它列为北京文化地标的第一位。巧合的是，把天安门列为第二位和第三位的受访者比例均为3%。天安门承载了太多的政治意义，它在德国民众中受欢迎程度不高。

表 10　北京文化地标推荐对比

单位：%

文化地标	德国（样本量＝500）			
	第一位	第二位	第三位	
长城	26	14	7	47
故宫	24	16	6	46
天坛	8	9	9	26
颐和园	6	7	4	17
鸟巢和水立方	4	4	3	11
天安门	3	3	3	9
秀水街	3	2	4	9
北京四合院	3	2	2	7
国家大剧院	2	3	3	8
798 艺术区	2	2	2	6
大运河文化带	2	2	3	7
三里屯	1	2	1	4

资料来源：笔者自制。

　　在北京最有兴趣参与的文化休闲活动这一选项中，绝大多数德国人青睐参观名胜古迹，70%的受访者认为来北京一定要参观名胜古迹。另外体验民俗风情和购物也比较受欢迎，38%的受访者认为来北京一定要做这两件事。同时，49%的受访者认为品尝北京的美食是行程单上的必选项目。

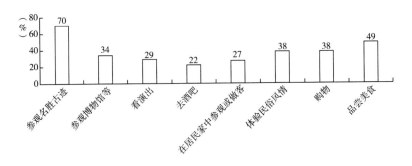

图 9　北京文化休闲活动推荐

资料来源：笔者自制。

在北京文化建设方面，近一半的德国受访者首选"保护文化遗产"（48%），其次是"扩大文化场馆建设"（27%）、建设特色文化街区（22%）和"组织丰富的文艺演出"（21%）。德国素以"思想家和音乐家的国度"著称，德国民众也非常看重各种文化演出和场馆建设。有26%的欧洲地区受访者认为应当"推广饮食文化"，而德国受访者的比例仅为20%。可见在口腹之欲这一方面，德国民众并没有欧洲地区其他国家民众的要求那么高。另有25%的欧洲地区受访者认为应当"提高居民的文化素质"，而只有16%的德国受访者选择这一选项，崇尚自由、民主、独立和自我发展是当代德国人的价值取向。

表11 北京文化中心形象提升路径对比

单位：%

文化中心形象要素	全球总体	欧洲地区	德国
建设更多高水平知名学府	20	15	14
培养文化名人	17	12	8
提高居民的文化素质	31	25	16
组织丰富的文艺演出	29	26	21
组织文化产品展览	27	23	17
推广饮食文化	35	26	20
重视文化创意产业	29	24	20
保护文化遗产	51	51	48
推进夜间经济发展	19	17	14
建设特色文化街区	26	23	22
扩大文化场馆建设	28	24	27

资料来源：笔者自制。

（六）国际交往中心形象

德国民众对北京的国际化程度打分均值为6.6分，该得分低于全球总体得分（7.2分）。相比于俄罗斯（7.1分）、英国（6.9分）和法国（6.7分），以及欧洲地区（6.8分），德国受访者对北京国际化程度的认可度最低。

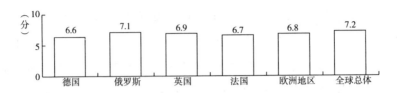

图 10　北京国际交往中心得分对比

资料来源：笔者自制。

　　33%的受访者认为"对外国人的包容度高"是提升北京国际交往中心形象的首要指标，其次是"设置清晰、规范的多种外国语指引标识"（28%）和"发达便利的重要国际交通枢纽"（28%）以及"众多重要国际组织进驻"（27%）。德国民众并不看重"外国人数量多"这一指标，只有22%的受访者选择这一选项，低于全球总体（29%）和欧洲地区（26%）。可见德国民众不看重数量，而是看重北京在国际舞台上的真正实力。

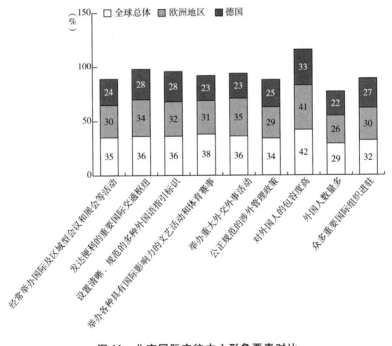

图 11　北京国际交往中心形象要素对比

资料来源：笔者自制。

在提升北京作为国际交往中心的要素方面，德国人认为最重要的举措是"良好的社会治安"（44%），其次是"不断改善的民生福祉"（33%）和"美好的旅游体验"（32%）。与欧洲地区相比，德国民众更加关注普通人的生活环境。法国民众和英国民众不太关注社会治安环境，他们的打分分别是 26% 和 28%，他们最看重"美好的旅游体验"，分别给出了 37% 和 41% 的高分。由此可见，德国民众把中国作为一个国际交往中心而不单单是一个旅行目的地来对待，进而提出提升形象的要求。

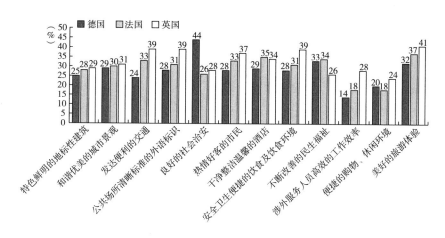

图 12　北京国际交往中心形象提升要素对比

资料来源：笔者自制。

（七）科技创新中心形象

德国作为世界专利大国，非常注重本国企业的科技创新能力，德国制造已经成了有质量保证的代名词。德国民众对北京的科技创新程度打分均值为 7.3 分，低于全球总体（7.8 分）和欧洲地区（7.8 分），详见图 13。

大部分德国民众认为北京的科技创新能力体现在"科技企业数量众多"（40%），其次为"互联网覆盖程度高"（39%）和"交通营运系

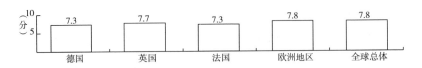

图 13　北京科技创新中心得分对比

资料来源：笔者自制。

统（机场、高铁、地铁）发达"（36%）。德国受访者的反馈情况与欧洲地区状况略有出入，这三项欧洲地区的打分分别是 45%、36% 和 44%。但这三项无论是欧洲地区的整体打分，还是德国民众的打分，均低于全球总体水平。此外，德国民众比较认可"公共场所的科技技术应用面广"（34%），认为北京"高校众多"（34%）。

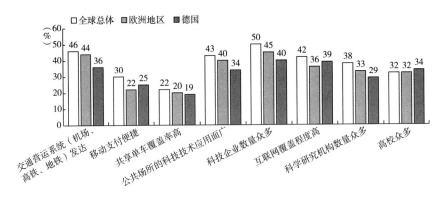

图 14　德国、全球总体、欧洲地区民众眼中的北京科技符号对比

资料来源：笔者自制。

（八）和谐宜居之都形象

德国民众对北京的宜居程度打分均值为 6.3 分，低于全球总体（7.0 分），也低于欧洲地区（6.8 分）和发展中国家的总体得分（7.8 分），仅仅略高于发达国家的得分（6.1 分），详见图 15。

德国受访者指出北京的宜居程度主要体现在"经济发展水平较高"

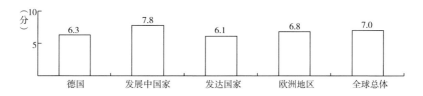

图 15 北京和谐宜居之都得分对比（10 分代表非常好）

资料来源：笔者自制。

（38%）、"充满机遇"（31%）和"文明程度很高"（29%）这三个维度上，德国民众的打分不仅低于欧洲地区，也明显低于全球总体水平。在"有益于健康"、"可持续发展"和"城市景观设计和谐优雅"这三个维度上，德国受访者的打分都比较低，分别是 11%、13% 和 14%，详见图 16。可见，重视环境保护的德国人非常看重绿色家园和可持续发展，对北京未来的发展提出了比较高的要求。

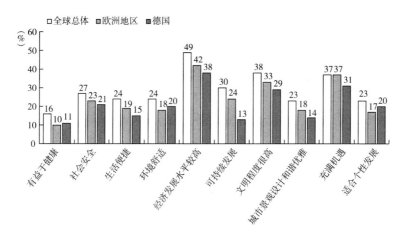

图 16 北京宜居指标对比

资料来源：笔者自制。

在有关在北京经历的满意度方面，德国民众的打分是 4.0 分，低于全球总体（4.2 分）和欧洲地区（4.3 分），略高于发达国家（3.9 分）。德国作为旅游业相当发达的国家，面向中国的旅游业也蓬勃兴起。在北京的旅行体验满意度不高，势必影响未来来华旅游的人数和频率。

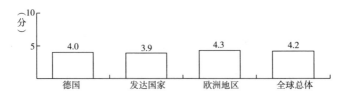

图 17　北京满意度得分对比（5 分代表非常满意）

资料来源：笔者自制。

德国民众不满意的原因集中体现在空气质量差（25%），这一打分远高于全球总体（15%）和欧洲地区（13%），这里再一次体现了德国人对环境和空气的高要求。同时德国人认为北京街上的英语路牌指引少（6%），警察太多（6%）。这表明北京的国际化程度亟须提升，以及他们对中国国情的认知不够。

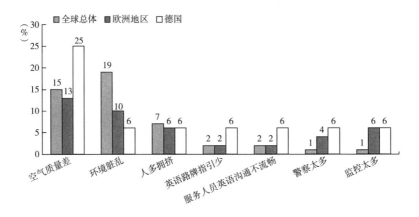

图 18　北京宜居指标对比

资料来源：笔者自制。

（九）北京媒体报道量及受众认知渠道

德国受访者在北京的全球媒体报道量方面与欧洲地区保持一致，认为"比较充分"的德国民众（31%），略微低于全球总体（32%）。德国民众对北京的全球媒体报道量持了解态度的占 39%，详见表 12。随着全球化程度日益加深，中德经贸合作规模不断扩大，德国民众对北京的了解程度将不断深入。

表 12　北京媒体报道量对比

单位：%

媒体报道量	全球总体	发达国家	欧洲地区	德国
非常充分	14	9	10	8
比较充分	32	30	31	31
一般	37	42	44	49
不充分	17	19	16	12

资料来源：笔者自制。

德国受访者对北京的认知主要源自本国媒体（45%），低于欧洲地区对本国媒体（58%）的依赖和全球总体对本国媒体（56%）的依赖。其次德国民众也通过"我和其他人的交流"（38%）来了解北京，详见表 13。因此，本国媒体传播和人际传播是德国民众了解北京的主要途径。

表 13　各国（地区）北京认知渠道对比

单位：%

认知渠道	全球总体	发达国家	发展中国家	欧洲地区	德国
本国媒体	56	57	54	58	45
中国媒体	19	16	22	13	13
其他国家的媒体	27	20	34	23	25
我自己的观察	38	33	44	30	29
我和其他人的交流	34	28	40	38	38
参加由中国举办的活动时的体验	15	11	19	10	10
我购买或使用中国产品的体验	32	19	45	22	17
我亲历北京的体验	11	10	12	9	5

资料来源：笔者自制。

在媒介方面，德国受访者对北京的认知主要依赖电视（69%）和网站（68%），纸媒（报纸、杂志、书籍）占37%，详见图19。可见传统媒体依然发挥主导作用，互联网的普及虽然降低了纸媒（报纸、杂志、书籍）的作用，但纸媒（报纸、杂志、书籍）的传播功能依然不容小视。新旧媒体交错影响德国民众对北京的认知程度。

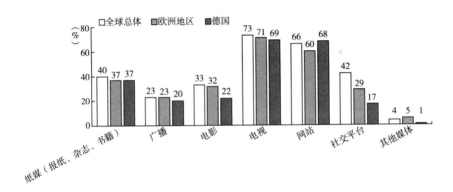

图19　各国（地区）的北京形象认知媒介对比

资料来源：笔者自制。

在直接信息渠道方面，德国受访者对北京的认知主要源自"文化年"（54%）、"海外中国文化中心举办的活动"（50%）以及"旅游年"（40%），与欧洲地区大体保持了一致，但与全球总体情况稍有不同。另外，"中国使馆举办的活动"（38%）也有明显成效。但是"孔子学院举办的活动"（23%）和"产品销售活动"（19%）在德国的成效不大（详见表14）。

表14　认知北京的直接信息渠道对比

单位：%

认知渠道	全球总体	发达国家	发展中国家	欧洲地区	德国
文化年	49	46	51	54	54
海外中国文化中心举办的活动	47	45	48	49	50
中国使馆举办的活动	47	39	52	35	38

续表

认知渠道	全球总体	发达国家	发展中国家	欧洲地区	德国
旅游年	44	43	45	41	40
演出	40	27	47	27	19
产品销售活动	34	19	43	21	19
孔子学院举办的活动	33	30	36	28	23

资料来源：笔者自制。

三　建议与对策

根据德国联邦统计局公布的初步统计数据，2018 年德国与中国之间的双边货物贸易额达 1993 亿欧元，中国已连续第三年成为德国在全球最大的贸易伙伴。2018 年中国是德国最大的进口来源国，也是德国第三大出口目的地国。鉴于长期良好的经贸合作关系，德国民众眼中的北京形象对中德两国关系的可持续发展有至关重要的影响。

综观本次调查，无论是政治中心、文化形象、科技创新、宜居环境还是满意度等多个维度，德国民众对北京的打分都低于全球总体水平，几乎排在西方国家的最后几名。这当中既有观察者主体的原因，也向客体北京未来的发展提出全新的挑战。

首先，北京的经济发展水平使德国民众短期内不会给北京打高分。影响一个城市形象最关键的因素在于它的经济发展程度和相应的文明程度。一般而言，发展水平高的城市得到的关注和积极评价也更多，而落后的城市往往被人忽视，这是不言而喻的。发展中国家的受访者对北京的各项指标的打分均高于发达国家，这正印证了经济发展程度对一个城市形象的决定性作用。改革开放以来，千年古都北京的发展成就有目共睹，世人皆知。尽管中国的经济发展总量赶超德国，但是与德国的主要城市相比，北京的差距依然明显。无论是在民众的受教育程度，还是生活环境的宜居程度，以及人均收入和社会保障制度等方面，北京仍有一段漫长的路要走。

其次，中德两国的文化差异也影响德国民众眼中的北京形象。欧洲将中华文明视作一种"异质文明"，从根本上不同于欧洲文明。在理念上，《海殇？欧洲文明启示录》一书认为，欧洲现代文明模式可概括为八个特点，即程序理性、强势社会、个人主义、自由竞争、人权优先、民意为大、民主至上、自我中心。① 这一系列观念与中国社会主义核心价值观在很多方面存在差异。同时，中国对于人权、民主、国家主权、法治社会等概念的理解也与欧洲国家有很大不同。由此可见，德国民众对于北京形象存在一定程度的负面认知，这一点并不难理解。因此，尽管北京在提升自我形象上付出诸多努力，但仍收效不明显。

德国民众对北京形象的解读，兼具主观和客观双重属性。德国民众通过众多的中间媒介和渠道形成对北京的特定认知，北京的客观形象与被感知后的主观形象之间存在一定差异。民众对北京的判断与北京的实际情况并不能画等号，并且在很大程度上取决于主体的视角和立场，并受到媒介所传递的信息的限制。即所谓"横看成岭侧成峰，远近高低各不同"。人们经过已有信息和本我文化视角的双重选择后所形成的对北京的形象是主观的形象，而非客观的北京形象。正如英国当代汉学家雷蒙·道森所说，"我们对于中国（或其他任何文明）的反应，一部分是由那里的客观现实决定，一部分则是由我们个性中有意识的利益和潜意识的需求决定的"。②

北京形象会影响中德两国民众之间的认知，北京作为首都，其良好的国际形象有助于消除两国之间的隔阂和误解，增进两国民众之间的友谊，促进中德之间的交流与合作。目前，"一带一路"和北京的"四个中心"建设正全面开展，2022年北京冬奥会在即，应抓住这一伟大的历史机遇，树立北京作为国际大都市的全新形象。北京是中国人自己的

---

① 王义桅、李燕燕：《国之交缘何民不亲？——中德经济依存与民众好感度的非对称性分析》，《德国研究》2015年第3期，第22页。

② Raymond Dawson, *The Chinese Chameleon. An Analysis of European Cenceptions of Chinese Civilization* (London：Oxford University Press, 1967), p. 2.

北京，所以在参照德国民众对北京形象的认知的同时，更要关注如何练好内功，提升自我的软硬实力。国际一流和谐宜居之都的战略目标是北京发展之路的灯塔，稳步推进京津冀协同发展，改善生态环境，以碧水蓝天迎接各国友人，吸引德国民众来华旅游，让他们自己亲眼看看北京，而不是被西方媒体报道中的刻板印象所误导。

北京城市形象塑造在新闻内容的选取上，除了融入北京元素外，还需要将受众的品位和惯有的思维方式作为新闻价值的考量因素。在叙事话语方面，要在真实性的基础上，讲好北京故事。[1] 德国民众对北京的政治形象存在一定的认知偏差，所以让更多的普通中国民众出现在媒体中，以普通人的视角来讲述北京故事，极易使德国民众产生共鸣，收到理想的传播效果。

受众作为北京形象传播的目标群体，在整个城市形象的构建中处于核心地位。受众群体往往会依据本我文化观念去解读他我文化，在这一过程中出现的文化异同是本我对他我文化主观理解的结果，是对他我文化解释的方式。而他我和本我的互动关系又决定人们对他我文化的感知、理解方式和程度。[2] 在这一跨文化认知前提下，细化目标群体的偏好，针对德国民众看重秩序、理性和严谨的特质，进行个性化内容推荐，以期达到最佳传播效果。

第四节　俄罗斯人眼中的北京形象[3]

一　研究背景

俄罗斯联邦（The Russian Federation），亦称俄罗斯，横跨欧亚大

---

[1]　朱豆豆：《社交媒体在北京国际形象传播中的策略初探》，《对外传播》2016 年第 12 期，第 34 页。

[2]　王志强：《德国人视角下的中国形象——以德语版中国旅游指南为例》，《德国研究》2009年第 1 期，第 39 页。

[3]　本报告由张惠芹、张居营撰写。

陆，面积有 1709.82 万平方千米，国土面积居世界第一位。俄罗斯自然资源十分丰富，种类多、储量大、自给程度高，这为该国的经济发展奠定了基础。2018 年俄罗斯国内生产总值达到 1.63 万亿美元，居全球第 11 位。但是近年来，受到全球经济增长低迷、国际油价暴跌以及西方国家的经济制裁等影响，俄罗斯经济增长处于波动状态，甚至出现负增长。俄罗斯工业基础雄厚，尤其是重工业发达，但轻纺、食品、木材等加工业相对落后，交通、通信等基础设施较为发达，军事实力强大，这使得俄罗斯在全球事务中具有一定的影响力。中俄 1996 年建立战略协作伙伴关系，2001 年签署《中俄睦邻友好合作条约》，2011 年建立平等信任、相互支持、共同繁荣、世代友好的全面战略协作伙伴关系，2019 年提升为新时代中俄全面战略协作伙伴关系。中俄在一系列重大国际和地区问题上立场相同或相近，保持密切沟通和合作。共同推动成立了上海合作组织，同属于金砖国家，这使得中俄关系、政治互信、双方交往等均处于良好状态。①

由于双方多年来良好的对外关系，目前中国针对俄罗斯的对象国研究已经非常丰富，形成了立体多元的研究格局，并且国内有专门研究俄罗斯的机构。笔者在中国知网（CNKI）以"俄罗斯、北京形象"进行关键词检索，尚未搜索到俄罗斯的北京国际形象研究。笔者遂进行了更为广泛的主题词"俄罗斯、中国形象"检索，得到文献百余篇，其中与中国国家形象研究相关的文献 51 篇。经关键词共现聚类处理，并将出现频次设置为 2 以上，得到以下研究维度，见图 1。

由图 1 可知，俄罗斯中国国家形象的相关文献首先聚焦于中俄两国关系和俄罗斯人、俄罗斯民众眼中的中国形象研究；其次重点关注俄罗斯社会舆论、大众传媒视角中的中国形象，其中"中国威胁论"、战略协作、协作伙伴等是主要的关注方向；另外，还有从俄罗斯文学、俄罗

---

① 上述数据及资料来自中华人民共和国外交部网站、世界银行网站等。

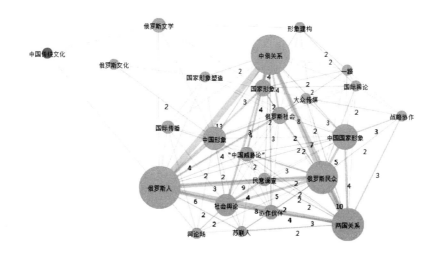

图 1　中国知网与俄罗斯中国形象相关文献关键词聚类

资料来源：中国知网（CNKI）。

斯文化研究中国国家形象的角度。既有文献的关键词中，中俄关系、俄罗斯人、两国关系、俄罗斯民众等的黏合度相对较高，在 5 以上，其中俄罗斯人与中俄关系的黏合度达到了 13，俄罗斯民众与两国关系的黏合度达到了 10，这说明从俄罗斯人或俄罗斯民众的视角研究中俄两国关系是中国形象研究的一个主要方向，其他文献关键词黏合度相对较低，但整体上建构出相互连接、彼此串联的综合研究体系。在作者耦合关系方面，既有文献呈现散兵游勇、各自为战的科研态势。最后，研究方法上，既有文献呈现"质化研究多、量化研究少"的态势，主流的分析路径是从俄罗斯的大众媒体、社会舆论、影视文学作品等渠道研究俄罗斯的中国国家形象，部分采用了田野调查并进行了一定的量化实证分析，但是这些文章有的只是把俄罗斯作为一个样本国家，充当一个"研究刻度"，即便是单独以俄罗斯为对象进行中国国家形象的调查分析，相应的文献也不够丰富，而专门研究俄罗斯民众眼中的北京形象的就更少了。由此可见，中国国家形象的建构主要依托媒介化渠道，并以报纸为代表的传统媒体为主要研究路径，进行宏观层面的政治、外交分析，未能"下沉"到具体城市形象的研究层面。北京第二外国语学院首都对外文化传播研究院北京国际形象研究所与华通凯度洞察（北京）信息咨询有限公司合作，针对俄罗斯开展北京形象调查，有较高的学术拓荒意义和现实意义。

二 调研结果与分析

（一）样本统计特征

本次在俄罗斯调查的问卷为俄文版，共计发放 500 份，问卷统一按照概率抽样的方式配额发放，共收回有效问卷 500 份，问卷有效率为100%。除此之外，项目组还在法国、德国、英国等地区也分别发放 500份问卷，欧洲地区总计发放问卷 2000 份。

在本次调查中，俄罗斯样本的男女性别比为 49∶51，女性略多于男性。从年龄分布上看，样本涵盖老、中、青三代人。根据欧洲的人口分布与国家差异，其中 18～35 岁的青年群体占总体的 46%、36～50 岁的青壮年群体占 40%，51～65 岁的老年群体仅占 14%（见图 2）。

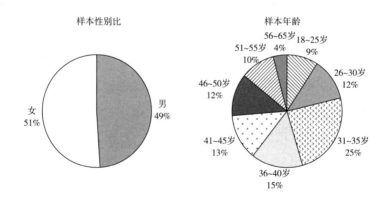

图 2　俄罗斯样本的性别与年龄分布

资料来源：笔者自制。

　　在文化程度方面，俄罗斯的受访者呈现与全球样本总体、发展中国家样本总体较为相似的趋势，受过本科教育的受访者占了近一半的比例（49%）（见图3），接受职业教育、研究生教育的受访者占的比例分别为 22%、27%，接受初级教育的受访者仅占 2%。这说明受调查的俄罗斯民众接受高等教育的程度相对较高，本科、研究生教育覆盖度超过了全球总体水平。从欧洲地区来看，受访者的教育程度样本分布则较为均衡，职业教育、本科教育、研究生教育的受访者比例相差不大，这与俄罗斯的受访者样本分布形成了一定的对比，方便更好地进行调查结果的比较。

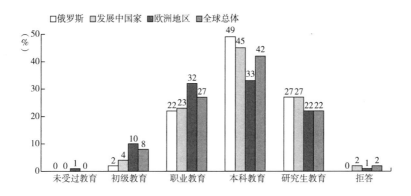

图 3　样本教育背景对比

资料来源：笔者自制。

　　收入方面，俄罗斯受访者的平均收入水平高于发展中国家的平均水平，但低于全球总体、欧洲地区的平均水平（见表1）。整体而言，俄罗斯受访者的收入分布与发展中国家类似，但是在 9900 美元以上区间的样本占比高于发展中国家。然而与全球总体、欧洲地区相比较，俄罗斯受访者的家庭年收入在 3 万美元以上的区间样本占比太少。因此，俄罗斯虽然在常识中属于准发达国家，但是从被调查者的收入分布来看，其定位在发展中国家和发达国家中间可能更为客观合理。

表 1　俄罗斯样本收入对比

单位：%

美元计家庭年收入	全球总体	欧洲地区	发展中国家	俄罗斯
低于 3k	7	1	13	5
3k～4.9k	8	3	16	11
5k～9.9k	15	11	28	30
10k～19.9k	16	17	19	24
20k～29.9k	16	19	17	22
30k～49.9k	14	22	2	7
50k～69.9k	13	21	0	0
70k 及以上	8	2	0	0
拒答	5	4	6	2
样本量（个）	7000	2000	3500	500

资料来源：笔者自制。

（二）北京整体印象

本次调研中俄罗斯的受访者全部对北京有所认知，到访率为 17%，略低于全球平均水平（20%），高于上海（12%）、广州（8%）这两大一线城市。天津和重庆两个直辖市，以及深圳在俄罗斯民众当中的认知状况则与北京存在较大的差距。在北京、上海、广州、深圳四大超级一线城市中，俄罗斯民众对北京的认知度略低于上海，但在到访率和了解度两方面均高于上海（见表 2）。

表 2　城市认知对比

单位：%

城市认知度	北京	上海	天津	重庆	广州	深圳
知道这个城市	83	88	61	42	82	65
了解这个城市	80	74	27	23	47	33
去过这个城市	17	12	3	2	8	3

资料来源：笔者自制。

就北京个体而言，俄罗斯受访者的到访率（17%）略低于全球总体（20%）、欧洲地区（18%）、发展中国家（18%）的到访情况。从地理位置上看，俄罗斯与中国北部接壤，在交通、距离上，到访北京的优势都比较明显，因此其到访率应该高于全球总体、欧洲地区甚至发展中国家的总体水平。出现这种情况的原因，我们可以从来京事由的调查数据中找到些许答案，在到访北京事由调查中，俄罗斯来京旅游的事由占比高于全球总体、欧洲地区、发展中国家，但是在商务、来华工作等方面的事由并不占优势，甚至低于全球总体、欧洲地区、发展中国家，尤其是在探亲访友、学术活动、留学以及外交活动等方面呈现完全落后状态，这说明目前俄罗斯民众赴京的事由仍以旅游为主，在其他方面的交流合作较少。

从时间维度上看，俄罗斯受访人在2008年北京奥运会之前的到访率略低于全球总体、欧洲地区、发展中国家的平均水平，但在2008年北京奥运会之后，到访率呈现了快速增长趋势，这表明大型体育赛事是一个重要的影响因子。2012年之后，除欧洲地区外，其他三者在到访率方面均突破了七成，尤其是2013年以后，俄罗斯受访者的到访率高出全球总体、欧洲地区、发展中国家较大幅度，体现了近年来俄罗斯与北京之间的交流呈现紧密的状态，究其原因，一方面是中俄关系不断发展，另一方面与2013~2014年出现的乌克兰危机也有一定的关系，西方对俄罗斯的制裁，也使得更多俄罗斯人将目光转向中国（见表3）。

表3　到访率、事由和时间区间

单位：%

是否来过北京	全球总体	欧洲地区	发展中国家	俄罗斯
到访率	20	18	18	17
样本量（个）	7000	2000	3500	500
到访北京事由				
旅游	77	78	72	80

续表

是否来过北京	全球总体	欧洲地区	发展中国家	俄罗斯
商务	32	22	41	21
来华工作	14	11	21	17
探亲访友	14	12	15	4
学术活动	13	11	13	2
留学	11	11	11	4
外交活动	7	6	6	0
来访北京时间				
2013～2019 年	71	66	76	82
2009～2012 年	17	19	16	10
2002～2008 年	9	9	7	5
1993～2001 年	3	5	1	1
1978～1992 年	0	1	0	0
1978 年以前	0	0	0	0
记不清了	0	1	0	2

资料来源：笔者自制。

俄罗斯民众对北京城市形象的总体打分为 7.8 分（介于比较好和非常好之间，满分为 10 分），高于全球总体、欧洲地区，但略低于发展中国家总体水平（见图 4）。与欧洲的德国、法国、英国相比，北京城市形象在俄罗斯的总体得分相对较高。由此表明，北京在俄罗斯维持着较好的形象水准，但较之于发展中国家（7.9 分）须进一步提升。

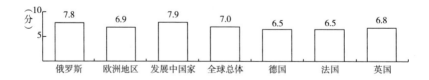

图 4　北京形象总体得分对比

资料来源：笔者自制。

从全球范围考察，俄罗斯受访者的总体评分仍旧高于发达国家。为了摒弃教育程度和收入水平的束缚，课题组采用了加权换算法，将得分均值换算成百分制，得到如下结果（见表4）。与发达国家相比，俄罗斯的北京形象加权得分相对较高，但与发展中国家相比，俄罗斯的得分处于中间水平，低于墨西哥、巴西、印度，高于阿根廷、埃及、南非。对于北京的外宣而言，针对俄罗斯的外宣工作还有待于"深耕"。

表4　北京形象加权得分

发达国家 北京 = 100							发展中国家 北京 = 100						
英国	美国	法国	德国	澳大利亚	韩国	日本	墨西哥	巴西	印度	俄罗斯	阿根廷	埃及	南非
98	96	93	92	91	77	69	118	117	114	111	110	109	105

资料来源：笔者自制。

（三）北京印象与市民形象

北京在俄罗斯民众中最为突出的三个城市印象分别是"经济发达"（94%）、"文化深厚"（92%），以及"历史悠久"（92%）。在"科技创新"（91%）上的得分也比较高，但在"开放包容"上得分不佳（62%）。整体而言，俄罗斯民众对北京印象的各项得分分布情况与全球总体、发达国家、发展中国家、欧洲地区类似，但基本上每一项的得分俄罗斯均高于这些调查总体，反映了俄罗斯民众对北京有良好的印象。因此，除了"开放包容"维度，俄罗斯对北京印象形成了"经济+文化+历史+科技"的四个高评价维度，并在时尚、政治、宜居方面的印象较好（见表5）。由此可见，北京的城市印象在俄罗斯需要在开放包容方面进行着重传播，有效构建北京作为开放的大国首都形象。

表 5　北京城市整体印象对比

单位：%

非常同意/比较同意	全球总体	发达国家	发展中国家	俄罗斯	欧洲地区
文化深厚	80	76	85	92	83
经济发达	80	73	86	94	81
历史悠久	78	75	81	92	81
科技创新	76	66	86	91	81
现代时尚	67	55	80	85	69
政治中心	65	65	66	84	71
和谐宜居	57	43	71	79	57
开放包容	49	38	59	62	49

资料来源：笔者自制。

在北京市民形象方面，俄罗斯民众对北京人最为深刻的直观印象是"勤劳敬业"，达到了84%的比例，其次是"遵纪守法"（72%）、"国家至上"（68%）。北京市民在俄罗斯民众眼中的形象与欧洲地区、全球总体情况相比，除在"公共场所举止文明"维度上略有落后外，其他维度都高于欧洲地区或全球总体对北京市民的评价，而发达国家对北京市民的评价在各个维度上全面落后于俄罗斯，且得分普遍较低。与发展中国家相比，俄罗斯对北京市民的形象在"公共场所举止文明""积极向上""开拓创新""诚实守信"等维度上是落后的。由此可见，北京民众在俄罗斯民众中保持了较好的正面形象，形成了勤劳、守法和爱国的"铁三角"，且在众多维度上突破西方媒体所设置的刻板印象，但在"公共场所举止文明""积极向上""开拓创新""诚实守信""爱护生态环境"等维度尚有较大的提升空间（见表6）。

表 6　北京市民形象对比

单位：%

正面/积极评价	全球总体	发达国家	发展中国家	俄罗斯	欧洲地区
勤劳敬业	66	54	77	84	72

正面/积极评价	全球总体	发达国家	发展中国家	俄罗斯	欧洲地区
遵纪守法	60	49	72	72	66
国家至上	58	55	61	68	61
公共场所举止文明	58	47	68	52	59
积极向上	57	46	68	54	53
开拓创新	54	41	68	50	47
诚实守信	50	38	61	57	48
热情包容	46	35	58	60	43
爱护生态环境	35	21	49	41	27

资料来源：笔者自制。

（四）政治中心形象

1. 政府形象

前文已述，俄罗斯民众对北京的政治印象良好，这也体现到了俄罗斯民众对北京市政府的印象上，从整体来看，俄罗斯人的北京市政府形象得分在各个维度上均高于全球总体、欧洲地区，甚至在"治理能力高效"、"创新型政府"、"负责任的政府"和"廉政建设"方面的评价得分高出全球总体、欧洲地区很多。从俄罗斯自身来看，七成以上的受访者认为北京市政府是"治理能力高效"（77%）和"负责任的政府"（71%），其次是"创新型政府"（69%）和"廉政建设"（60%），"法治政府"（50%）得分最低（见图5）。北京市政府在俄罗斯民众中维持了一个积极、创新、负责任的总体形象，并在俄罗斯受访者中产生了较高的认同效应。就俄罗斯而言，北京市政府进一步完善形象的着力点在于纵深化法治政府建设。

2. 城市发展理念

在北京市政府提出的城市发展理念认知层面，俄罗斯民众对于"科技北京"（36%）最为认同，其次是"智慧城市"（35%），然后是"宜居城市"（28%）、"绿色北京"（26%）等，这种各维度发展理念的认知顺

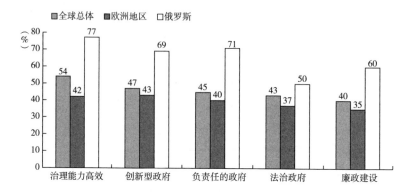

图5 俄罗斯与全球总体、欧洲地区的北京市政府形象得分对比
资料来源：笔者自制。

序与全球总体、发达国家、发展中国家、欧洲地区保持一致，说明全球各国，无论是发达国家还是发展中国家，对北京城市发展理念的认知是一致的，在"科技北京"和"智慧城市"两个方面的认知度较高，其次是宜居城市、绿色北京等。与前面分析类似的是，俄罗斯民众在大多数维度的认知高于发达国家、欧洲地区，但低于全球总体、发展中国家。另外，俄罗斯民众在"建设国际人才社区"和"推动城市减量提质发展"上的认知度最低，这是北京需要针对俄罗斯民众加强的方面。

表7 北京市城市发展理念对比

单位：%

城市发展理念	全球总体	发达国家	发展中国家	俄罗斯	欧洲地区
科技北京	38	25	51	36	30
智慧城市	36	23	49	35	30
宜居城市	27	17	37	28	21
绿色北京	24	15	34	26	18
城乡协同发展	19	14	23	17	16
建设国际人才社区	17	13	22	10	12
推动城市减量提质发展	15	12	18	10	12

资料来源：笔者自制。

3. 大型活动

在北京举办的大型活动中，2008年北京奥运会具备强劲的影响力，七成以上俄罗斯民众对2008年北京奥运会印象深刻，高于全球总体（70%）、发达国家（64%）、欧洲地区（67%），但略低于发展中国家（76%）。除此之外，俄罗斯受访者对"'一带一路'国际合作高峰论坛"（26%）的认知远高于全球总体、发达国家、发展中国家、欧洲地区，这是俄罗斯对北京大型活动认知最具特色的一点。俄罗斯作为中国的邻国，"一带一路"倡议将直接影响俄罗斯，俄罗斯政府极力强调将"一带一路"倡议与俄罗斯的"欧亚经济联盟"设想对接，所以俄罗斯对"一带一路"倡议的认知度和关注度自然很高。"北京国际图书博览会"（11%）、"北京世界园艺博览会"（10%）、"中非合作论坛北京峰会"（9%）等大型活动在俄罗斯的认知程度相对较低。因此，除了影响力较大的活动外，俄罗斯受访者对北京大型活动的认知与其对自身的利益关联有关系。

表8 各国（地区）的北京市大型活动的认知对比

单位：%

大型活动	全球总体	发达国家	发展中国家	俄罗斯	欧洲地区
2008年北京奥运会	70	64	76	73	67
北京国际电影节	26	19	34	20	18
北京国际马拉松	23	19	27	15	16
"一带一路"国际合作高峰论坛	17	15	18	26	16
中非合作论坛北京峰会	16	11	21	9	9
北京国际图书博览会	16	9	23	11	9
北京世界园艺博览会	14	12	16	10	15
亚洲文明对话大会	12	9	15	13	10

资料来源：笔者自制。

在大型活动评价方面，2008年北京奥运会依旧是好评如潮，得分仍然高于欧洲地区和全球总体水平。与俄罗斯民众对北京大型活动的认知情况相类似，除了对"一带一路"国际合作高峰论坛评价还比较满意外（比较好占53%），俄罗斯受访者对北京举办的其他大型活动没有突出的评价。这反映了俄罗斯民众更关注与自身利益相关的活动。

表9　各国（地区）的北京市大型活动的评价对比

单位：%

大型活动	全球总体		发展中国家		俄罗斯		欧洲地区	
	非常好	比较好	非常好	比较好	非常好	比较好	非常好	比较好
2008年北京奥运会	42	38	58	34	50	39	35	47
北京国际电影节	37	44	45	44	29	48	28	48
北京国际马拉松	35	44	46	43	33	44	26	53
"一带一路"国际合作高峰论坛	30	39	40	44	33	53	28	49
中非合作论坛北京峰会	34	42	39	44	22	42	24	43
北京国际图书博览会	43	41	48	39	30	44	31	49
北京世界园艺博览会	42	40	52	36	31	47	26	52
亚洲文明对话大会	36	42	40	43	32	48	25	47

资料来源：笔者自制。

（五）文化中心形象

在俄罗斯民众的印象中，北京最著名的文化符号是名胜古迹（74%）、著名饮食（72%），这两大文化符号的认知度远超其他文化维度，同时远超全球总体、欧洲地区对此的认知度，俄罗斯民众对传统服装（50%）的北京文化认知也相对较高，这三个方面是俄罗斯民众对北京文化最突出的认知。俄罗斯民众在现代建筑（28%）、文艺演出（32%）、知名学府（31%）、特色文化街区（22%）、艺术区域（11%）五个维度上的得分偏低（见图6），呈现"重传统、轻现代"的特点。这也反映了俄罗斯作为文化强国重视传统文化的特点。针对俄罗斯受众呈现的"异质化"特征，北京文化在对俄罗斯的传播进程中，应结合北京的名胜古迹，在传统文化、饮食、服装方面发力。

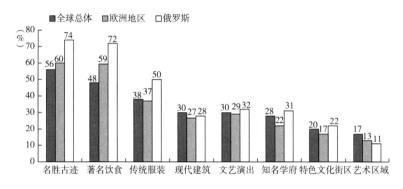

图6 北京文化符号对比

资料来源：笔者自制。

在北京的文化地标选择中，超过半数的俄罗斯受访者将长城排在首位（51%），将长城排在第二位和第三位的受访者各占13%和5%。其次是天坛（推荐顺序占比依次为13%、19%、12%）和故宫（推荐顺序占比依次为7%、13%、11%）（见表10）。长城、天坛和故宫一体两翼构成了最能代表北京的文化符号。值得注意的是，俄罗斯民众对北京四合院、大运河文化带、798艺术区和三里屯等人文景观的推荐度相对较低，有赖于进一步推广和宣传。

表10 北京文化地标推荐

单位：%

文化地标	俄罗斯（样本量＝500）		
	第一位	第二位	第三位
长城	51	13	5
故宫	7	13	11
天坛	13	19	12
天安门	4	7	5
颐和园	2	6	11

文化地标	俄罗斯（样本量=500）		
	第一位	第二位	第三位
鸟巢和水立方	4	4	5
国家大剧院	2	5	6
秀水街	3	4	4
北京四合院	1	2	2
大运河文化带	1	1	1
798艺术区	2	1	2
三里屯	0	1	0

资料来源：笔者自制。

在强化北京文化中心建设方面，近2/3的俄罗斯民众首选"保护文化遗产"（65%），其次为"提高居民的文化素质"（40%）以及"组织丰富的文艺演出"（40%）（见表11），这三个层面均领先于全球总体、发展中国家、欧洲地区。可见俄罗斯民众对中华文化的重视程度较高，同时建议挖掘现有文化的内在潜力，而非实行产业化、规模化的文化产业发展。此外，俄罗斯受访者建议的"推进夜间经济发展"（23%）表现突出，均超过了全球总体和欧洲地区平均水平，体现了俄罗斯民众对经济的重视，也为北京形象在文化上的提升开出了"靶向"药方。

表11 北京文化中心形象提升路径对比

单位：%

文化中心形象要素	全球总体	发展中国家	俄罗斯	欧洲地区
保护文化遗产	51	57	65	51
推广饮食文化	35	42	30	26
提高居民的文化素质	31	35	40	25
组织丰富的文艺演出	29	37	40	26
重视文化创意产业	29	36	29	24

续表

文化中心形象要素	全球总体	发展中国家	俄罗斯	欧洲地区
扩大文化场馆建设	28	34	26	24
组织文化产品展览	27	35	30	23
建设特色文化街区	26	30	30	23
建设更多高水平知名学府	20	29	16	15
推进夜间经济发展	19	24	23	17
培养文化名人	17	21	13	12

资料来源：笔者自制。

（六）国际交往中心形象

俄罗斯民众对北京的国际化程度打分均值为 7.1 分（见表 12），呈现较高的认可程度，该得分虽略低于全球总体（7.2 分）和发展中国家的总体得分（7.8 分），但明显高于发达国家的得分（6.5 分），以及德、法、英三国。

表 12　北京国际交往中心得分对比

全球总体	发达国家/发展中国家		欧洲国家			
	发达国家	发展中国家	俄罗斯	德国	法国	英国
7.2	6.5	7.8	7.1	6.6	6.7	6.9

资料来源：笔者自制。

半数以上俄罗斯民众认为"举办重大外交外事活动"（58%）是北京作为国际交往中心形象的最佳缩影。之后依次是"对外国人的包容度高"（54%）以及"发达便利的重要国际交通枢纽"（45%），这三项均高于欧洲地区和全球总体水平。值得注意的是，俄罗斯民众对"众多重要国际组织进驻"（31%）、"外国人数量多"（27%）这些指标评价相对低于其他维度，且低于全球总体水平（见图 7）。可见，俄罗斯民众认为北京在吸引外国人等方面做得还不够。

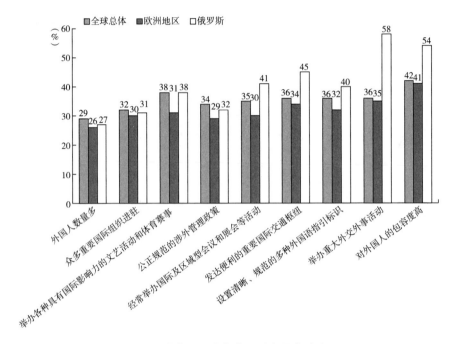

图 7　北京国际交往中心形象要素对比

资料来源：笔者自制。

在提升北京作为国际交往中心的要素方面，俄罗斯受访者认为最有效的举措是提升"良好的社会治安"（59%），其次是"发达便利的交通"（56%）和"美好的旅游体验"（51%）（见图 8）。在"热情好客的市民"（49%）和"安全卫生便捷的饮食及饮食环境"（48%）方面，俄罗斯民众也认为有较大的提升必要，只有"特色鲜明的地标性建筑"（20%）方面俄罗斯民众的提升需求较低。与欧洲地区、全球总体状况相类似，俄罗斯民众更加关注交通、旅游等现实问题。由此可见，俄罗斯民众也是将北京看作一个旅游目的地而非一个国际交往中心。

（七）科技创新中心形象

俄罗斯民众对北京的科技创新程度打分均值为 8.4 分（见表 13），呈现较高的认可程度，该得分虽略低于发展中国家的总体得分（8.5分），但明显高于发达国家（7.1 分），略高于全球总体（7.8 分）。

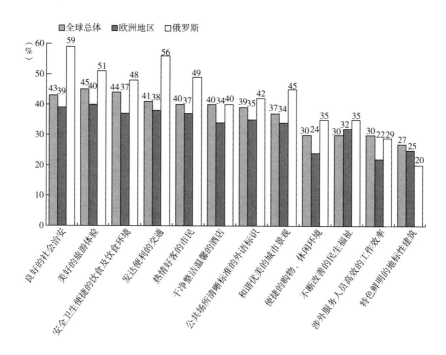

图 8　北京国际交往中心形象提升要素对比

资料来源：笔者自制。

表 13　北京科技创新中心得分对比

全球总体	发达国家/发展中国家		欧洲国家			
	发达国家	发展中国家	俄罗斯	德国	法国	英国
7.8	7.1	8.5	8.4	7.3	7.3	7.7

资料来源：笔者自制。

大部分俄罗斯民众认为北京的科技创新聚焦于"高校众多"（49%）、"科技企业数量众多"（45%），其次为"互联网覆盖程度高"（42%）以及"科学研究机构数量众多"（40%）（见图 9）。从整体上看，俄罗斯受访者对北京科技创新的印象主要在高校、科研机构与企业的数量上，而非移动支付、交通系统、公共场所等的科技运用上，存在一定的认知偏差，与前文俄罗斯民众对北京各方面形象的反馈普遍高于欧洲地区、全球总体不同，俄罗斯在北京科技符号的认知上与欧洲地区、全球总体存在一定差异，特别是对科技在交通营运系统、公共场所的应用上的关注不高。这主要是因为俄罗斯受众缺少科技在支付、交通、公共场所的运用体验，因此除了应该加强外宣外，还需要增加受众的真实体验，让外国人感受到科技在上述领域的运用。

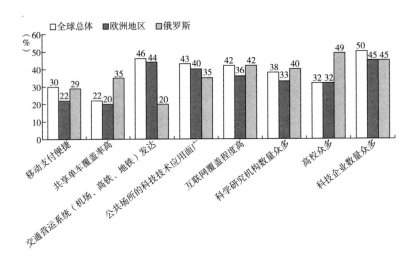

图 9 俄罗斯、全球总体、欧洲地区眼中的北京科技符号对比
资料来源：笔者自制。

（八）和谐宜居之都形象

俄罗斯民众对北京的宜居程度打分均值为 7.9 分（见表 14），呈现的认可程度高于发展中国家（7.8 分）、全球总体（7.0 分）的总体得分，明显高于发达国家的得分（6.1 分）。

表 14 北京宜居程度得分对比

全球总体	发达国家/发展中国家		欧洲国家			
	发达国家	发展中国家	俄罗斯	德国	法国	英国
7.0	6.1	7.8	7.9	6.3	6.3	6.8

资料来源：笔者自制。

俄罗斯受访者认为北京的宜居程度主要体现在"充满机遇"
(59%)、"经济发展水平较高"(54%)、"可持续发展"(50%)、"文
明程度很高"(48%),这四个维度的得分远高于其他维度,并领先于
欧洲地区、全球总体水平(见图10),表明了俄罗斯民众对北京的宜居
要求体现在机遇、经济、可持续与文明方面,在健康、便捷、环境、个
性发展方面的要求稍低。

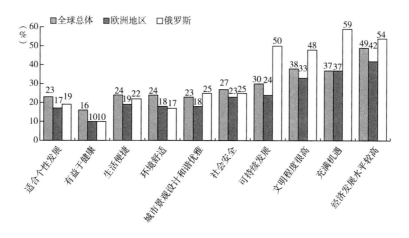

图10 北京城市宜居形象评价对比

资料来源:笔者自制。

在提升北京形象方面,俄罗斯民众对"太拥挤/人太多了"(33%)
的关注远远高于其他维度,超过欧洲地区、全球总体,其次关注交通拥
堵(17%)、空气污染/雾霾(17%)等维度,对以礼仪为代表的国民
素质(0)、食品质量(0)不甚关注,其中,在以礼仪为代表的国民素
质的关注上不同于全球总体水平(16%)(见图11)。

(九)北京媒体报道量及受众认知渠道

半数以上的俄罗斯受访者认为北京的全球媒体报道量处于一般水平
(51%),认为"不太充分/非常不充分"的俄罗斯受众(22%)甚至高
于全球总体、发展中国家、欧洲地区平均水平(见表15)。仅有27%的

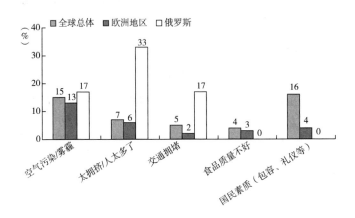

图 11 北京形象提升路径对比

资料来源：笔者自制。

俄罗斯民众认为北京的全球媒体报道量充分，低于全球总体、发展中国家、欧洲地区平均水平，可见俄罗斯受访者对北京的媒体报道量缺乏了解，北京需在这方面加强对俄宣传工作。

表 15 北京媒体报道量对比

单位：%

媒体报道量	全球总体	发展中国家	俄罗斯	欧洲地区
非常充分	14	18	7	10
比较充分	32	35	20	31
一般	37	32	51	44
不太充分/非常不充分	17	15	22	16

资料来源：笔者自制。

俄罗斯受访民众对北京的认知主要依赖本国媒体（76%），并且其依赖程度在区域和全球范围内最高（见表16）。因此，俄罗斯媒体是北京形象提升之路上的重要平台。另外，俄罗斯民众也依赖"我和其他人的交流"（50%）。"我购买或使用中国产品的体验"（37%）也相对较高，但低于发展中国家平均水平（45%）。俄罗斯民众的独立性、自主性凸显，人际传播和群体传播是俄罗斯民众了解北京的重要渠道，但在"中国媒体"（10%）方面的认知度较低，处于区域和全球落后水平，这也与表15的北京媒体报道量相符，需要加强国内媒体对俄罗斯民众的传播。

表 16　各国（地区）北京认知渠道对比

单位：%

认知渠道	全球总体	发达国家	发展中国家	俄罗斯	欧洲地区
本国媒体	56	57	54	76	58
中国媒体	19	16	22	10	13
其他国家的媒体	27	20	34	27	23
我自己的观察	38	33	44	18	30
我和其他人的交流	34	28	40	50	38
参加由中国举办的活动时的体验	15	11	19	12	10
我购买或使用中国产品的体验	32	19	45	37	22
我亲历北京的体验	11	10	12	10	9

资料来源：笔者自制。

在媒介方面，俄罗斯受访者对北京的认知主要依赖网站（89%），其依赖程度远高于其他渠道，并在欧洲和全球范围内最高（见图12）。电视（66%）也是俄罗斯民众了解北京的主要渠道之一，但低于欧洲地区（71%）、全球总体（73%）。俄罗斯在电影（43%）维度高于欧洲地区、全球总体水平，在纸媒（报纸、杂志、书籍）（34%）、广播（18%）上略有落后。新媒体和传统媒体同台博弈、各不相让构成了俄罗斯错落有致的传媒生态。

在直接信息渠道方面，俄罗斯受访者对北京的认知主要源自"海外中国文化中心举办的活动"（57%）、"文化年"（51%），"演出"（42%）、"旅游年"（40%）的占比也比较高（见表17）。与欧洲地区、全球总体以及发达国家、发展中国家相比，北京在"中国使馆举办的活动"（33%）、"孔子学院举办的活动"（17%）方面的影响成效亟须提升和扩大。

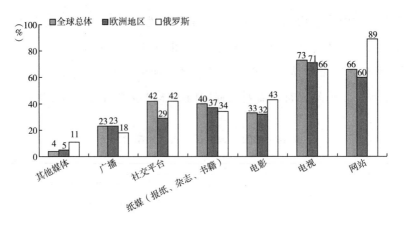

图 12　北京形象认知媒介渠道对比

注：纸媒包括报纸、杂志、书籍。

资料来源：笔者自制。

表 17　认知北京的直接信息渠道对比

单位：%

认知渠道	全球总体	发达国家	发展中国家	欧洲地区	俄罗斯
文化年	49	46	51	54	51
海外中国文化中心举办的活动	47	45	48	49	57
中国使馆举办的活动	47	39	52	35	33
旅游年	44	43	45	41	40
演出	40	27	47	27	42
产品销售活动	34	19	43	21	33
孔子学院举办的活动	33	30	36	28	17

资料来源：笔者自制。

三　建议与对策

中俄两国作为地理位置上相互毗邻、战略上全面协作的国家，关系非比寻常，无论是历史上，还是在当前，中俄在一系列重大国际和地区问题上立场相同或相近，作为政治互信的伙伴，俄罗斯对于中国来说具有特殊地位，同时中国对俄罗斯也有特殊的意义。在此背景下，俄罗斯民众对中国形象、北京形象也会有不同于其他国家或地区的独特评判，这从本报告调查的数据结果可以体现出来。在大多数调查项目中俄罗斯民众的评价不同于发达国家、发展中国家、欧洲地区甚至全球总体，甚至在某些具体维度上，俄罗斯民众又有迥异于上述四者的评价。在当前西方媒体话语权仍然影响全世界的情况下，俄罗斯是个例外，但是在某些具体维度上，北京形象在俄罗斯的完善与提升还有较大的空间。

（一）调查的主要结论

对北京的总体印象，俄罗斯好于发达国家、欧洲地区、全球总体，但低于发展中国家的平均水平，低于墨西哥、巴西、印度等国对中国的评价，这在很多具体调查项目上也有所体现。

俄罗斯民众形成了关于北京的"经济+文化+历史+科技"四个高评价维度；对北京市民的形象评价，突出的是勤劳、守法和爱国；政府形象方面突出的是治理能力高效、创新、负责任；文化符号方面对名胜古迹、著名饮食、传统服装认知度较高，尤其是作为文化地标的长城、天坛和故宫得到了俄罗斯民众的普遍认可；对于北京国际交往中心的印象，评价较高的方面是举办重大外交外事活动，以及发达便利的重要国际交通枢纽和对外国人的包容度高，尤其是对在北京举办的 2008 年奥运会美誉度较高，还有"一带一路"国际合作高峰论坛；对于北京科技创新中心的印象，评价较高的方面是高校、科研机构与企业的数量多；对于北京宜居之都的印象，体现在经济发展水平较高、充满机遇、可持续发展、文明程度很高方面。

但是对北京市民在举止文明、开拓创新、爱护环境的评价上有较大提升空间；对政府形象提升的建议是在法治建设、国际人才社区建设和推动城市减量提质发展方面；北京作为中国的文化中心，其现代建筑、特色文化街区、艺术区域等方面在俄罗斯民众中的认知度不高，如北京四合院、大运河文化带、798 艺术区和三里屯等人文景观在俄罗斯民众中的推荐度相对较低；对北京文化中心的提升建议方面，俄罗斯民众注重保护文化遗产、提高居民的文化素质、组织丰富的文艺演出等。

对北京举办的世界园艺博览会等活动，俄罗斯民众的认知度很低，在 2019 年世界园艺博览会期间，我们密切关注了俄罗斯的媒体报道，其中报道量不大，给人印象不深，评价也不高；俄罗斯民众认为，作为国际交往中心的北京，应该提升市民的好客度、改善饮食环境与提升饮食安全水平；对移动支付、科学技术在交通中的应用印象不深。关于宜居城市方面，俄罗斯人普遍认为北京的人口众多、交通拥堵，北京的空气质量在俄罗斯民众中的评价也不高；大多数俄罗斯受访者认为北京的全球媒体报道量一般或不充分，低于全球总体、发展中国家、欧洲地区平均水平，不同于前文俄罗斯在多数调查项目上的评价好于区域或全球总体的结果；在认知渠道上，俄罗斯民众对北京的认知主要依赖本国媒体、与其他人的交流以及购买中国产品的体验，从中国媒体渠道了解北京的程度落后于欧洲地区、全球总体水平；在认知媒介上，主要依赖网站、电视，而对纸媒（报纸、杂志、书籍）、广播的依赖度较低；在认知信息渠道上，以海外中国文化中心举办的活动、文化年、演出、旅游为主，从中国使馆举办的活动、孔子学院举办的活动等渠道获取信息的占比低于欧洲地区、全球总体甚至发展中国家。

综观本次调查，基于数据所呈现的特征，我们认为，面向俄罗斯的北京形象提升策略主要集中于传播者的科学化推宣、渠道的人媒介①融合、受众的精准化推荐和内容的精细化提升四个方面。

（二）建议

北京作为自我形象的传播者，需要增加自身的媒体报道量，积极主动做好北京形象的设计、推广和宣传工作。调查结果显示，俄罗斯受访者对北京的认知主要依赖本国媒体（76%），并且其依赖程度在区域和

---

① 马诗远：《国际旅游传播中的国家形象研究》，光明日报出版社，2010。

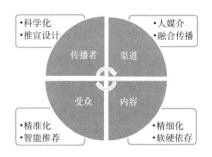

图 13 北京形象提升建议与对策

资料来源：笔者自制。

全球范围内最高（见表16）。因此，俄罗斯媒体成为北京形象提升之路上的重要平台。在新中国成立70周年国庆节前，北京市人民政府新闻办公室组织了一系列活动，主动邀请媒体了解北京，对外国人了解北京发挥了非常好的作用。例如，结合2022年冬奥会，新闻办邀请103名外媒记者探访北京冬奥会场馆，感受"双奥之城"的魅力；为了让外国人了解科技北京，感受5G前沿科技，他们组织中外记者参观采访中国移动北京公司东直门办公区北京移动5G+客户体验中心，让记者们体验物联网应用、云计算、大数据、5G发展情况；组织中外媒体记者走进北汽福田、中关村，亮出北京科技创新硬实力以及首都经济高质量发展的累累硕果；北京市人民政府新闻办公室主办"社区和谐生活"城市采访，35个国家和地区的50余家媒体近60名记者走进首都的"金名片"前门地区，采访了打磨厂街、前门"三里河"、草场社区小院议事厅，让外国记者更加贴近北京普通市民的生活，了解北京的地方文化。这种精准设计的宣传项目，能大大提高北京的媒体报道量，增进外国民众对北京的了解。北京形象宣传设计非常好，但是要及时对宣传效果进行评估，并修正宣传策略，实现科学化的传播。

在渠道上，虽然媒体发挥着不可替代的作用，传统媒体是重要的宣传载体，但是还要发挥互联网等新媒体的作用；除此之外，"人媒介"

是不可替代的，俄罗斯民众非常喜欢旅游，要充分发挥旅游对北京城市形象的宣传提升作用。从调查结果来看，俄罗斯民众通过"我和其他人的交流"了解北京的程度占50%，处于全球领先水平。因此，通过人媒介提升北京形象也是非常重要的渠道。

另外，还要考虑不同国家的国情，照顾不同国家受众的特殊需求，如俄罗斯是一个中国文化建设的国家，调查结果显示，俄罗斯受众对中华文化的重视程度较高，他们希望了解中国的传统文化；此外俄罗斯受访者还突出建议"推进夜间经济发展"（23%），这反映出北京的文化建设未能满足他们的期待。例如，俄罗斯游客来到北京后，除了参观名胜古迹外，夜间文化活动非常缺乏，这不利于他们全面了解北京的传统文化。所以，非常有必要挖掘北京文化的内在潜力，增加外国民众对中国文化的体验，在这一过程中，进一步阐述每一个细节中呈现的博大精深的中国文化。另外，中俄互办旅游年期间邀请俄罗斯50个家庭来中国的活动是非常好的实践，这让他们切实感受到了北京人的生活和北京的文化底蕴。因此，在北京文化中心建设方面，要给予俄罗斯民众精准化推荐，以便加深他们对北京作为文化中心的印象。

提升北京形象，需要提升服务内容的质量，从交通、旅游、治安等角度入手，同时提升市民的好客度，注重饮食安全，改善饮食环境，建设好外国人可见、可听、可感的外部要素。从细微处着手，使北京真正成为弘扬中华文明与引领时代潮流的文化名城，成为拥有优质政务保障能力和国际交往环境的大国首都、世界超大城市、可持续发展的典范。

在北京国际形象塑造方面，基于海外中国文化中心举办的活动、文化年、演出、旅游，结合影视作品、短视频、VR、数据新闻等娱乐性、鲜活性、交互性较强的特点，真正做到软硬依存，重点突出，讲好北京首都故事和城市故事、冬奥会故事和百姓故事，提升话语针对性和说服力，塑造与北京大都市和大城市相匹配的国际形象。

第五节 美国人眼中的北京形象①

一 研究背景

美利坚合众国（The United States of America），简称美国。濒临太平洋和大西洋，国土面积 937 万平方千米，是美洲第二大国。其领土包括美国本土、北美洲西北部的阿拉斯加和太平洋中部的夏威夷群岛。作为全球第一大经济体，美国有强大的综合国力。农业、科技、金融、军事实力是其强大经济得以保持的四大支柱。② 1979 年 1 月 1 日，中国与美国正式建立外交关系，结束了两国之间的不正常状态。2019 年中美建交 40 周年。40 年间，在双方的努力下，中美关系取得了历史性重大发展。中美关系是世界上最重要且最复杂的一对双边关系，不仅影响中美两国，而且牵动着整个世界。③

然而，通过查阅相关文献资料，笔者发现，目前针对美国的对象国的相关研究还处于初级阶段，研究成果有限。笔者在中国知网（CNKI）进行高级检索，以"北京国际形象"为主题，并且以美国为关键词进行检索，没有发现任何相关文献。随后，扩大了主题范围，以中国国家形象为主题，以美国为关键词进行检索，检索出文献 30 篇，其中与美国人眼中的中国国家形象研究相关的文章仅有 4 篇。这 4 篇文献分别从文化和文化整合视角考察了美国人眼中的中国国家形象、美国民众对中国的认识、当前美国对中国国家形象的歪曲及应对策略。目前尚无专门研究美国人眼中的北京形象的文献。因此，有必要对美国人眼中的北京形象进行问卷调查。下文呈现的是调查结果及相关分析。

---

① 本报告由李梵凌、张晓东撰写。
② 《美国国家概况》，中华人民共和国外交部，https：//www.fmprc.gov.cn/web/gjhdq_676201/gj_676203/bmz_679954/1206_680528/1206xo_6805301，最后访问日期：2019 年 11 月 23 日。
③ 马振岗：《中美关系：风雨 40 年》，《法人》2019 年第 6 期。

二 调研结果与分析

（一）样本统计特征

此次对美国的问卷调查共发放了 500 份。问卷统一按照概率抽样的方式发放，共收回有效问卷 500 份，问卷有效率为 100%。

本次调查所抽取的样本中，男女性别比为 49∶51，约等于 1∶1 的比例，男女分布较为均衡。从年龄分布上看，样本较为全面地涵盖了老、中、青三代人。在所抽取的样本中，18～35 岁的青年群体占 44%、36～50 岁的青壮年群体占 41%、51～65 岁的老年群体占 15%（见图 1）。

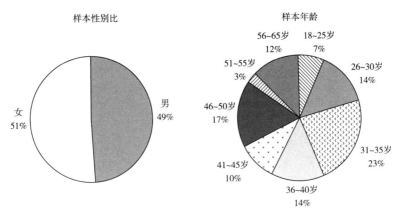

图 1　美国样本的性别与年龄分布

资料来源：笔者自制。

在文化程度方面，美国受访者的教育程度和全球样本整体趋势相似，二者各个教育阶段的样本人数相差不多（见图 2）。但与北美洲和墨西哥的受教育程度分布有些差异。具体差异如下：与墨西哥相比，美国受访者中具备初级教育和职业教育水平的人数较多，具备本科教育水平的受访者则少于墨西哥；与北美洲整体相比，美国具备职业教育水平的受访者更多，具备本科教育水平的受访者人数相对较少；从全球总体层面看，美国本科教育水平的受访者与发达国家持平，但略低于全球总体水平。另外，在研究生教育层次，美国受访者人数略高于发达国家，但仍低于全球总体水平。

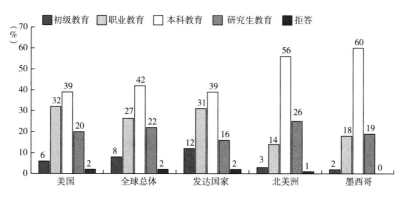

图2　样本教育背景对比

资料来源：笔者自制。

在收入方面，美国受访者的收入水平与其他地区呈现不同的趋势（见图3）。全球总体和北美洲的受访者人数分布较为平均，低于3000美元到高于7万美元的各个分段都有一定的比例。而在美国的受访者中，收入低于1万美元的人数为零，而收入在7万美元以上的受访者接

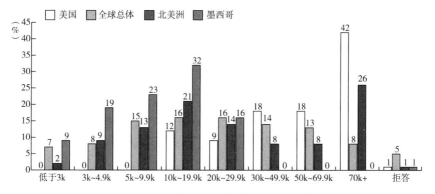

图3　美国受访者美元计家庭年收入对比

资料来源：笔者自制。

近半数，这一点与全球总体及其他地区都存在显著的差异。由图3可知，美国受访者的收入情况与墨西哥几乎相反，墨西哥的最高收入均低于3万美元。由此可见，作为世界第一大经济体，美国的收入水平明显高于其他受访国家。

（二）北京整体印象

此次参与问卷调查的美国受访者对北京有较高的认知度，认知度高达81%，了解度为32%，到访率为19%，不论是认知度、了解度还是到访率都高于位于第二位的上海，与中国其他城市相比更是遥遥领先（见图4）。不过，广州和深圳作为两个对外开放程度较高的城市，在美国民众中也有一定的到访率和认知度。天津和重庆两个直辖市的到访率是北京的一半多，但这两个城市在美国民众中的认知度与北京相比差距较大，有较大的提升空间。从总体上看，图4中城市的认知度与到访率相差很大，这与外媒对中国不同城市的媒体报道量及城市自身的宣传力度有关。

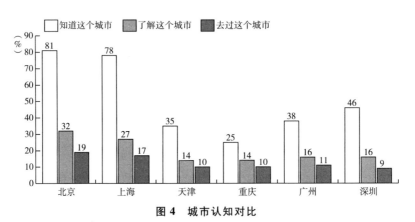

图4 城市认知对比

资料来源：笔者自制。

就北京而言，美国受访者的到访率略低于全球总体水平。不仅如此，美国受访者到访率低于北美洲和墨西哥，但相差不大（见图5）。从到访时间来看，自1978年改革开放以来，不管是美国还是全球，到访北京的民众呈上升趋势，2013 年后更是急剧上升（见图 6），这与图 7 中旅游人数的增加有直接关系。从 2002 年到 2012 年，美国受访者的到访率一直高于全球总体及墨西哥。但在 2013 年被反超，在 2013 年到 2019 年期间到访率反而成为最低，比第二低的北美洲还要低 6 个百分点。

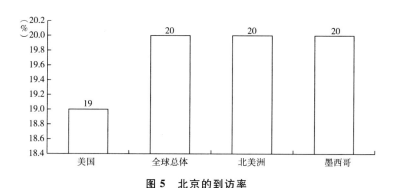

图 5　北京的到访率

资料来源：笔者自制。

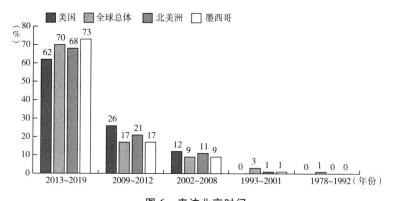

图 6　来访北京时间

资料来源：笔者自制。

从图 7 来京事由可以明显看出，旅游是美国受访者到访北京的主要事由，占比高达 76%，其次占比由高到低依次是商务、来华工作、探亲访友、学术活动、留学以及外交活动等。另外，全球总体、北美洲和墨西哥也呈现相似的趋势。可见，针对北京旅游名胜的宣传做得较为到位，但北京的国际形象传播不应只靠旅游来施加影响，还应从吸引高端人才来华工作、参加学术活动以及鼓励留学生到中国学习等方面入手来提高到访率，提升北京形象。

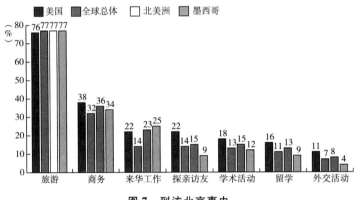

图7 到访北京事由

资料来源：笔者自制。

图8展示的是受访地区对北京的总体印象。其中，美国受访者给北京城市形象的整体打分为6.7分，略高于发达国家的6.2分，但略低于

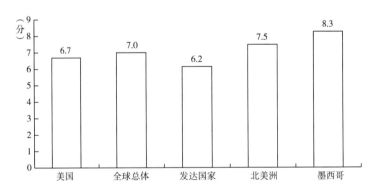

图8 北京城市形象总体得分对比

资料来源：笔者自制。

全球总体的 7.0 分。另外，北京城市形象在美国的得分既低于北美洲总体，也低于墨西哥。同时，美国受访者对北京的总体印象与墨西哥相差甚大。总体看来，在众多发达国家之中，美国受访者对北京有较好的印象。

（三）北京印象与市民形象

图 9 呈现的是美国受访者对北京的具体印象。美国受访者对北京印象最深刻的三个方面分别是"文化深厚"（81%）、"科技创新"（78%）以及"经济发达"（77%）。北京历史文化悠久，也得到了美国受访者的认可。其他两个方面应该与近年来中国及北京在经济转型、科技创新方面所做的努力有直接关系。值得注意的是，美国受访者对北京"政治中心""和谐宜居"这两个因素认同率为 60%。由于外媒对雾霾、沙尘暴等现象的频繁报道，不仅美国，而且全球总体对北京"和谐宜居"的认可度不高。在这些数据中，仅有 46% 的美国受访者对北京"开放包容"的形象表示认同，在所有形象因素中是最低的。针对这点需要进一步调查，找出原因并采取相应对策。总体看来，北京形象有待进一

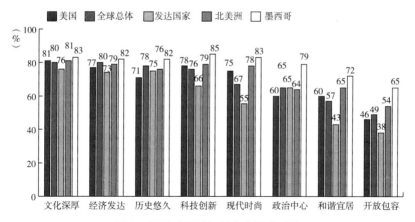

图 9　各国（地区）的北京印象对比

资料来源：笔者自制。

步提升，尤其是要在政治中心、和谐宜居以及开放包容等方面进行国际宣传与传播，使北京在美国乃至全球民众心中留下一个开放包容、和谐宜居的政治中心形象。

对于北京市民的形象，67%的美国受访者认同"公共场所举止文明"。对"勤劳敬业"及"遵纪守法"的认同率分别为66%和59%。其他方面依次为"开拓创新"（57%）和"积极向上"（51%），认同率均超过半数。而"热情包容"、"诚实守信"和"爱护生态环境"三个方面的认同率不到半数，分别为48%、47%和32%。在北京市民形象方面，美国与全球总体的认同率基本持平，但都低于墨西哥。2019年来，中墨关系密切，墨西哥民众对北京市民还是非常认同的。但总体看来，北京市政府应当采取措施，号召市民热情好客、杜绝欺骗，提升北京市民热情包容、诚实守信的形象。而在爱护生态环境方面，北京市政府2019年做出了巨大努力。但由于对外宣传力度不大，导致包括美国在内的其他国家民众对此认知不足。

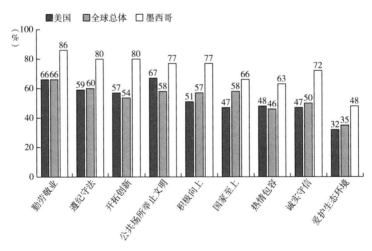

图10　北京市民形象对比

资料来源：笔者自制。

（四）政治中心形象

1. 政府形象

图 11 展示了美国和墨西哥对北京市政府的印象。超过半数（51%）的美国受访者认为北京市政府"治理能力高效"，而对"创新型政府"、"负责任的政府"、"廉政建设"以及"法治政府"的认同率分别为 45%、37%、36%、35%。与墨西哥受访者相比，美国在五个维度上的认同率均存在较大差距。尤其是"负责任的政府"，二者相差 40 个百分点。总体而言，美国受访者对北京市政府形象的认同率普遍不高，而墨西哥受访者对北京市政府形象有相对较高的认可。这不仅与国家关系有直接关系，还与美国媒体对中国政府的歪曲报道有关。在对北京市政府不太了解的情况下，受访者可能将中国政府形象等同于北京市政府形象。有必要在以后的研究中对美国和墨西哥进行更加深入的调查，通过对比找出二者之间出现差异的深层原因。

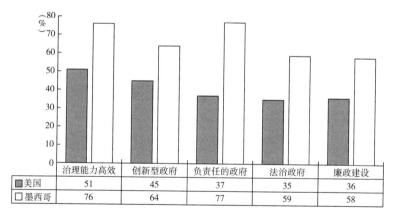

	治理能力高效	创新型政府	负责任的政府	法治政府	廉政建设
美国	51	45	37	35	36
墨西哥	76	64	77	59	58

图 11　美国和墨西哥对北京市政府形象评价得分对比

资料来源：笔者自制。

2. 城市发展理念

图 12 展示的是受访者对北京城市发展理念的认知。在北京市政府提出的几项城市发展理念中，31% 的美国受访者认同"科技北京"的理

念。其后依次是"智慧城市"（27%）、"宜居城市"（24%）、"城乡协同发展"（17%）、"绿色北京"（16%）、"建设国际人才社区"（14%）及"推动城市减量提质发展"（14%）。排在前两位的分别是"科技北京"和"智慧城市"理念，这与我国目前对科技的重视以及支付宝、微信等社交及购物 App 的普及有很大关系。而对于"城乡协同发展"、"绿色北京"、"建设国际人才社区"及"推动城市减量提质发展"这些发展理念，受访者认知度都不高，由此看来，北京市政府在对外宣传方面需要付出更大的努力。

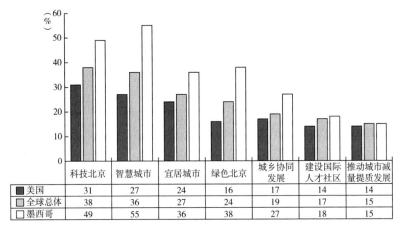

图 12　北京市城市发展理念对比

资料来源：笔者自制。

3. 大型活动

图 13 展示的是对北京举办的大型活动的认知。在这些大型活动中，2008 年北京奥运会显然有较大的影响力。虽然相比于全球总体的 70%和墨西哥的 86%，63%的美国受访者认知率明显偏低。但相对于其他活动而言，2008 年北京奥运会的认知率最高。2008 年奥运会之后北京举办的一系列活动均未带来更大的影响，这应该与宣传力度不够有关。位列第二的是"北京国际电影节"，认知度为 22%。可能是由于美国电影产业的发达引领了民众对与电影相关活动的关注。其他活动如"北京国际马拉

松"、"中非合作论坛北京峰会"、"北京世界园艺博览会"、"北京国际图书博览会"与"亚洲文明对话大会"认知度都不足20%。不仅美国，墨西哥乃至全球总体也呈现相似的趋势。这主要与北京的对外宣传力度不足有关。

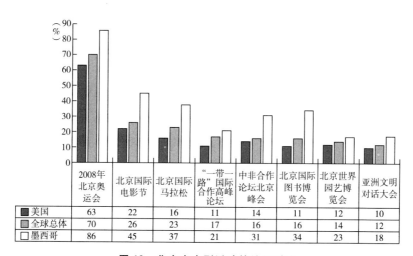

	2008年北京奥运会	北京国际电影节	北京国际马拉松	"一带一路"国际合作高峰论坛	中非合作论坛北京峰会	北京国际图书博览会	北京世界园艺博览会	亚洲文明对话大会
■美国	63	22	16	11	14	11	12	10
▨全球总体	70	26	23	17	16	16	14	12
□墨西哥	86	45	37	21	31	34	23	18

图 13　北京市大型活动的认知对比

资料来源：笔者自制。

在大型活动评价方面，美国和墨西哥受访者呈现了不同的看法（见图14）。对于美国民众来说，虽然他们对"北京国际图书博览会"的认知度不高，但其好评（60%）相对来说是最高的，与影响力很大的2008年北京奥运会（60%）持平，这可能是由于美国向中国出版的书籍较多，美国民众自然而然地会增加对图书相关活动的关注度。而墨西哥民众对2008年北京奥运会保持更好的印象，好评甚多（73%）。此外，虽然"北京世界园艺博览会"在美国和墨西哥受访者中认知度较低，但有相对较高的好评水准。另外，美国受访者对"北京国际马拉松""亚洲文明对话大会"等活动有较高的评价，可能是由于其对体育文化以及文明方面的活动有较大的兴趣。由此可知，今后对于北京形象的建构还应更加侧重于软性的文化活动。

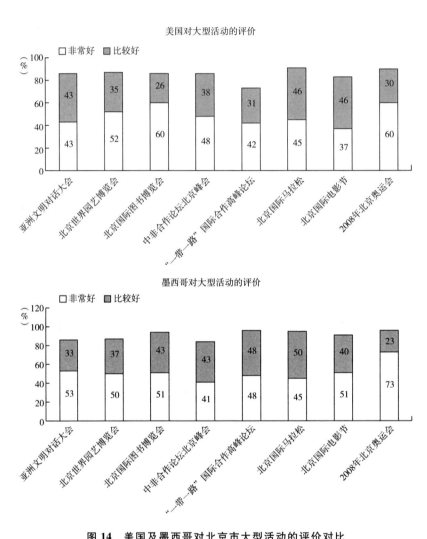

图 14　美国及墨西哥对北京市大型活动的评价对比

资料来源：笔者自制。

（五）文化中心形象

图 15 显示，43% 的美国受访者认为名胜古迹是北京最为著名的文化符号，其次是著名饮食（39%）和现代建筑（25%），这三个方面反

映的正是美国人来京旅游的事由。美国受访者除了对"著名饮食"有
较高的认知之外，其他方面均低于墨西哥。由此可以看出墨西哥受访者
对本国饮食的自信。而美国受访者对"知名学府"及"艺术区域"的
认知度更低。由此可见，在对外传播中，在注重对传统的名胜古迹、
服装、饮食进行宣传的同时，北京也要注重对"著名学府"和"艺
术区域"的推介。在宣传内容方面做到传统与现代的结合，自然与人
文的统一。

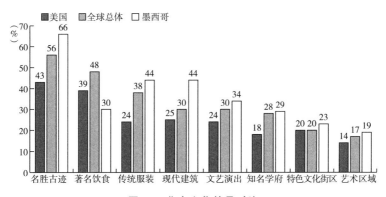

图 15　北京文化符号对比

资料来源：笔者自制。

图 16 对北京的文化地标选择中，近一半（44%）的美国受访者把
长城排在第一位，把长城排在第二位和第三位的受访者分别占 7% 和
3%。其次是天安门、天坛和故宫。而对三里屯、798 艺术区和北京四
合院等具有北京特色的文化地标认知度却不高。可见，美国受访者对北
京的古代建筑群有较高的认知度，这应该与我国的对外旅游推介内容有
直接关系。

图 17 展示的是受访者对北京文化中心提升路径的认知。在北京文
化中心提升路径方面，33% 的美国受访者首选"保护文化遗产"，其次
为"推广饮食文化"（32%）和"重视文化创意产业"（27%），与全球
总体和墨西哥民众的建议基本保持一致。除此之外，美国受访者还建议

通过"建设特色文化街区"（26%）及"扩大文化场馆建设"（26%）来提升北京的文化中心形象。也就是说，北京不仅应该注重传统文化的保护，同时还应该加强现代文化因素的建设。

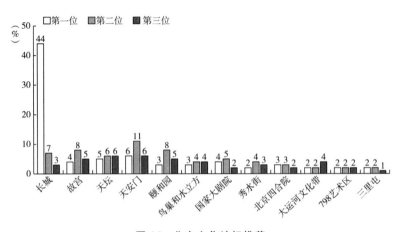

图 16　北京文化地标推荐

资料来源：笔者自制。

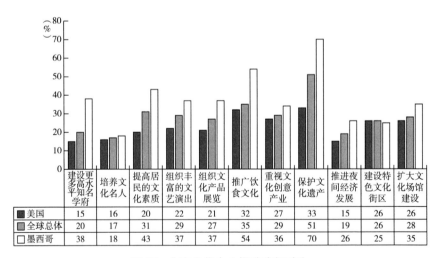

	建设更多高水平知名学府	培养文化名人	提高居民的文化素质	组织丰富的文艺演出	组织文化产品展览	推广饮食文化	重视文化创意产业	保护文化遗产	推进夜间经济发展	建设特色文化街区	扩大文化场馆建设
美国	15	16	20	22	21	32	27	33	15	26	26
全球总体	20	17	31	29	27	35	29	51	19	26	28
墨西哥	38	18	43	37	37	54	36	70	26	25	35

图 17　北京文化中心提升路径对比

资料来源：笔者自制。

（六）国际交往中心形象

美国受访者对北京国际化印象的打分均值为 7.2 分，分值较高，表明其对北京国际化有较高的认可。虽然该分值略低于北美洲（7.9 分）和墨西哥（8.6 分）（见图 18），与全球总体水平（7.2 分）持平，但明显高于发达国家（6.5 分）。

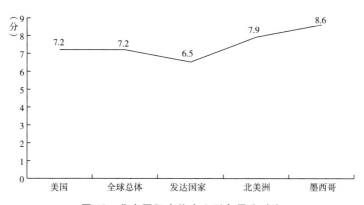

图 18　北京国际交往中心形象得分对比

资料来源：笔者自制。

图 19 展示的是美国受访者对北京国际交往中心具体形象的认知。40%的美国受访者认为北京的国际交往中心形象主要体现在"对外国人的包容度高"。此外，"设置清晰、规范的多种外国语指引标识"（39%）及"经常举办国际及区域型会议和展会等活动"（35%）也被认为是北京国际交往中心形象的具体体现。这在很大程度上归功于北京市政府对外语标识进行的专门排查和修改。另外，值得注意的是，与美国一样，全球受访者都把"对外国人的包容程度高"放在首位。但墨西哥的情况有些许不同，超过半数的墨西哥民众认为"举办各种具有国际影响力的文艺活动和体育赛事"（54%）最能体现北京的国际交往中心形象，出现这一现象的原因可能源自墨西哥民众对体育运动的热爱。

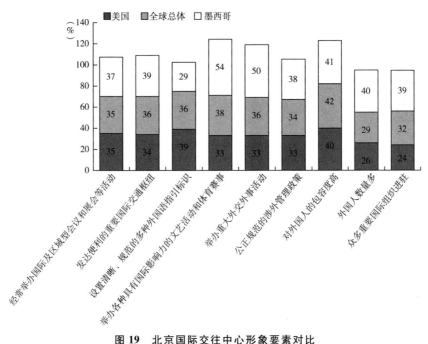

图 19 北京国际交往中心形象要素对比

资料来源：笔者自制。

在提升北京作为国际交往中心的要素方面，45%的美国受访者认为"美好的旅游体验"是最有效的要素，"安全卫生便捷的饮食及饮食环境"（41%）以及"热情好客的市民"（40%）紧随其后（见图20）。可能是出于旅游目的，美国民众对以上三个方面更为关注。与墨西哥的状况相比，二者在总体趋势上相差不大，均将旅游体验放在首位。由此可见，对美国和墨西哥而言，北京在很大程度上是一个旅游城市，因此，仍需在民生、环境等不同方面的形象提升上下功夫。

（七）科技创新中心形象

美国民众对北京的科技创新程度打分均值为7.9分（见图21），表明其较高的认可度。该得分虽低于北美洲（8.3分）和墨西哥（9.0分），但是比发达国家（7.1分）高出不少，还略高于全球总体水平（7.8分）。正如前面所言，中国当代的"新四大发明"——高铁、扫码支付、共享单车和网购以及中关村等科技创新符号都在某种程度上提升了北京的科技创新形象。

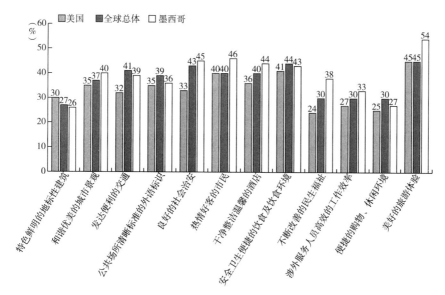

图 20　北京国际交往中心形象提升要素对比

资料来源：笔者自制。

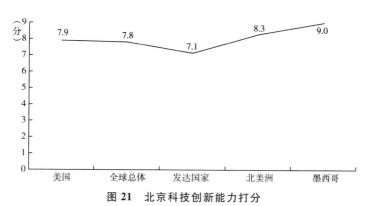

图 21　北京科技创新能力打分

资料来源：笔者自制。

图 22 显示，44% 的美国受访者认为北京的科技创新主要体现在"科技企业数量众多"，这是因为北京本地有数量众多的科技园区以及

科技企业，这一方面也在海外媒体中多见报道。其次体现在"交通营运系统（机场、高铁、地铁）发达"（40%）、"公共场所的科技技术应用面广"（36%）以及"互联网覆盖程度高"（36%）这三个维度上（见图22）。与全球总体和墨西哥相比，美国受访者在各个维度上比例较低，这可能与文化认同和国家之间的交流有很大的关系。

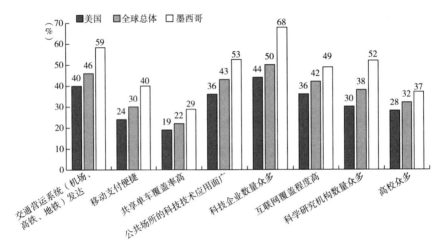

图 22　北京科技符号对比

资料来源：笔者自制。

（八）和谐宜居之都形象

图 23 显示，美国民众对北京的宜居程度打分均值为 6.9 分，认可程度低于北美洲（7.6 分）和墨西哥（8.5 分），略低于全球总体水平（7.0 分），但与发达国家给出的 6.1 分相比，分值相对较高。美国民众对北京宜居形象的总体打分与最高分存在差距，很大程度上受美国媒体负面报道的影响，例如，美国媒体对北京雾霾天气以及交通拥堵的负面新闻报道。

图 24 显示，39%、31% 及 30% 的美国受访者认为北京的宜居程度主要体现在"经济发展水平较高"、"充满机遇"以及"文明程度很高"，与全球总体保持了一致，基本符合北京的发展状况和发展目标。

不仅美国，全球总体和发达国家都认为北京在"有益于健康"这一维度明显不足。一方面这与北京的雾霾天气影响有关，另一方面外国民众受其本国媒体的大肆负面宣传影响。同时，由于对外宣传力度不足，其他国家对于北京空气状况的改善认知不足，因此导致了认知偏差。

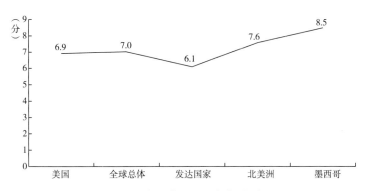

图 23 北京和谐宜居之都得分对比

资料来源：笔者自制。

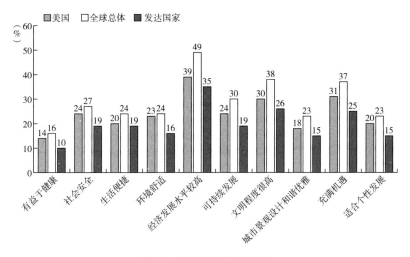

图 24 北京宜居指标对比

资料来源：笔者自制。

由图 25 可知，各有 15% 的美国受访者突出强调要从治理"太拥挤"、"交通拥堵"以及"费用高"等三个方面提升北京的形象，这可能与美国民众对交通的固化认知有很大的关联。另外，受访者还认为应从改善环境、减轻污染、提高国民素质等方面入手来塑造更好的北京形象。但值得注意的一点是，无论是全球总体、美国受访者，还是墨西哥受访者，都强调应当治理环境污染。由此看来，北京的环境污染、交通拥堵等问题的确影响了北京形象，应该加大力度治理。

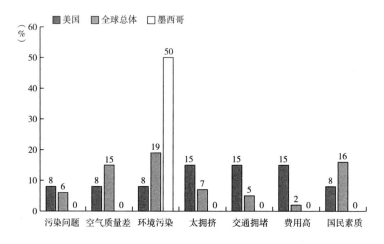

图 25　北京形象提升路径对比

资料来源：笔者自制。

（九）北京媒体报道量及受众认知渠道

图 26 显示，美国受访者对北京媒体报道量方面的认知与墨西哥相似。对北京有"非常充分"了解的美国受访者占 17%，高于全球总体（14%）。33% 的美国受访者表示对北京了解"比较充分"。"非常充分"与"比较充分"加起来正好占半数。不排除很多受访者或许将北京当成了中国的代名词，因此认为北京的媒体报道量较多。对于此数据还需进一步通过访谈来确认。

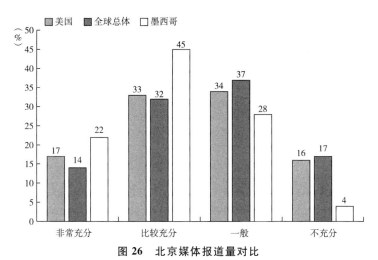

图 26　北京媒体报道量对比

资料来源：笔者自制。

图 27 显示，55%的美国受访者对北京的认知主要依赖本国媒体，且其依赖程度与全球总体及其他区域保持较高的一致性。可见，要促进北京形象的进一步提升，各国本地媒体的作用不可忽视，但根据对上文所提及因素的分析，各国本地媒体存在选择性报道以及负面及消极甚至歪曲报道等问题。其次，美国受访者对北京的认知来源于"我自己的观察"（39）以及"我和其他人的交流"（28%），亦与全球总体保持一致。由此可见，北京市政府应通过将传统媒体及新媒体相结合的方式加大对外的宣传力度。

图 28 显示，在媒介方面，73%的美国受访者对北京形象的认知主要依赖电视这一传统媒介，其依赖程度与全球总体持平，高于墨西哥的62%。另外，通过广播了解北京的美国民众占 32%，高于全球总体水平。此外，美国受访者有 47%的通过网站，37%的通过纸媒（报纸、杂志、书籍）来了解北京。这显示了美国受访者对北京了解渠道的多样性，但电视、广播这两大传统媒介依然在美国受访者对北京的了解中占主体地位。

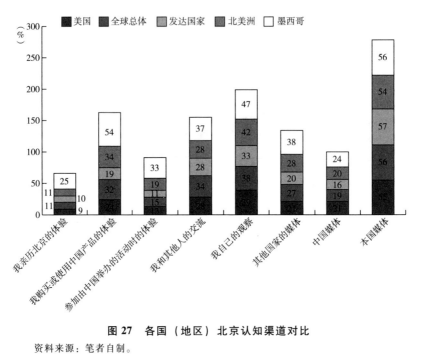

图27　各国（地区）北京认知渠道对比

资料来源：笔者自制。

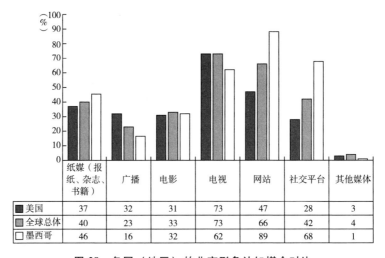

	纸媒（报纸、杂志、书籍）	广播	电影	电视	网站	社交平台	其他媒体
美国	37	32	31	73	47	28	3
全球总体	40	23	33	73	66	42	4
墨西哥	46	16	32	62	89	68	1

图28　各国（地区）的北京形象认知媒介对比

资料来源：笔者自制。

图 29 表明,在直接信息渠道方面,60%的美国受访者对北京的认知主要源自"海外中国文化中心举办的活动"。另外,通过"旅游年"及"文化年"了解北京的分别占 51% 和 46%。与全球总体和发达国家基本一致,但与北美洲、墨西哥存在差异。此外,通过"演出"及"产品销售活动"了解中国的分别占 34% 和 14%。此处,受访者同样将北京等同于中国。如果只是北京这个城市,可能数据不会如此乐观。

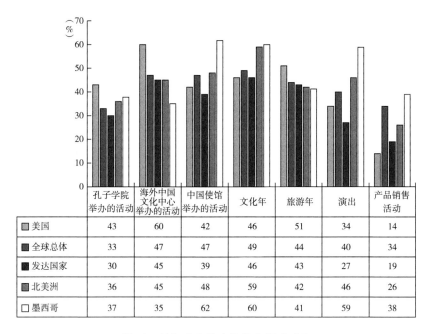

	孔子学院举办的活动	海外中国文化中心举办的活动	中国使馆举办的活动	文化年	旅游年	演出	产品销售活动
美国	43	60	42	46	51	34	14
全球总体	33	47	47	49	44	40	34
发达国家	30	45	39	46	43	27	19
北美洲	36	45	48	59	42	46	26
墨西哥	37	35	62	60	41	59	38

图 29 认知北京的直接信息渠道对比

资料来源:笔者自制。

三 建议与对策

作为世界两大经济体,中美虽然在有些问题上存在矛盾和分歧,但保持健康稳定、互利共赢的中美关系,有利于两国的共同发展。在美国民众心中建立良好的北京国际形象有很重要的现实意义，同时也面临不小的挑战，还有很大的提升空间。

国家形象是一个国家综合国力的象征，是国家极其重要的无形财产，良好的国家形象对于提升文化软实力有重要的推动作用。① 通过对调查数据的全面分析得知，我们应当从传播者、传播渠道、传播内容以及传播受众等四个方面入手，来提升美国民众心目中的北京国际形象。而北京城市形象传播的核心概念是通过北京这个城市传播整个国家的形象。②

从传播者的角度来看，应该与美国观众最多的电视公司和听众最多的广播公司合作，推出关于北京的系列报道。报道内容不仅包括其历史文化，也要包括现代发展；不仅包括国际合作，也要包括居民日常。而另一方面，鼓励新媒体对北京形象进行宣传和推广。另外，传播者之间也应当进行分工协作，形成国家形象传播的最佳合力。③ 此外，明星、网红等公众人物作为一种特殊的文化符号，拥有一定的群众基础和媒体报道量，其传播作用也同样应该受到重视。公众人物，尤其是为美国民众所熟知的可以作为北京国际形象的传播使者，促进文化形象的构建。④

努力构建一个"三位一体"的传播渠道，具体来说，就是以"对外传播"为体，以"媒体为主，交流活动为辅，机构配合"为三位，从而有效提升北京形象，扩大中国的影响。在媒体上，除运用国内媒体传播北京国际形象外，还可以充分利用海外媒体的宣传作用。通过对海外媒体进行公关（比如在美国的电台或者电视节目播放间隙插播

---

① 杨冬云：《国家形象的构成要素与国家软实力》，《湘潭大学学报》（哲学社会科学版）2008 年第 5 期。

② 赵继敏：《2022 冬奥会北京—张家口城市形象传播策略》，《青年记者》2019 年第 11 期。

③ 郑晨予：《基于自组织的国家形象传播模式构建——兼论与国家形象互联网承载力的对接》，《江淮论坛》2016 年第 1 期。

④ 陈晓伟：《明星符号与国家形象的建构》，《东岳论丛》2012 年第 33 期。

城市宣传片或广告，宣传北京的正面形象；组织海外华人媒体负责人到北京进行文化交流等），向全球宣传良好的北京形象。另外，还可以通过对社交类媒体的有效使用来提升北京形象，例如在 Instagram、Blogger、Facebook、Twitter 等社交平台上开设北京形象宣传账号，以发布文章、图片或者短视频的形式来展示北京政治、文化等方面的形象，弥补在国外难以通过社交平台更加深入地了解北京的缺陷。在交流活动上，要提高举办国际活动的频率，使美国民众在活动中进一步加深对北京的认知。在相关机构方面，要继续加大资金投入，比如使在海外设立的孔子学院继续发挥作用。在传播渠道方面，可以让美国民众讲述他们的中国故事，比如他们是如何寻找发展机遇以及怎样在中国过上更好的生活的等。从他们的目光中反映国际视野下的中国形象，从更贴近美国受众心理的角度出发，增强说服力。①

传播内容方面也应根据不断变化的时代和发展趋势进行调整和完善。从前文的数据分析中不难发现，北京的政府形象、城市发展理念、国际交往中心以及和谐宜居之都等方面的形象亟须提升。针对北京市政府形象的培养，在推广科技创新形象的同时，应着重加大对"负责任的政府"这一形象的普及。在城市发展理念的认知方面，引进科技人才，扩大美国民众对中国现代的"新四大发明"——高铁、扫码支付、共享单车和网购的深入了解和使用。在宜居方面，加大环境改善力度，同时将改善后的环境拍入宣传片，把中国更完美的形象呈现出来。近期，我们注重对国际人才社区的建立，注重对国际交往中心、政治中心、科技创新中心以及文化中心的构建。在旅游景点多设置一些体现北京特色的事物，比如老北京的手工艺，而不是只注重对商铺的扩建。另外，要建立特色文化街区，使美国民众切身体会北京的风土民

---

① 夏临：《"讲好中国故事"主题短视频的国家形象传播策略探析》，《视听》2019 年第 11 期。

情。拍摄一些极具北京特色的建筑以及风景，使北京的形象通过一个个富有特色的景物变得具象化，丰满而富有温情，迎合美国受访者将"美好的旅游体验"看作最有效提升北京国际交往中心形象之要素的心理，但又不仅仅将北京看作一个旅游目的地。总之，传播内容应当趋向创新化、多样化。

受众也是传播北京形象并使其得以提升的一个重要因素。由于美国民众对于在北京举办的大型活动的认识不够充分，应增加对大型活动的宣传力度与宣传范围，从而使美国民众对北京形象有一个更好的认知。另外，还有不少美国民众认为北京的科技创新形象体现在科学研究机构和高校数量众多这两个因素上，因此，可以对特定人群加大相关内容的宣传和推广，提升他们对北京科技发展水平的认知。

参考文献：

陈晓伟：《明星符号与国家形象的建构》，《东岳论丛》2012 年第 33 期。

邓于君：《中美经贸摩擦的本质、影响与应对》，《广东行政学院学报》2019 年第 6 期。

马振岗：《中美关系：风雨 40 年》，《法人》2019 年第 6 期。

百度百科"美国"，https：//baike.baidu.com/item/%E7%BE%8E%E5%9B%BD/125486？fr=aladdin，最后访问日期：2019 年 11 月 23 日。

夏临：《"讲好中国故事"主题短视频的国家形象传播策略探析》，《视听》2019 年第 11 期。

杨冬云：《国家形象的构成要素与国家软实力》，《湘潭大学学报》（哲学社会科学版）2008 年第 5 期。

赵继敏：《2022 冬奥会北京—张家口城市形象传播策略》，《青年记者》2019 年第 11 期。

郑晨予：《基于自组织的国家形象传播模式构建——兼论与国家形象互联网承载力的对接》，《江淮论坛》2016 年第 1 期。

第六节　墨西哥人眼中的北京形象[①]

一　研究背景

墨西哥合众国（The United Mexican States），面积 1964375 平方千米，位于北美洲南部，北部与美国接壤，首都为墨西哥城。西班牙语为墨西哥主要使用语言，大多数居民信奉天主教。墨西哥是美洲大陆印第安人古老文明中心之一，闻名于世的玛雅文化就是墨西哥古印第安人所创造的。墨西哥古印第安人培育出了玉米，故墨西哥有"玉米的故乡"之称。墨西哥在不同历史时期还赢得了"仙人掌的国度""白银王国""浮在油海上的国家"等美誉。墨西哥在对外关系中坚持尊重国家主权和各国权利平等，维护国家安全，谋求经济发展，加强国际合作。1972年 2 月 14 日与中国建交。在中国和墨西哥建交之后，两国关系得到迅速发展，墨西哥成为中国在拉美地区的第二大贸易伙伴。墨西哥正不遗余力地向中国推广投资机会，中墨两国前所未有的改革计划为双方的经济合作提供了新的强劲动力。[②]

然而，针对墨西哥的对象国研究目前还处于待开发阶段，总体研究项目少而且维度分散，未能形成全面系统的研究格局。进一步来看，笔者在中国知网（CNKI）进行关键词检索，尚未搜索到关于墨西哥北京国际形象研究的文献。于是笔者进行了更为广泛的主题词搜索，关键词同时包含"北京"和"墨西哥"，与之相关的文献仅 30余篇。这些文献大都集中于考察中国和墨西哥在经济、文化等方面的对比及两国外交关系的发展。对于墨西哥人眼中的北京形象，乃至中国印象，以往文献很少涉及。因此，非常有必要对墨西哥人眼中的北

[①]　本报告由张雯、张晓东撰写。
[②]　《墨西哥国家概况》，中华人民共和国外交部，https：//www.fmprc.gov.cn/web/gjhdq_676201/gj_676203/bmz_679954/1206_680604/1206x0_680606/，最后访问日期：2019 年 11 月 25 日。

京形象进行调查，为提升北京在墨西哥乃至美洲的形象提出合理的建议。

二 调研结果与分析

（一）样本统计特征

本次墨西哥的问卷为英文版，共计发放500份。问卷统一按照概率抽样的方式配额发放，共收回有效问卷500份，有效率为100%。

在本次调查中，墨西哥样本的男女性别比例为54%和46%，女性受访者略少于男性。从年龄分布上来看，样本涵盖老、中、青三代人。其中18~35岁的青年群体占45%，36~50岁的青壮年群体占46%，51~65岁的老年群体仅占9%（见图1）。

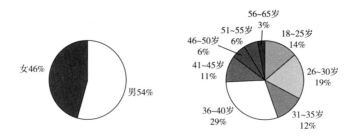

图1 墨西哥样本的性别和年龄分布

资料来源：笔者自制。

文化程度方面，在职业教育、本科教育、研究生教育这三个层次上，墨西哥的受访者呈现与全球样本总体基本同向发展的趋势。其中较为突出的是，受过本科教育的墨西哥受访者占了六成，高于同处北美洲的美国。墨西哥受访民众中接受研究生教育的占比与美国基本持平。从全球总体来看，墨西哥的本科教育比发展中国家高，研究生教育略低于发展中国家样本。总体来看，墨西哥受访民众的文化程度为本科教育最多，研究生教育次之，最后是职业教育（见图2）。

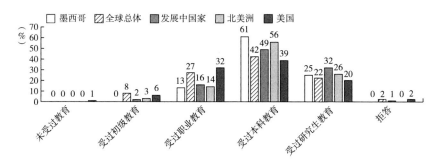

图 2　样本教育背景对比

资料来源：笔者自制。

收入方面，在 3000~20000 美元这个区间里，墨西哥受访者的收入水平均高于全球总体。其中，在 3000~5000 美元和 10000~20000 美元这两个区间里，墨西哥是全球总体的近两倍。墨西哥的高收入样本（30000~70000 美元）暂时缺位，墨西哥受访民众收入在 10000~20000 美元的居多（见图 3）。

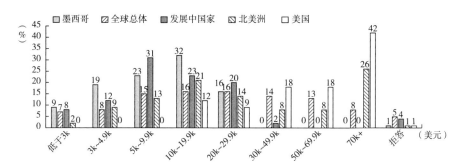

图 3　墨西哥受访者美元计家庭年收入对比

资料来源：笔者自制。

（二）北京整体印象

本次调研中墨西哥受访民众对北京的认知度较高，到访率为 40%，高于全球总体（20%），高于上海（31%），深圳和天津也保持较高的到访率，同为11%。重庆和广州在墨西哥民众中的认知状况则与北京存在较大的差距。在北上广深四大超级一线城市中，北京在认知度上略低于上海和天津，和深圳几乎持平，高于重庆和广州，但在了解度上拔得头筹（见图4）。

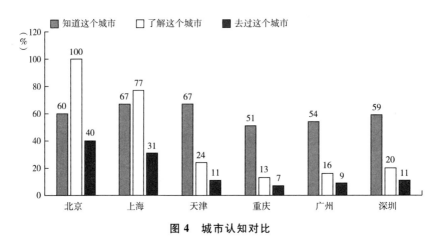

图4 城市认知对比

资料来源：笔者自制。

就北京个体而言，墨西哥受访者的到访率与北美洲总体到访率持平，但低于发展中国家的到访情况（见图5）。从来京原因角度分析，旅游是墨西哥民众赴京的主要事由，其次是商务、来华工作、学术活动、探亲访友、留学以及外交活动。值得注意的是，墨西哥受访者在商务、学术活动、留学、外交活动、探亲访友这五个维度上低于北美洲和发展中国家的总体水平，但在来华工作这个层面上高于这两个区域（见图6）。从时间维度来看，墨西哥受访民众自20世纪90年代初到21世纪20年代的到京率呈逐年增加的趋势。相较于90年代初到2008年，自2009年起，墨西哥、发展中国家、北美洲、美国、全球总体的到访率都迅速增长并且保持较高的增长势头，这应该是得益于2008年在北京举办的奥运会，大型体育赛事是提升国际知名度的一个重要手段（见图7）。

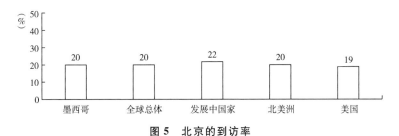

图5 北京的到访率

资料来源：笔者自制。

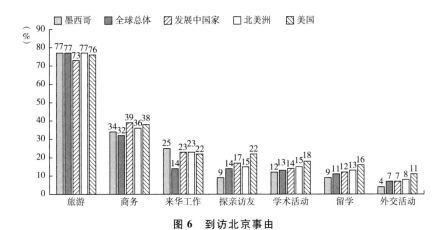

图6 到访北京事由

资料来源：笔者自制。

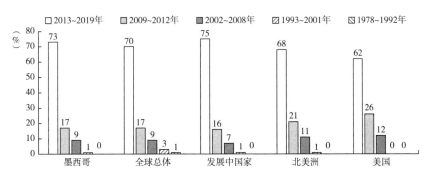

图7 来访北京时间

资料来源：笔者自制。

墨西哥民众对北京城市形象的总体得分为 8.3 分，由此表明，北京在墨西哥维持着非常好的形象水准。墨西哥高于全球总体、发展中国家、北美洲、美国四个区域水平。其中，全球总体样本对北京城市形象的总体得分仅为 7.0 分（见图 8）。

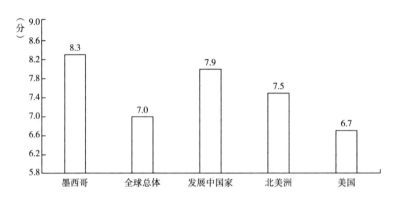

图 8　北京城市形象总体得分对比

资料来源：笔者自制。

（三）北京印象与市民形象

北京在墨西哥民众中最为突出的城市印象是"科技创新"（85%），"文化深厚"和"现代时尚"次之，均为83%，"经济发达"和"历史悠久"均为82%，"政治中心"和"和谐宜居"得分不佳，分别为79%和72%，墨西哥在"开放包容"维度上的受众认知得分达到了最低值，仅为65%。墨西哥受访者对北京城市印象总体打分较高，短板短在"开放包容"，这与北美洲保持了一致。由此可见，北京城市印象在墨西哥有待进一步提升，北京印象在墨西哥依然需要打破西方媒体塑造的刻板印象，尤其是在开放包容方面，作为国际化大都市，构建开放包容、互利共信的大国形象是十分必要的（见图9）。

在北京市民形象方面，墨西哥受访民众对北京人印象排第一位的是"勤劳敬业"，其次是"开拓创新"和"遵纪守法"，再次是"积极向

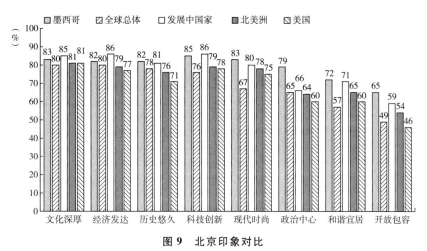

图 9 北京印象对比

资料来源：笔者自制。

上"、"公共场所举止文明"、"诚实守信"、"国家至上"和"热情包容"，最后，排在倒数第一位的是"爱护生态环境"，在这个维度上还存在较大的提升空间。北京市民在墨西哥民众中的形象与北美洲总体情况非常接近，另外，与墨西哥相比，美国民众对北京市民印象排在第一位的是"公共场所举止文明"这个维度，全球总体排在倒数第一位的和墨西哥一样，是"爱护生态环境"。总体来看，北京市民在墨西哥民众中保持了一定程度的正面形象，但在"爱护生态环境"这个维度，还有很大的提升空间，我们要加强环境保护方面的工作（见图10）。

（四）政治中心形象

1. 政府形象

墨西哥和美国对北京市政府形象评价得分差异最明显的是在"负责任的政府"这个维度。墨西哥在"负责任的政府"这个维度的分数高于其他四个维度，具体来说，"负责任的政府"最高，"治理能力高效"次之，再依次是"创新型政府"、"法治政府"和"廉政建设"。美国在这五个维度中得分最高的是"治理能力高效"，在这五个维度中

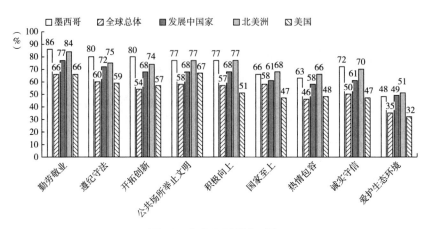

图10　北京市民形象对比

资料来源：笔者自制。

得分最低的是"法治政府"。北京市政府维持了一个积极、正面、负责任、有高效治理能力的良好形象，并在墨西哥和美国两地的受访者中产生了同频共振的认同效应。就墨西哥而言，北京市政府进一步完善形象的着力点在于加快推进廉政建设（见图11）。

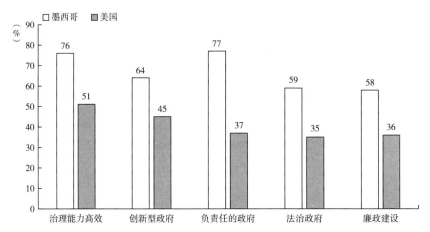

图11　墨西哥和美国对北京市政府形象评价得分对比

资料来源：笔者自制。

2. 城市发展理念

在北京市政府提出的城市发展理念认知层面，墨西哥民众对于"智慧城市"（55%）最为认同。"科技北京"次之（49%），接下来依次是"绿色北京""宜居城市""城乡协同发展""建设国际人才社区"，最后是"推动城市减量提质发展"。墨西哥民众的选择与发展中国家的总体水平保持了小差异内的一致性。另外，墨西哥和美国在"推动城市减量提质发展"和"建设国际人才社区"这两个维度占比几乎相同，也就是说，墨西哥和美国在这两个维度上认同感相近（见图12）。①

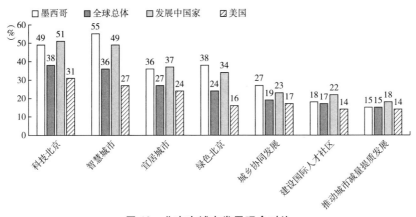

图 12 北京市城市发展理念对比

资料来源：笔者自制。

3. 大型活动

在北京举办的大型活动中，2008年奥运会具备强劲的影响力，超过八成的墨西哥民众对2008年北京奥运会印象深刻，且高于全球总体、发展中国家和美国。2008年奥运会对于美国、全球总体和发展中国家来说也是如此。② 2008年奥运会后，在京举办的大型活动在墨西哥的影响力

---

① 丁波文：《城市化中的三要素：就业、住房、环境——从墨西哥城的城市化经验看北京城市管理》，《荆楚理工学院学报》2011年第11期。

② 〔墨西哥〕威克托·嘎扎：《奥运（好运）北京——一个墨西哥摄影家的旅中散记》，吴登富译，《照相机》2001年第10期。

相对减弱，"北京国际电影节"位列第二，"北京国际马拉松"位列第三，接下来依次是"北京国际图书博览会""中非合作论坛北京峰会""北京世界园艺博览会"" '一带一路'国际合作高峰论坛""亚洲文明对话大会"。大型活动作为主场外交的依托点，在墨西哥民众中的影响力有待进一步提升（见图13）。

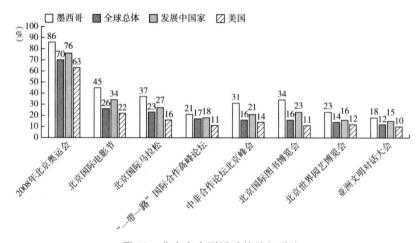

图13　北京市大型活动的认知对比

资料来源：笔者自制。

在大型活动评价方面，2008年北京奥运会在墨西哥受访民众中依旧是最耀眼的（见图14），得分高于美国（见图15）和全球总体水平（见图16）。其次最高的三项活动分别是"亚洲文明对话大会""北京国际电影节""北京国际图书博览会"。总体来看，文娱和体育内容依旧是北京形象建构过程中的首要因素，在北京形象的跨国传播中扮演着不可或缺的角色（见图14）。①

---

①　张莉、南普随：《北京奥运会后的中国国际形象分析》，《国际关系学院学报》2009年第1期。

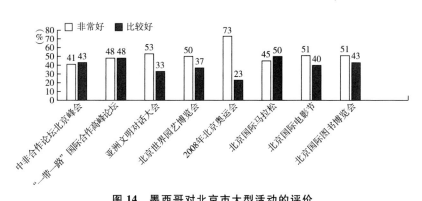

图 14 墨西哥对北京市大型活动的评价

资料来源：笔者自制。

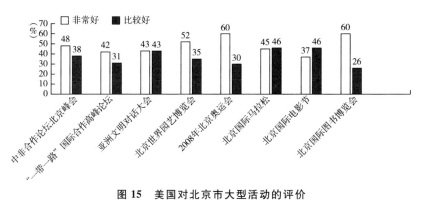

图 15 美国对北京市大型活动的评价

资料来源：笔者自制。

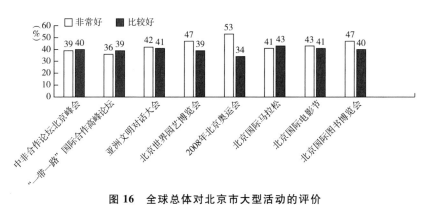

图 16 全球总体对北京市大型活动的评价

资料来源：笔者自制。

（五）文化中心形象

在墨西哥民众的印象中，北京最为著名的文化符号是以长城为代表的名胜古迹，其次是现代建筑和传统服装。关于特色文化街区和艺术区域，墨西哥与全球总体、北美洲、美国和发展中国家的水平几乎持平。与北美洲相比，墨西哥在现代建筑方面的印象有很大的提升空间，呈现"重传统""轻现代"的特点。针对受众呈现的"异质化"特征，北京文化在北美洲传播进程中，针对圈层化的分众进行"个性化推荐"便显得十分必要（见图17）。

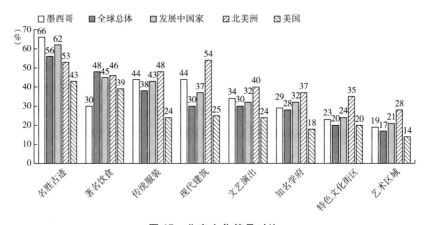

图17　北京文化符号对比

资料来源：笔者自制。

在北京的文化地标选择中，墨西哥民众由高到低排在前三位的分别是长城、故宫和天坛。而且作为位居第一选择的核心地位的长城，远远高于其他文化地标。长城、故宫和天坛一体两翼构成了最能代表北京的文化符号。值得注意的是，墨西哥民众对三里屯、798艺术区、秀水街和大运河文化带等人文景观的推荐度很低，对于这些现代文化地标有待于进一步推广和宣传（见图18）。

在强化北京文化中心建设方面，超过半数墨西哥民众首选"保护文化遗产"，其次为"推广饮食文化"以及"提高居民的文化素质"。

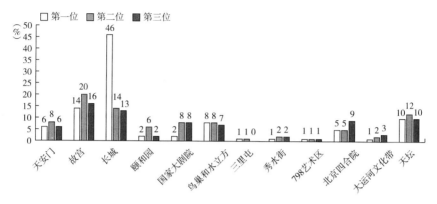

图 18 北京文化地标推荐

资料来源：笔者自制。

与美国、北美洲和全球总体相比，这三个维度的建议都处于领先水平，并且在除了"培养文化名人"、"推动夜间经济发展"、"建设特色文化街区"和"扩大文化场馆建设"之外，在其他维度上墨西哥都保持较高的要求。可见墨西哥民众对中华文化的重视程度较高，同时建议将文化的传播进行产业化和规模化运作（见图19）。

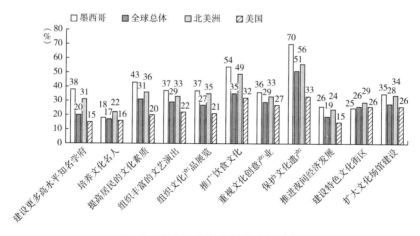

图 19 北京文化中心提升路径对比

资料来源：笔者自制。

（六）国际交往中心形象

墨西哥民众对北京的国际化程度打分均值为 8.6 分，呈现很高的认可程度，该得分高于全球总体、北美洲、发展中国家和美国（见图20）。

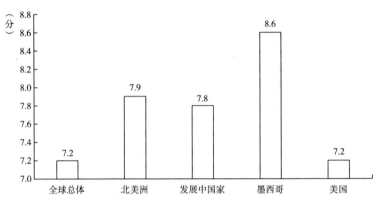

图20　北京国际交往中心得分对比

资料来源：笔者自制。

墨西哥民众认为"举办各种具有国际影响力的文艺活动和体育赛事"是北京作为国际交往中心形象的最佳缩影。之后依次是"举办重大外交外事活动"、"对外国人的包容度高"和"外国人数量多"。另外值得注意的是，墨西哥民众对于"设置清晰、规范的多语种外国语指引标识"这一指标并无好感，这也为提升北京国际交往中心形象指明了前进的方向（见图21）。

在提升北京作为国际交往中心的要素方面，在墨西哥受访民众看来最有效的举措是提升"美好的旅游体验"，其次是"热情好客的市民"。与北美洲总体状况相比，北美洲受访民众的基本状况与墨西哥保持一致。由此可见，北美洲民众实际上是将北京作为一个旅游目的地而不是一个现代化的国际交往中心，存在一定的认知偏差（见图22）。

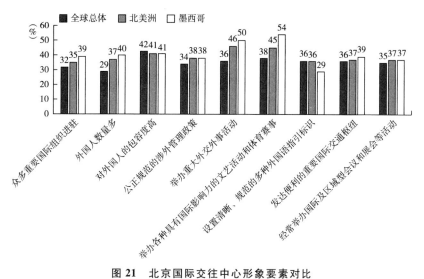

图 21　北京国际交往中心形象要素对比

资料来源：笔者自制。

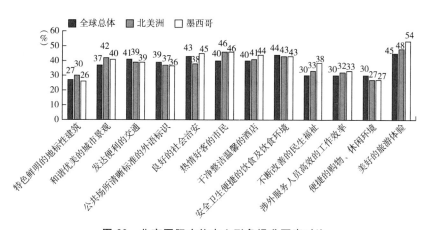

图 22　北京国际交往中心形象提升要素对比

资料来源：笔者自制。

（七）科技创新中心形象

墨西哥民众对北京的科技创新程度打分均值为 9.0 分，呈现很高的认可程度，该得分高于全球总体、北美洲、发展中国家和美国，全球总体得分最低（见图 23）。

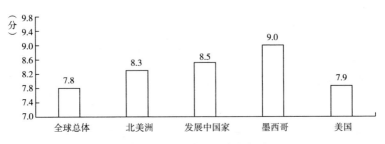

图 23　北京科技创新能力打分

资料来源：笔者自制。

　　大部分墨西哥民众认为北京的科技创新聚焦于"科技企业数量众多"，其次为"交通营运系统（机场、高铁、地铁）发达"以及"公共场所的科技技术应用面广"。墨西哥受访民众的反馈情况与全球总体和北美洲的状况在焦点聚集维度保持了一致。然而，在"移动支付便捷"、"共享单车覆盖率高"和"高校众多"这三个维度，墨西哥和北美洲以及全球总体均没有表现出浓厚的兴趣，尤其是在"共享单车覆盖率高"这个维度，墨西哥和北美洲以及全球总体保持一致（见图24）。

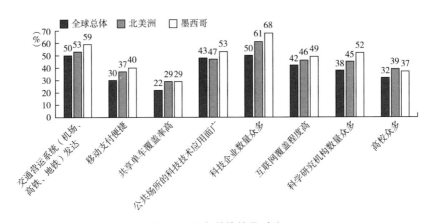

图 24　北京科技符号对比

资料来源：笔者自制。

（八）和谐宜居之都形象

墨西哥民众对北京的宜居程度打分均值为 8.5 分，呈现较高的认知度，发展中国家略低于墨西哥，其次是北美洲和全球总体，打分最低的是美国（见图 25）。

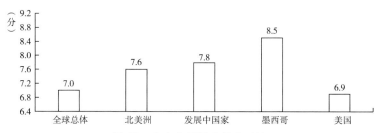

图 25　北京宜居程度得分对比

资料来源：笔者自制。

墨西哥受访者指出北京的宜居程度主要体现在"经济发展水平较高"（61%）、"文明程度很高"（48%）和"可持续发展"（45%），与北美洲总体状况保持一致。墨西哥民众与北美洲总体相比，在"充满机遇"这方面的水平有待提升。另外值得注意的是，在"有益于健康"这个维度上，墨西哥与北美洲以及全球总体的关注度都偏低且全球总体最低（见图 26）。

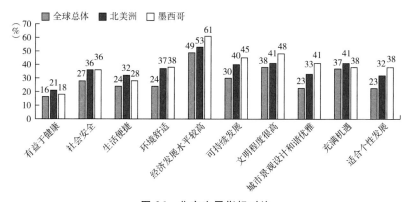

图 26　北京宜居指标对比

资料来源：笔者自制。

在提升北京形象方面，墨西哥民众一致认为城市太拥挤/人太多了是需要重点解决的问题。相比环境污染和空气质量差这两个因素，美国认为交通拥堵和太拥挤/人太多了这两个问题对北京形象的提升影响更大一些。北美洲对环境污染和交通拥堵这两个问题给予了较高的关注。全球总体认为除了环境污染问题之外，空气质量差这一因素也影响了北京国际形象的提升（见图27）。当然，环境污染也是北美洲、美国、发展中国家和全球总体所重点关注的。除此之外，美国与北美洲对交通拥堵也给予了重点关注。

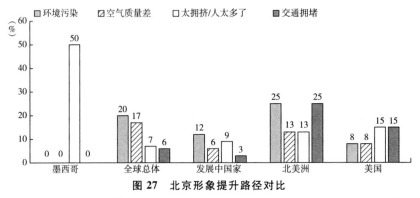

图27　北京形象提升路径对比

资料来源：笔者自制。

（九）北京媒体报道量及受众认知渠道

墨西哥受访者在北京的全球媒体报道量方面与美国、全球总体、发展中国家几乎保持一致，认为"比较充分"的墨西哥民众高于美国、全球总体和发展中国家，这说明墨西哥受访者对北京并不陌生，北京在墨西哥具备良好的群众基础（见图28）。

墨西哥受访者对北京的认知主要依赖本国媒体和购买或使用中国产品的体验，其次是自己的观察和其他国家的媒体，墨西哥受众的独立性、自主性凸显，人际传播和群体传播也因而成为显著目标，偏低的是中国媒体和亲历北京的体验，与全球总体相比，墨西哥民众在购买或使用中国产品的体验这个认知渠道的依赖程度明显高于全球总体（见图29）。

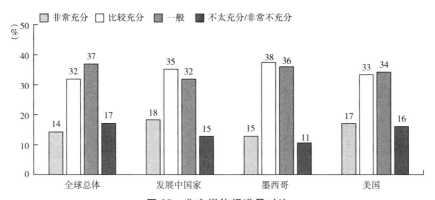

图 28　北京媒体报道量对比

资料来源：笔者自制。

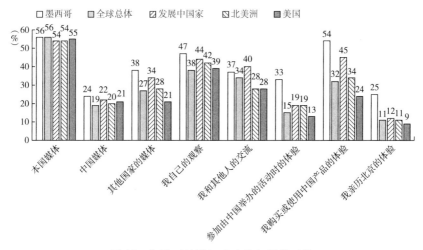

图 29　各国（地区）北京认知渠道对比

资料来源：笔者自制。

　　在媒介渠道方面，墨西哥受访者对北京的认知主要依赖网站（89%）、社交平台（68%）和电视（62%），并且对于网站和社交平台的依赖程度高于全球总体、发展中国家、北美洲和美国，另外，广播在墨西哥受访民众中是依赖程度最低的。总体来看，新媒体发展势头强劲（见图 30）。

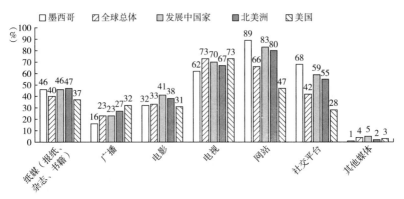

图30 各国（地区）的北京形象认知媒介对比

资料来源：笔者自制。

在直接信息渠道方面，墨西哥受访者对北京的认知主要源自"中国使馆举办的活动"（62%）、"文化年"（60%）以及"演出"（59%），与发展中国家保持一致，但与美国的状况有一定的出入，美国受访者对北京的认知主要源自"海外中国文化中心举办的活动"。而"海外中国文化中心举办的活动"、"孔子学院举办的活动"以及"产品销售活动"在墨西哥民众中的知名度亟须提升和扩大（见图31）。

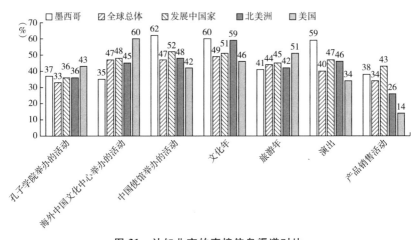

图31 认知北京的直接信息渠道对比

资料来源：笔者自制。

三　建议与对策

国际形象是国家整体形象的重要组成部分，它在国际关系中发挥重要的作用。提升中国的国际形象是中国和平发展的应有之义和必然要求。中国和平发展的过程，既是政治、经济、科技、军事、文化实力不断提升的过程，更是国际形象吸引力、亲和力、影响力不断增强的过程。中国作为一个负责任的社会主义大国，承担着维护世界和平、促进世界发展的责任。必须增强与世界各国进行良性沟通与理性沟通的能力，努力树立良好的国际形象。① 就本次调查报告的调查对象国墨西哥而言，墨西哥是拉美经济大国，也是中国发展中美洲关系的重要国家。2013 年国家主席习近平访问墨西哥，将中墨关系由"战略伙伴关系"提升为"全面战略伙伴关系"。习近平主席在 2014年指出，中墨同为发展中大国和重要新兴市场国家，都处在改革发展的关键阶段，面临相似的任务和挑战，两国互为历史最好发展机遇。由此，北京作为中国的首都、超级一线大都市和 2022 年冬奥会的举办地，其国际形象显得尤为重要。北京形象在墨西哥这个拥有古老又灿烂文化的国家，折射出了一个大国的首都侧影。然而，北京国际形象的提升任重道远。受中国公共广播体制和中国特色社会主义国情的影响，北京国际形象的完善与提升也必然会走上一条立足实践、自主探究的具有中国特色的探索之路。② 综观本次调查报告基于数据所呈现的特征，面向墨西哥的北京形象提升策略主要集中在以下几个方面。

一是传播者要加强和优化传播内容和传播布局，促进北京国际形象科学化推广和宣传。既然说是科学化就要有针对性，比如大型赛事的举

① 管文虎：《关于研究中国国际形象问题的几点思考》，《国际论坛》2007 年第 5 期。
② 刘燕南、谷征：《我国国际传播受众研究的现状与问题探讨》，《现代传播》（中国传媒大学学报）2012 年第 9 期。

办。此调查报告显示，在举办过的大型活动中，2008 年北京奥运会具备强劲的影响力，超过八成的墨西哥民众对 2008 年北京奥运会印象深刻。奥运会后，在京举办的大型活动的影响力减弱。由此我们可以看出举办奥运会能进一步促进中国奥林匹克运动的蓬勃发展，对提升中国的国际影响力、凝聚民族精神、推动经济的快速发展和助力体育强国建设有重大意义。① 即将于 2022 年在北京举办的冬奥会将进一步使中国成为世界关注的焦点，这对于提升国家的政治影响力，进而提升中国的国际形象尤其是北京的对外形象有重大意义。因此，我们要紧紧抓住共建"一带一路"和 2022 年在北京举办冬奥会的历史机遇，利用好多种网络资源和媒体平台，并且加大相关的广告投放和宣传力度，尽快布局宣传内容、优化宣传结构，创新传播形式，加强网络传播，特别强调移动化、社交化、可视化，把资源、技术、力量向移动端和社交平台倾斜，精心策划一批成系列、可延伸、专业化、高品质的对外传播栏目和产品。第一时间吸引墨西哥民众的注意力。

二是传播者要利用好以社交平台为主的多种媒体资源和移动互联网，加强北京形象的对外宣传和推广。随着新媒体技术的更迭，主流媒体改革经历了从媒介融合到移动优先的不断发展，其传播策略也在发生着改变。特别是社交平台的出现，对主流媒体的信息分发形成了巨大的挑战。如今，越来越多的西方民众通过包括社交平台在内的多种渠道了解中国，他们比记者更深入地感受着中国社会的方方面面，能得到更多的感性认识。在此次调查报告中，墨西哥民众对北京的认知主要依赖网站和社交平台，印证了新媒体发展势头强劲，社交平台逐渐成为国际媒体报道中国的主要信息来源。国内社交平台舆论也成为国际社会了解中国的一个重要阵地。仅仅依靠政府的力量去影响外国媒体和公众的看法是完全不可能的。加强顶层设计，建设大外宣格

---

① 姚颂平、刘志民、肖锋：《国际体育大赛与国际化大城市发展之关系》，《上海体育学院学报》2004 年第 5 期。

局，重点在于提高全体公民的公共外交意识。然而，国内民众并没有树立人人都是新公共外交实践者的意识。国内主流媒体和各级政府部门需加强在社交平台上的舆论引导力，利用包括社交平台在内的各种渠道快速发声，政府和主流媒体要起到疏导舆论的作用，积极掌握话语主动权。另外，我国应该加强培养广大网民的公共外交意识，对外传播不仅是官方机构和媒体的责任，随着改革开放的持续深入，越来越多的个人和企业走出国门，将官方、媒体、学者、企业、普通公众等各方力量拧成一股绳，形成最大合力，充分发挥不同主体的作用，进而形成全方位、多元化、立体式的对外传播体系。每个人都是对外交流与宣传的文明使者，都应该讲好中国故事，传播中国优秀传统文化，为国家国际形象的宣传和推广做出积极的贡献。另外值得注意的是，不同国家、不同群体对中国看法不尽相同，对有关中国信息的需要也不尽一致。讲好中国故事，需要更加精准的对外传播。讲好中国故事，要深入研究不同受众的思维习惯和信息需求，深层次细分外国受众，有的放矢。总体而言就是要注重加强总体规划、深层次挖掘与多方位开发、发挥社会力量的作用，重视新媒体传播渠道。

三是要加强对墨西哥北京政治形象的指向宣传。此次调查报告显示，美国和墨西哥更大程度上是将北京作为一个旅游目的地，而不是国际交往中心。这说明墨西哥民众对北京的政治印象存在一定认知偏差，北京不能也不应当只是美洲受众的旅游目的地，大国风范的首都职能形象也需要传递，因此亟须改善墨西哥民众对北京的政治印象。除了官方媒体，非官方媒体也应该积极发展起来，加大外宣格局建设，充分发挥不同主体的作用，通过影视剧、短视频和手机应用软件等先打开市场，再进一步根据实际特点深入挖掘和开发红色中国栏目和产品，提升北京对外的政治形象。2019 年是中华人民共和国成立 70 周年，在国庆节举行了盛大的阅兵仪式和庆祝典礼，这一举世瞩目的重大活动对北京的政治形象有了相当大的提升。除了重大的政治活动，一般大型的国际活动、会议作为主场外交的依托点，有待进一步提高该类活动的知名度。当前，我们要以促进经济发展、保障公民权益、反对腐败行为、提高政府公信力和执行力、增进社会和谐为重点，扩大民主、健全法治，继续推进政治体制改革。

本次调研由于时间、经费、人力和技术成本在研究设计和研究方法等方面可能还存在一些不足之处，数据分析与处理也有待进一步优化和更新，对策方面也应该更加具体与精确。但是，从宏观角度来看，依据目前该学术领域的研究现状，此调研报告有很大的价值。北京国际形象的提升任重道远，我们必须立足中国特色社会主义的伟大实践，继续秉持"发展是第一要义"的坚定信念，不断开拓新的征程，为北京国际形象的提升添砖加瓦。

参考文献：

丁波文：《城市化中的三要素：就业、住房、环境——从墨西哥城的城市化经验看北京城市管理》，《荆楚理工学院学报》2011年第11期。

管文虎：《关于研究中国国际形象问题的几点思考》，《国际论坛》2007年第5期。

刘燕南、谷征：《我国国际传播受众研究的现状与问题探讨》，《现代传播》（中国传媒大学学报）2012年第9期。

〔墨西哥〕威克托·嘎扎：《奥运（好运）北京——一个墨西哥摄影家的旅中散记》，吴登富译，《照相机》2001年第10期。

姚颂平、刘志民、肖锋：《国际体育大赛与国际化大城市发展之关系》，《上海体育学院学报》2004年第5期。

张莉、南普随：《北京奥运会后的中国国际形象分析》，《国际关系学院学报》2009年第1期。

第七节 巴西人眼中的北京形象①

一 研究背景

巴西联邦共和国 (República Federativa do Brasil)，简称巴西，是南美洲面积最大，人口最多的国家。公元 1500 年，葡萄牙航海家佩德罗·卡布拉尔 (Pedro Cabral) 抵达巴西。在之后的 300 多年里，这片南美洲的肥沃土地一直都处在葡萄牙王室的殖民统治之下，巴西也成为整个南美洲唯一把葡萄牙语作为官方语言的国家。除了"桑巴之国""足球王国""未来之国"等标签以外，巴西还是名副其实的"民族大熔炉"。殖民时期，巴西接纳了大量葡萄牙人，非洲黑人奴隶还有到巴西寻找机会的欧洲商人。19 世纪末兴起的奴隶解放运动造成了巴西劳动力短缺，加上种植园和工业生产需要大量技工，巴西开始吸引来自德国、意大利、日本和东南亚国家的移民来弥补劳动力缺口。根据巴西国家地理与统计局 2010 年的调查，巴西 1.9 亿总人口中超过一半是黑人或黑白混血。②

葡萄牙驻巴西前大使马塞洛·马蒂亚斯 (Marcello Mathias) 在他的回忆录中曾写道："在巴西没有什么值得大惊小怪的事——因为它本身就是一个让人难以理解的现象，一个存在所有可能的地方。淳朴的民风与残忍的暴力共生，富饶的土地里孕育着悲惨的灾难。巴西人，不管贫穷还是富有，对自己所处的社会都只有个懵懵懂懂的概念……葡萄牙的资产阶级温良恭俭让，而巴西的资产阶级却大大不同，他们浓妆艳抹，披

---

① 本报告由田欣通撰写。
② Instituto Brasileiro de Estatística e Geografia. 2014a. Tabela 2094：População residente por cor，raça ou religião http：//web. archive. org/web/20170417155839/https：//sidra. ibge. gov. br/Tabela/2094.

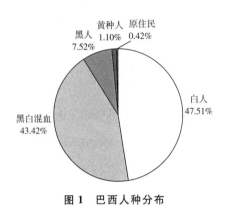

图 1　巴西人种分布

资料来源：笔者自制。

红挂绿，招摇过市。"① 虽然作者在回忆巴西时的语言轻松戏谑，但背后深刻折射出了"民族大熔炉"表象下文化多样性带来的矛盾：携带欧洲殖民者基因的巴西潜意识里对欧洲城市和西方文明有天然的亲近感；同时，作为一个地处南美洲的多民族移民国家，巴西在独立之后的100 年里一直努力通过"本土化"树立自己的文化根基，对其他发展中国家和非西方文明抱有好感和好奇心，近年来更是积极以"区域大国"的身份参与国际合作和国际治理。②

　　这种矛盾心理间接地体现在巴西外交政策的反复性和曲折性上，巴西的外交政策取向徘徊在以美国为代表的发达国家和以中国为代表的发展中国家之间。③ 直到 1974 年，两国在中美关系缓和的大背景下才建立了正式的外交关系。建交之后的 20 年里，中国和巴西之间的沟通交往一直不温不火，少有高层互访。直到卢拉·达席尔瓦（Lula da Silva）政府上台之后，中巴关系开始迅速升温，重点在联合国、金砖国家、南

---

① Mathias Marcello. 2010. Os Dias e os Anos. Alfragide, Amadora：Dom Quixote.

② 吴志华：《巴西的"大国外交"战略》，《拉丁美洲研究》2005 年第 4 期。

③ L. Ramos, J. Vadell, A. Saggioro, M. Fernandes, "A Governança econômica global e os desafios do G-20 pós-crise financeira：análise das posições de Estados Unidos, China, Alemanha e Brasil," *Revista Brasileira de Política Internacional* （2012）55：10-27.

南合作、G20 等框架下深化政治经济合作。然而前总统迪尔玛·罗塞夫（Dilma·Jousseff）在 2014 年被弹劾下台将巴西政局和经济社会发展带入了动荡时期。2019 年代表右翼势力的雅伊尔·博尔索纳罗（Jair Bolsonaro）的上台给两国关系发展带来了变数。民间交往方面，北京和里约热内卢在 1986 年建立了友好城市关系，常态化地在对方城市举办文化和旅游交流活动。虽然每年都有更多的巴西游客造访以北京为代表的中国城市，但是马瑞娜指出，巴西民众对中国的印象是表面的、不准确的，甚至有时是自相矛盾的。巴西人对中国的发展既羡慕又怀疑，对两国关系既给予积极的评价，又表达了担忧和警惕。①

正是这种介于"南方世界"（Global South）和"北方世界"（Global North）之间的国家定位以及看待中国时的矛盾心理使得巴西成为本次北京全球形象调查中具有代表性的重要研究对象。一方面，针对巴西的研究尚属少数。笔者在中国知网（CNKI）上进行关键词检索，大部分学术文章聚焦于中巴两国的外交关系、经贸合作和基础设施建设。有关中国在巴形象的研究仅有 3 篇学位论文，并且都止步于探讨中国整体印象，尚无具体到北京的个案分析。另一方面，中国和巴西是分属于东西半球的重要新兴市场国家，民间交往是两国关系的重要组成部分。"首善之都"的特殊地位决定了北京在巴西民众中的口碑会很大程度上影响其对中国的整体印象。马克尔思（Mackerras）曾指出，形象从来都不是一个客观独立的事物。某个文化背景下的个人或群体对另一个个人或群体的反映（形象）是主观的、波动的，或正确、或错误的。② 我们力图通过问卷调查来探索巴西民众感受到的北京形象，这种印象是如何形成的，是什么因素促使形成这样的印象，进而获悉如何完善传播策略来增强北京在国际上的普遍影响力，打造交往活跃、服务完善的国际形象。

---

① 马瑞娜：《巴西国内的中国形象》，博士学位论文，复旦大学新闻学院，2014。
② C. Mackerras, *Western Image of China*（New York：Oxford University Press, 1989）.

二　调研结果与分析

（一）样本统计特征

本次问卷调查按照概率抽样的方式在巴西发放葡萄牙语版调查问卷 500 份，回收问卷 500 份，问卷有效率为 100%。除巴西外，南美洲阿根廷同样贡献了 500 份调查数据用以进行比较研究。

本次调查中，巴西受访者的男女性别比例为 49∶50，男女受访者近乎各占一半。从年龄分布来看，受访者分布于 18～65 岁。其中青年群体（18～35 岁）占 45%，青壮年群体（36～50 岁）占 40%，老年群体（51～65 岁）占 14%。巴西国家地理与统计局在 2010 年所做的人口普查显示，18 岁以下的青少年和 65 岁以上的老年人在总人口中的比例不到 1/5，19～65 岁的人口是巴西的中流砥柱。[①] 这部分巴西民众人生中的大部分时间与中国改革开放，北京走向世界的时间进程重叠，因而他们通过更加多元的渠道来获取与北京相关的信息，对北京的了解更加

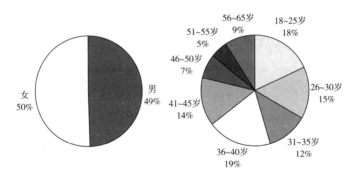

图 2　受访者性别比及年龄分布

资料来源：笔者自制。

---

① Instituto Brasileiro de Estatística e Geografia. 2014b. Distribuição da população por sexo，segundo os grupos de idade. https：//censo2010. ibge. gov. br/sinopse/webservice/default. php？cod1 = 0&cod2 = &cod3 = 0&frm = pirâmide.

充分。样本年龄集中于 18~50 岁能确保调查结果的信度，客观准确地反映巴西主要群体对北京的印象。

收入方面，巴西属于较为富裕的发展中国家。近 90% 的巴西受访者的家庭每年有 5000~29900 美元的收入。巴西的邻居阿根廷，却有近一半的受访者家庭年收入不足 3000 美元。从全球总体来看，巴西受访者之间贫富差距较小，少有家庭年收入突破 30000 美元或低于 3000 美元。虽然巴西算是南美洲内的区域经济大国，但巴西的总体收入水平与发达国家相比仍有较大差距，再加上高收入群体的缺失，使得巴西和中国一样仍处在发展中国家的阶段。

表 1　受访者家庭收入水平对比

单位：%

美元计家庭年收入	全球总体	发达国家	发展中国家	巴西	阿根廷
少于 3k	7	0	13	0	46
3k~4.9k	8	0	16	10	29
5k~9.9k	15	2	28	30	9
10k~19.9k	16	12	19	29	5
20k~29.9k	16	15	17	28	0
30k~49.9k	14	26	2	0	0
50k~69.9k	13	26	0	0	0
70k+	8	16	0	0	0
拒答	5	4	6	3	11

资料来源：笔者自制。

文化教育方面，巴西的基础教育扎实，中等教育和高等教育相对薄弱。虽然所有的巴西受访者均接受过学制八年的基础教育，但是有 9% 的受访者止步于初中校园而未再接受更高水平的教育。这一数字远高于发展中国家的 4% 以及同属南美洲的阿根廷的 3%。另外，完成基础教育之后，有高达 33% 的巴西受访者选择接受实用性强的职业教育而非进入普通高中修读社会学科和自然学科的基础知识。调查显示，阿根廷受访者在调查中也表现出同样的对职业教育的偏爱（41%）。考虑到一部分学生会在职教结束后分流到就业市场，职业教育的火爆也在一定程度上解释了为什么两个南美洲国家的本科教育普及度远低于其他发展中国家和全球总体水平，这也不可避免地限制了巴西普通民众的认知水平。

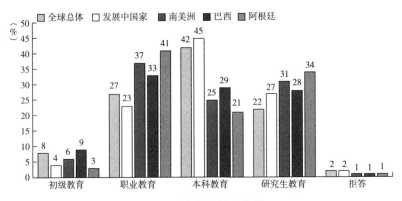

图3 受访者的教育背景

资料来源：笔者自制。

（二）北京整体印象

参与本次调查的500名巴西受访者均对北京有所了解。有21%的巴西受访者来过北京，高于全球总体水平（20%），远远超过阿根廷（11%）。巴西受访者比其他发展中国家民众表现出更强烈的想要去实地探访北京的热情，这一方面是因为巴西受访者接受过相对良好的教育，收入也比较高。充实的大脑和饱满的钱包为巴西民众前往北京的长途旅行提供了精神动力和物质保障。

另一方面，中巴两国高层交往频繁，政治友好，经贸合作广泛是巴西民众组团来京访问的大背景。从表2可以看出，旅游和商务是他们来京的最主要事由。有15%的巴西受访者2013～2019年来过中国，略高于全球总体和其他发展中国家平均水平，超过阿根廷8个百分点。北京的国际影响力在2008年奥运会成功举办之后实现了质的飞跃，迈上了

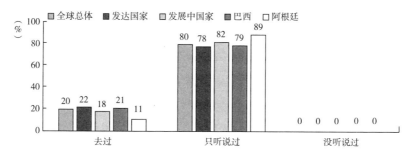

图 4　受访者对北京的认知和来访

资料来源：笔者自制。

一个新的台阶。全球受访者中有 17% 是在 2008 年北京奥运会之后的三年里来北京的，这一数字超过了过去 30 年的总和。除了奥运会因素，中国在 2009 年取代美国成为巴西第一大贸易伙伴自然也催生了许多巴西人前往中国经商和学习。值得注意的是，以来华工作为目的的巴西人远低于全球总体水平，也远少于阿根廷，仅占 6%。但是却有 22% 的巴西人以探亲访友为目的前来北京。这可能是巴西人家庭观念较强，家庭组织紧密，因此远在巴西的家人有更大的意愿远渡重洋到中国看望在京学习和工作的家人。在华长居的巴西人以及他们的家人也是巴西民众了解北京的窗口，成为北京国际形象传播的重要载体。

表 2　受访者到北京的事由和时间

单位：%

	全球总体	发展中国家	巴西	阿根廷
事由（Base＝对应国家去过北京的受访者）				
旅游	77	72	79	58
商务	32	41	32	34
学术活动	13	13	16	8
留学	11	11	11	4
外交活动	7	6	9	4

续表

	全球总体	发展中国家	巴西	阿根廷
来华工作	14	21	6	17
探亲访友	14	15	22	9
其他	0	1	1	0
时间（Base＝对应国家全部受访者）				
2013～2019	14	14	15	7
2009～2012	3	3	4	3
2002～2008	2	1	1	1
1993～2001	1	0	0	1
1978～1992	0	0	0	0
1978年之前	0	0	0	0
记不清了	0	0	0	0

资料来源：笔者自制。

　　将中国城市进行横向对比，可以发现京沪两地承接了绝大部分来华巴西人，而且北京比上海更受他们的青睐。与这两地相比，巴西民众对于天津、重庆、广州、深圳四个一线城市的认知程度较差，有30%～40%的受访者表示从没听说过这些地方。图5更加直观地说明巴西民众对中国的认识尚不深入。即便是像北京和上海这样的世界级特大城市，认为自己了解这两座城市的巴西受访者占50%左右。结合表2可以推测，巴西民众对北京的认识还停留在认识一些传统旅游景点和文化活动的粗浅程度。北京亟待创新宣传内容和宣传方式，强化宣传信息的"穿透力"和"持久力"，打造更加深入人心的北京形象。

表3　受访者对中国城市的认知和来访

单位：%

城市认知度	北京	上海	天津	重庆	广州	深圳
去过	21	16	8	6	7	6
只听说过	79	80	62	54	60	64
没听说过	0	4	30	40	33	30

资料来源：笔者自制。

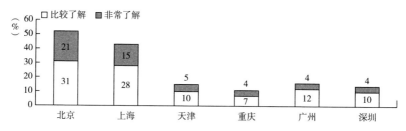

图 5　巴西受访者对中国部分城市了解程度

资料来源：笔者自制。

　　巴西和中国隔"洋"相望，地理距离较远，巴西民众主要搭乘飞机前往中国。然而目前两国间尚无直飞航线，旅行者通常会选择在欧洲或者阿联酋迪拜等中转地转机，整个旅程需要 20～30 个小时。但是舟车劳顿并没有磨灭巴西民众来京的热情。从图 6 和图 7 可以看出，在 107 位曾经到访过北京的巴西受访者中，有超过一半的人会再次来到北京故地重游，远超过同属南美洲的阿根廷。停留时间方面，巴西受访者多选择在京停留一周到一个月，而阿根廷民众大多只停留不到一周。这一方面说明巴西民众珍惜来华访问的机会，有更大的意愿去深入体验北京。另一方面也体现了作为旅游目的地的北京"黏度"较高，有能力凭借独特的文化吸引来自巴西的"回头客"故地重游。

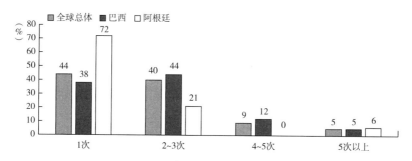

图 6　受访者访问北京次数对比

资料来源：笔者自制。

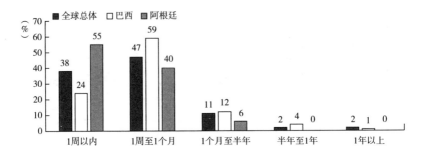

图7 受访者在北京停留时间对比

资料来源：笔者自制。

城市总体印象和国际影响力两项问题中，巴西受访者分别给北京打分8.2分（满分10分）和2.8分（满分5分），从数值上来看两项得分均属于中等偏高水平。而城市形象一项巴西的总体打分大幅高于全球总体（7.0分）和发展中国家平均得分（7.9分），说明北京在巴深耕"软实力"效果明显。此外，巴西受访者对北京的国际影响力评价较好。为了便于数据展示，笔者将国际影响力评分由五分制换算成十分制，发现北京在巴影响力略高于全球总体（5.5分）和在阿根廷得分（5.3分）。同其他国家横向对比来看，北京的国际影响力虽然跟发达国家主要城市相比仍有较大差距，但同其他发展中国家相比有较大优势。

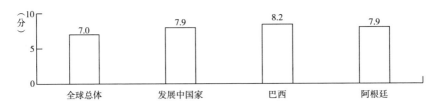

图8 受访者对北京城市形象打分

资料来源：笔者自制。

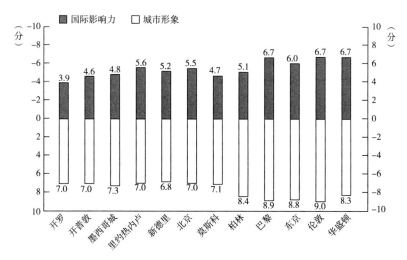

图 9 巴西受访者对全球城市的形象和国际影响力打分

资料来源：笔者自制。

（三）北京印象与市民形象

调查发现，巴西受访者对近几年北京的城市变化持积极乐观态度，绝大多数（99%）认为北京在近几年经历了大跨步的前进，自己对北京的印象明显变好。在巴西，最深入人心的三个北京城市印象分别是"科技创新"、"经济发达"和"文化深厚"。巴西受访者普遍认为北京在"开放包容"和"和谐宜居"两方面的表现不佳。虽然北京是一座有近 3000 年历史的古都，新中国成立后作为首都也在国内拥有重大政治影响力，但从调查显示，巴西民众对北京"政治中心"和"历史悠久"两种形象并没有特别深刻的感触。从全球总体来看，发展中国家受访者相对于发达国家受访者普遍对北京印象更好。虽然巴西民众和邻国阿根廷民众对北京城市印象基本持平，但是低于发展中国家平均水平（见表 4）。由此可见，北京在巴西民众中的国际形象有待进一步提升，尤其是在优化对外服务质量和美化生活环境两方面有很大的提升空间。此外，北京应发挥自身的历史特点和资源优势，广泛传播其作为千年古都和当代中国政治中心的形象，让文化多元、古今融合、经济发达成为北京的新标签。

表4　北京城市整体印象对比

单位：%

非常同意/比较同意	全球总体	发展中国家	发达国家	巴西	阿根廷
开放包容	49	59	38	53	46
科技创新	76	86	66	88	84
历史悠久	78	81	75	82	84
文化深厚	80	85	76	87	86
现代时尚	67	80	55	83	79
政治中心	65	66	65	66	62
和谐宜居	57	71	43	79	55
经济发达	80	86	73	87	85

资料来源：笔者自制。

在北京市民印象调查中也出现了同样的规律，即发达国家受访者对北京市民的评价相较于发展中国家的受访者更低，有些项给分甚至相差20多个百分点。整体来看，全球受访者普遍认为首都市民在爱护生态环境、热情包容和诚实守信三方面表现不尽如人意，但也承认北京市民勤劳敬业、遵纪守法、有大局观念和集体意识。值得注意的是，和邻国阿根廷相比，巴西对北京市民的整体印象更加正面，除勤劳敬业、遵纪守法外，巴西民众在其他维度上均给予北京更积极的评价。

表5　受访者的北京市民印象

单位：%

正面/积极评价	全球总体	发达国家	发展中国家	巴西	阿根廷
勤劳敬业	66	54	77	70	85
遵纪守法	60	49	72	65	75
国家至上	58	55	61	68	43
公共场所举止文明	58	47	68	75	69
积极向上	57	46	68	73	62

续表

正面/积极评价	全球总体	发达国家	发展中国家	巴西	阿根廷
开拓创新	54	41	68	65	65
诚实守信	50	38	61	71	59
热情包容	46	35	58	55	40
爱护生态环境	35	21	49	55	34

资料来源：笔者自制。

（四）政治中心形象

1. 政府形象

本次调查通过测量五个维度来客观立体地展现北京市政府在巴西民众心中的形象，这五个维度分别是治理能力高效、廉政建设、负责任的政府、创新型政府和法治政府。调查后我们发现北京市政府是巴西民众心中典型的"好政府"，五个评价维度下均有超过60%的受访者对北京市政府的治理能力评分4分及以上（满分5分）。最受巴西民众认可的是北京市政府的负责任形象，即为治下人民的安居乐业、幸福安康服务，并勇于承担相应的道德责任、政治责任和法律责任。除此之外，有67%的巴西受访者认可北京市政府的"廉政建设""法治政府"。无论是廉政建设还是法治政府，这两个问题全都归结于权力监督问题，属于国家政治体制的概念范畴。由此可以推断，巴西相比于阿根廷在政治上对华更加友善，更愿意尊重中国自主选择的政治体制和发展道路，这也同巴西自身寻求灵活自主的外交政策和区域大国地位的策略一脉相承。

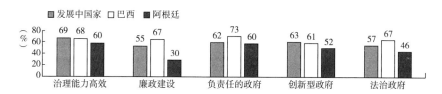

图10　北京市政府形象得分对比

资料来源：笔者自制。

2. 城市发展理念

发展理念方面，巴西受访者最为认同的是"科技北京"和"智慧城市"两项，即推进城市建设的智能化和现代化。有 42% 的巴西受访者支持北京建设"宜居城市"，以回应北京市民对绿色生活环境和温馨居住环境的需求。考虑前文提到的北京城市形象调查结果，可以推断居住的舒适度是北京发展的"短板"和"软肋"，也是未来发展的主要着力点。这一问题的解决将直击北京市民和外国旅客的痛点，有效提高北京的城市国际形象和国际影响力。

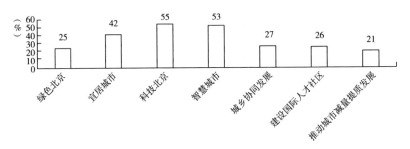

图 11　巴西受访者对北京发展理念认同度

资料来源：笔者自制。

（五）国际交往中心形象

巴西民众普遍认可北京的国际交往中心形象。调查结果显示，巴西受访者给北京国际化程度打 8.2 分（满分 10 分），高于全球总体，也高于阿根廷的 8.0 分。有 85% 的巴西受访者给北京打分 7 分及以上，还有 25% 的巴西受访者给出了满分 10 分。另外，此项调查结果的标准差仅为 1.72，说明巴西民众对北京的国际化程度有较为统一的意见。

在京举办的大型国际活动中，2008 年北京奥运会的影响力最为突出，好评如潮。十多年之后，全球有 70% 的受访者仍津津乐道 2008 年北京奥运会。巴西民众对于在京召开的国际组织会议以及领导人峰会并不感兴趣，反而对与文化体育相关的大型国际活动关注度更高。值得注

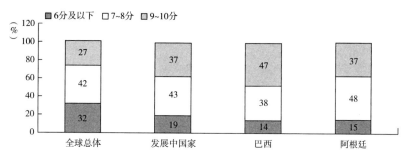

图 12　受访者对北京国际化形象打分对比

资料来源：笔者自制。

意的是，巴西作为"金砖国家"和"一带一路"倡议的重要合作伙伴，却对中非合作论坛北京峰会和"一带一路"国际合作高峰论坛知之甚少。而且对这两场峰会评价不高，仅为 4.5 分和 4.4 分（满分 5 分），与其他活动评价相比排名倒数。这一方面说明目前中巴政治和经济合作的涉及面主要集中在高层领域，普通民众虽然能"润物细无声"地感受到这其中带来的实惠，但难以以直接参与者的身份涉及其中。而且西方传统媒体在巴把持着较大的影响力和广泛的受众群体，因而普通巴西民众不可避免地受到有关中国的负面宣传报道的影响，对中国提出的发展议题抱有怀疑态度。另一方面，巴西人民热情、活泼、奔放，内容轻松的"软新闻"自然要比枯燥无味的政经消息更能吸引他们的眼球。北京作为活动的主办地，除了要争取更多举办国际文体赛事的机会外，还应该充分利用来之不易的机遇，打造亲民且具有鲜明特色的国际形象，搭载国际活动的顺风车，让自己的形象走进世界各国的千家万户。

表 6　了解在京国际活动的受访者的比例

单位：%

大型活动	全球总体	发达国家	发展中国家	巴西	阿根廷
中非合作论坛北京峰会	16	11	21	13	11
"一带一路"国际合作高峰论坛	17	15	18	15	6

续表

大型活动	全球总体	发达国家	发展中国家	巴西	阿根廷
亚洲文明对话大会	12	9	15	19	6
北京世界园艺博览会	14	12	16	23	11
2008 年北京奥运会	70	64	76	78	84
北京国际马拉松	23	19	27	38	23
北京国际电影节	26	19	34	33	29
北京国际图书博览会	16	9	23	22	14

资料来源：笔者自制。

表 7　受访者对在京举办的国际活动的评分

单位：分

大型活动	全球总体	发达国家	发展中国家	巴西	阿根廷
中非合作论坛北京峰会	4.1	3.8	4.2	4.5	4.0
"一带一路"国际合作高峰论坛	3.9	3.5	4.2	4.4	4.0
亚洲文明对话大会	4.1	3.9	4.2	4.6	4.0
北京世界园艺博览会	4.2	4.0	4.4	4.7	4.2
2008 年北京奥运会	4.2	3.8	4.5	4.7	4.6
北京国际马拉松	4.1	3.8	4.3	4.6	4.3
北京国家电影节	4.2	3.8	4.3	4.6	4.3
北京国际图书博览会	4.2	4.0	4.4	4.5	4.5

资料来源：笔者自制。

　　不同于阿根廷民众，巴西民众更加看重建立在城市管理、政府服务、居民素质和文化资源上的"软实力"，并据此判断该城市的国际化程度。有一半的巴西受访者认为清晰规范的外语标识以及对异国人士包容开放的态度最能体现北京的国际风范。同时，他们也对北京公正规范的涉外管理政策和举办大型国际文艺活动和体育赛事的经历赞赏有加。

　　关于如何提升北京国际交往中心形象，有 54% 的巴西受访者认为北京市民的热情友善将会是北京最好的名片，提升居民的综合素质也是北京走向国际舞台的最根本、最有效的措施。此外，巴西人的饮食习惯受地域影响很大，而且不同种族、不同宗教信仰的巴西民众的口味也大不相同。有50%的受访者期待北京餐饮行业提升服务质量，为赴京巴西人提供更加安全、多样、便捷的饮食和饮食环境。相比于阿根廷和其他发展中国家，旅游体验并非巴西民众评价北京的首要因素，说明巴西民众不只把北京当作一个旅游目的地，而是用相对成熟的眼光把北京真正视作亚洲重要的国际交往舞台。正因如此，巴西民众对北京的服务提出了更高层次的要求。

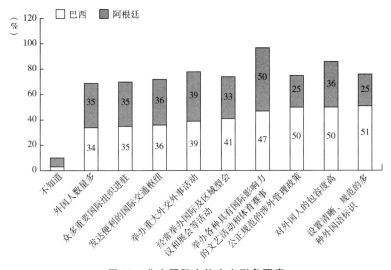

图13　北京国际交往中心形象要素

资料来源：笔者自制。

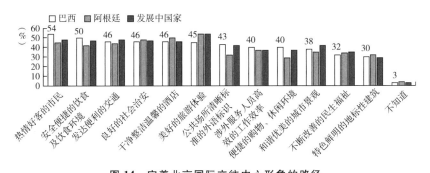

图14　完善北京国际交往中心形象的路径

资料来源：笔者自制。

（六）文化中心形象

以故宫、天坛、长城、颐和园为代表的名胜古迹是包括巴西受访者在内的全球受访者公认的最能代表北京的文化符号。其次是著名饮食（42%）、传统服装（39%）、现代建筑（43%）和文艺演出（33%）。然而，以798艺术区为代表的艺术区域（23%）和以三里屯为代表的特色文化街区（25%）两个维度得分偏低，有待进一步推广和宣传。

整体来看，巴西受访者偏好"看得见、摸得着"的具象文化符号，突出沉浸式体验。巴西民众注重饮食的特点也延续到了他们对文化的理解上。有近一半的巴西受访者认为烤鸭、炸酱面等北京小吃是北京文化不可或缺的一部分。很明显，巴西人相比于他们的邻居阿根廷（29%）更容易被美食俘获，更有可能"因一味爱一城"。

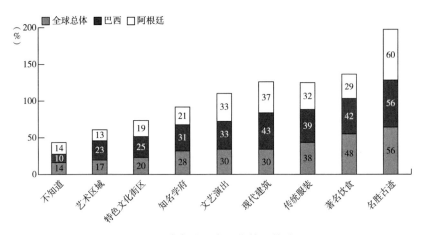

图15 受访者对北京文化符号的认知

资料来源：笔者自制。

聚焦到北京各城区的文化地标，我们发现长城是巴西乃至全球受访者公认的最值得一去的打卡地，在所有景点中推荐度排名第一。故宫和天坛也分别获得了50%和48%巴西受访者的青睐。从地理上看，巴西民众在北京的活动范围主要集中在东城、西城、朝阳、海淀四个核心城区。

在强化北京文化中心建设方面（见图17），巴西受访者给出的建议和全球总体情况大同小异。超过一半的巴西受访者建议加强文化遗产的保护（51%），位列其后的是推广饮食文化（43%）和组织丰富的文艺演出（38%）。

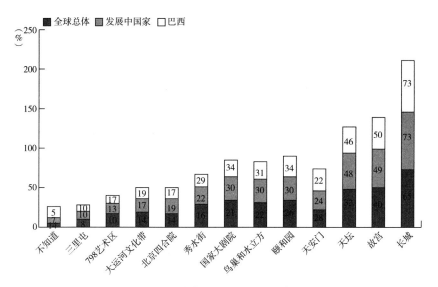

图 16　受访者对北京文化地标推荐

资料来源：笔者自制。

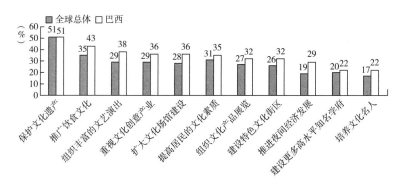

图 17　北京文化中心形象提升路径对比

资料来源：笔者自制。

（七）科技创新中心形象

在科技创新中心建设方面，有84%的巴西受访者给北京打分8分及以上（满分10分），整体平均分为8.8分，高于发展中国家的总体得分（8.5分），更好于发达国家受访者的评价（7.1分）（见图18）。

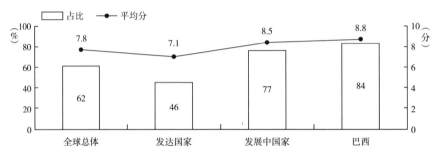

图18 受访者对北京科技创新能力评价

资料来源：笔者自制。

调查显示，相比于发达国家和其他发展中国家，巴西民众对中国科技发展的现状有更深入的了解和积极的反馈。回答"不清楚"的巴西受访者仅占4%，远低于发达国家受访者的21%。有59%的巴西民众认为，有能力孵化和培育数量众多的科技创新企业，以及将科技创新成果应用到公共生活两方面最能反映北京的科技创新能力（见图19）。从宏观来看，包括互联网、交通营运系统（机场、高铁、地铁）、科研机构和高等院校在内的一套完善的、融合线上线下的科研基础设施支撑系统赢得了巴西民众的普遍认可。

（八）和谐宜居之都形象

巴西受访者对北京的和谐宜居程度打分8.0分（满分10分），并有65%的受访者打分在8分以上。从整体来看，全球受访者对这一维度的北京形象平均评分7.0分，评价良好，其中发展中国家平均分7.8分，高于发达国家的6.1分（见图20）。虽然和其他对照组相比，巴西对北京的居住和工作环境评价更为满意，但是从横向对比来看，"和谐宜

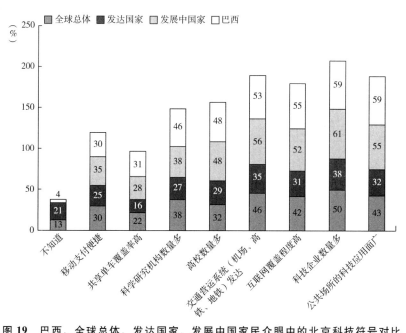

图 19　巴西、全球总体、发达国家、发展中国家民众眼中的北京科技符号对比
资料来源：笔者自制。

居"一项的得分是五种形象中得分最低的一项，自然和城市环境的改善也是北京国际形象建构的重中之重。因此，擦亮北京山清水秀、人与自然和谐共处的金字招牌就是牵住了未来国际形象推广传播工作的"牛鼻子"。

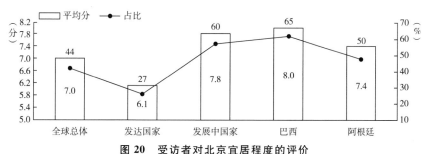

图 20　受访者对北京宜居程度的评价
资料来源：笔者自制。

从图 21 的调查结果可以看出，巴西民众认为"经济发展水平较高"（62%）是体现北京和谐宜居的首要因素，其次是"文明程度很高"（56%）和"充满机遇"（47%）。巴西受访者反馈的情况与发展中国家的总体状况基本一致，即更加重视城市能否为普通民众提供有利于个人发展的机会和资源。与之相比，发达国家的受访者则更加看重生活的便捷度以及环境的舒适度。

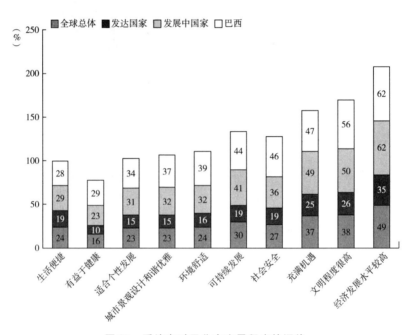

图 21　受访者对于北京宜居程度的评价

资料来源：笔者自制。

巴西受访者对于自己的来京经历满意度相对较高，领先于阿根廷和其他发展中国家，平均给分 4.7 分（满分 5 分）。在巴西受访者中，有 15% 的人给自己的北京经历打分为 4.7 分，亦处于全球领先水平（见图 22）。关于如何提升北京和谐宜居形象，巴西受访者给出的反馈内容非常突出，主要集中在治理空气污染和提升涉外服务人员的英语水平上。

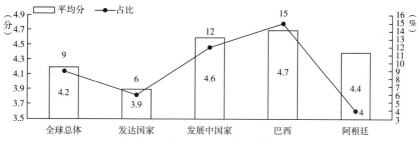

图 22　受访者对北京经历的满意度

资料来源：笔者自制。

（九）北京媒体报道量及受众认知渠道

调查显示，巴西受访者相比于其他国家的民众对北京的国际形象有更加独立客观的判断。从全球总体来看，无论是发达国家还是发展中国家的受访者，他们了解中国和北京的首要渠道是本国媒体，其次是自己的观察。然而巴西民众对本国媒体的报道持相对谨慎的态度，仅有 28% 的巴西受访者是通过本国媒体来了解北京，更多的是通过眼见为实的观察（59%）、购买或使用中国产品的体验（58%）和同他人交流（38%）（见图 23）。需要注意的是，其他发展中国家的受访者较少接触中国媒体，更多依靠本国媒体和第三国媒体。但在巴西，这三种媒体的比重不相上下。这进一步印证了巴西民众了解北京的信息渠道更加立体多样，中国媒体在巴也拥有较大的市场份额和影响力。

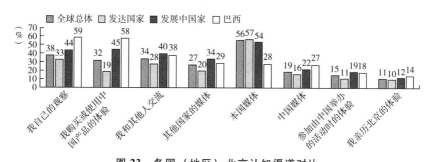

图 23　各国（地区）北京认知渠道对比

资料来源：笔者自制。

从全球总体情况来看，电视（73%）、网站（66%）、社交平台（42%）和纸媒（报纸、杂志、书籍）（40%）是受访者了解北京的四大渠道，其中依托互联网技术的网站和社交平台同以电视、纸媒（报纸、杂志、书籍）为代表的传统媒体呈分庭抗礼之势（见图24）。在巴西受访者中，更分别有90%和50%通过网站和社交平台认识北京。这显示出新媒体在信息化和全球化趋势的推动下正逐渐颠覆原有的传媒格局，预计其将成为未来北京信息传播和形象宣传的主战场。

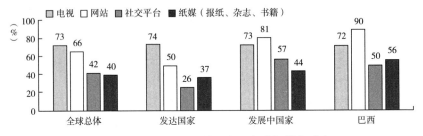

图 24　各国（地区）的北京形象认知媒介对比

资料来源：笔者自制。

研究发现，共有297名巴西受访者选择以自我观察为主要信息获取渠道，他们的重点观察对象是中国学者和学生（59%）、中国游客（58%）和中国企业人员（50%）。换句话说，巴西民众能接触到的中国人仍然十分有限，集中于往来中巴两国，从事旅游、经贸和学习研究的人士。另外，无论是中国驻巴西大使馆举办的官方活动，还是文化年、旅游年、演出和产品销售活动都得到了巴西受访者的一致好评，成为巴西民众了解中国、认识北京的重要窗口。得益于信息获取渠道的多样化和自由化，巴西受访者针对北京国际媒体报道量平均评分3.9分（满分5分），其中有71%的受访者认为北京的国际媒体报道量比较充分（3.9分及以上），不仅高于全球总体水平，更是明显好于邻国阿根廷在这一维度的评价，见图25。

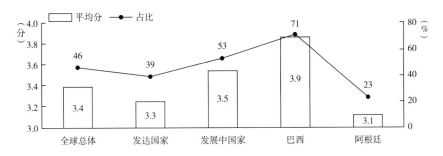

图 25　受访者对北京国际媒体报道量的评价

资料来源：笔者自制。

三　建议与对策

在新时代背景下，如何通过有效的传播让世界了解北京，让北京"政治中心、文化中心、国际交往中心、科技创新中心、和谐宜居之都"的形象走向世界，是北京综合能力建设的一个重要课题。良好的国际形象不仅是北京发展战略的重要组成部分，也是其"软实力"的突出体现，直接关系到外国人士是否愿意到北京来工作、经商、学习和旅游，进而间接影响城市未来的国际合作和发展空间。正如开篇指出的，巴西是一个正在崛起的地区性大国，在南美洲具有重要的战略地位，应被视作北京向南美洲地区乃至整个发展中国家投射影响力的关键支点。另外，巴西"民族大熔炉"的民族结构，介于发达国家和发展中国家的经济地位，以及欧洲化与本土化交融的文化传统都凸显了本次调查的重要性：在巴形象传播的经验和策略有潜力复制到其他南美洲国家和广大非洲发展中国家。

综观本次调查的总体结果，可以发现巴西受访民众对北京的国际形象表达了积极评价。绝大多数维度上，巴西民众对北京的认知要比发达国家和其他发展中国家的评价更加正面。可以说，北京已经初步在巴西形成了以科技、文化为优势，政治、国际交往为特色的国际形象。随着自媒体、融媒体的发展和普及，这一形象也开始通过互联网和社交软件下沉到巴西普通民众。虽然传统媒体依然占据主要的宣传渠道，其中也不乏关于中国的负面消息，但是重大国际活动的举办、赴京旅游体验、日常生活中与他人的交流，甚至购买或使用中国产品的体验都成为巴西民众洞察中国的重要渠道和影响因素。

基于美国学者 D. 伯洛（David Berlo）提出的 SMCR（信源—讯息—通道—受者）模型和问卷调查的数据特征，提升北京在巴西形象的路径主要包括三个方面：形象传播者的长远规划和积极引导，传播途径的推陈出新和策划包装，传播内容的本地化和精准化。

北京形象国际传播的第一主体和第一责任人是北京市政府。政府形象虽不等同于北京形象，但它往往决定了外国民众对北京的第一印象，而且容易形成对城市的刻板印象。① 除了顶层设计、科学规划形象宣传战略外，政府形象很大程度上取决于它是否廉洁奉公，治理是否科学高效，公务员是否行为规范，百姓是否安居乐业。北京市政府也应更加积极地在国际舞台上发声，争取承办更多的国际重大政治活动和文化体育活动，将北京的国际媒体报道量推向新的高潮。除此之外，由于巴西民众生活中大量接触"中国制造"，企业的形象也在潜移默化中塑造着民众对北京的印象。北京市政府和人民也应该扮演好监管者的角色，提醒走出国门的中国企业输出保质保量的产品、遵守当地法律法规、做好环境保护和劳动保障。最后，高素质的国民也是北京形象的重要传播载体。从根本上讲，北京的形象好坏取决于国民素质高低。文明有礼、热情好客、有素质、有修养的北京市民自然会受到巴西民众的欢迎和好评，推动北京的国际形象指数不断上升。

传播途径方面，北京应将线上传播与线下推广相结合，开展灵活多

---

① 程曼丽：《大众传播与国家形象塑造》，《国际新闻界》2007 年第 3 期。

样的传播活动。将北京的正面信息分层次、多角度地传达给巴西受众群体。线上方面，北京市政府和民间团体应尽快在巴西民众主要使用的社交软件 Facebook、Instagram、Youtube 上开通官方服务号，把与北京有关的文字、音乐、视频及时上传更新，顺应巴西民众"眼见为实"的认知习惯。除了传统的信息模式外，直播、短视频、视频博客（Vlog）等逐渐在巴走红，吸引了不少中国媒体平台如抖音、快手、火山小视频等进军巴西。北京市也应该依托自己的科技资源，同这些公司建立战略合作，创新优化传播内容，强化对巴宣传的强度和效果。线下方面，北京应利用好举办 2022 年冬季奥运会的契机，凸显 2008 年奥运会成功举办后北京取得的巨大发展成果。冬奥会的筹备势必将进一步提升基础设施建设的"硬实力"和国民文化素质的"软实力"，借此机会，向来华的巴西访客展现一个更加现代、发达、包容自信的新北京形象。应鼓励在巴开展业务的旅游公司推出深入游览北京的旅游套餐，延长巴西民众在华停留时间，使其对北京城市文化有更加深入的了解，争取招揽更多的巴西回头客。

传播内容方面，应着力于"本地化"和"精确化"两个方向来提升内容质量。目前中国内地尚无葡萄牙语电视频道或新闻广播，开通葡萄牙语版的新闻通讯社只有人民网和新华网两家，翻译成葡语的北京宣传片、影视剧、纪录片更是寥寥无几。有限的译制作品中还常常夹杂着欧洲葡语和巴西葡语，更增加了对象国民众的理解负担。因此，建议未来同巴西本地公司合作，以当地人的视角和欣赏品位拍摄反映北京整体风格和细节温度的宣传视频。另外，宣传活动不能只浮在"云端""网上"，而应尽可能在巴"落地"，鼓励中资公司、机构、孔子学院等多多举办与北京相关的宣介推广展会，定期化、常态化地举办北京旅游年、北京文化年等代表性活动，邀请更大范围内的巴西民众切身体验北京市民的热情好客。同时，互联网和大数据的应用使得信息"精准投放"成为可能。联合互联网公司开发相关算法，依据巴西用户的日常生活和阅读喜好推送内容，争取做到信息的"千人千面"。这既是技术发展的必然趋势，也是未来形象传播的必然要求。信息传播的个性化和多渠道化同时也有赖于巴西草根们的大胆发声，抢占宣传麦克风。助推流量的"去中心化"，支持对华友好、知华理性的部分巴西民众成为新的"关键意见领袖"，有利于向巴西民众输出更加软性自然的友中印象，进而培养其对北京的好感和支持。

第八节　阿根廷人眼中的北京形象[①]

一　研究背景

阿根廷共和国（the Republic of Argentina，República Argentina，简称阿根廷）地处西半球，位于南半球南美大陆东南端，是与我国相距最遥远的国度。阿根廷人口 4011 万，面积近 280 万平方千米。2018 年经济总量虽只有 5185 亿美元，居美洲第五位（美国、巴西、加拿大、墨西哥、阿根廷），但人均 GDP 达到 1.165 万美元，在美洲地区仅次于美国[②]，是拉美地区的第三大经济体。阿根廷工业较为发达，但地理分布不均衡；农牧业发达，有"世界粮仓和肉库"的美称；阿根廷拥有拉美地区最为发达的交通运输网络，旅游业发达。阿根廷是 G20 的创始成员国，南美南方共同市场（Mercosur）的创始成员国，在地区事务和国际事务中扮演越来越重要的角色。

中华人民共和国与阿根廷共和国于 1972 年建交。建交以来，双边关系发展顺利，高层互访频繁，各领域互利合作日益深化，两国在国际事务中保持良好合作。2015 年 2 月两国签署了《中华人民共和国和阿根廷共和国关于加强两国全面战略伙伴关系的联合声明》，2018 年 12

---

① 本报告由温大琳撰写。
② 资料来源：世界银行，https：//data.worldbank.org/indicator/NY.GDP.MKTP.CD？locations = AR，最后访问日期：2019 年 11 月 26 日。

月，两国又签署了《中华人民共和国政府与阿根廷共和国政府共同行动计划（2019-2023）》，为中阿关系在各领域的进一步深入发展注入新动力。①

阿根廷学者毕嘉宏（Ignacio Villagran）② 的研究认为，中国研究在大多数阿根廷大学的人文社会院系中都属于边缘学科，仅在少数院系例外，且无论在学科设置、研究内容、研究兴趣、研究持续性等方面，均处于较低水平。毕嘉宏认为，这在很大程度上与阿根廷早期高等教育中的欧洲中心主义取向有关。在阿根廷，甚至在整个拉美，大多数东亚研究基本属于个人行为且影响极其有限。进入 21 世纪后，随着中国与拉美历史性双边关系的持续发展，这一状况才有所改观。但从对象国研究角度看，阿根廷近年来对中国的研究主要集中在政治研究、经济关系两个维度，大部分研究均处于"打基础、补欠账、求发展"的创立阶段，学术研究"以研讨为主、产出为辅、着力机构建设、打造学术网络"为其主要特征，同时加强与中国的有关学术机构如中国社会科学院之间的学术交流和人才培养。由此可见，阿根廷对中国国家形象的研究基本上还是一片"待开垦的处女地"，其国民对中国形象的认知主要来自各种媒体对中国的报道以及个人的观察或游历，认知方面的碎片化和片面性比较突出，较难形成一个整体印象。

不过，根据环球网③2019 年 7 月的报道，美国智库威尔逊研究中心与阿根廷民调机构 Poliarquía Consultores 进行了一次民调，向1019 名阿根廷人调查了其对多国的看法。76% 的阿根廷民众对中国持正面看法。54% 的受访者说若有必要，阿根廷应把发展与中国的

---

① 《阿根廷国家概况》，中华人民共和国外交部，https://www.fmprc.gov.cn/web/gjhdq_676201/gj_676203/nmz_680924/1206_680926/1206x0_680928/，最后访问日期：2019 年 11 月 26 日。

② 〔阿根廷〕毕嘉宏：《阿根廷的中国研究：机构变迁与研究现状》，《拉丁美洲研究》2019年第 4 期，第 25~39 页。

③ 〔阿根廷〕卢卡斯·罗宾逊：《民调：76% 阿根廷人正面看待中国》，环球网，https://oversea.huanqiu.com/article/9CaKrnKlPDg，最后访问日期：2019 年 11 月 26 日。

关系置于对美关系之上。这一民调结果表明，虽然两国分处地球之两端，但近年来阿根廷民众对中国已有一定的了解基础，且大都对中国持正面看法，也正是得益于双方近年来在各领域合作的持续、深入发展。

二　调研结果与分析

（一）样本统计特征

本次针对阿根廷的调查问卷为西班牙语版，共计发放 500 份。问卷统一按照概率抽样的方式配额发放，共回收有效问卷 500 份，问卷有效率为 100%。

在本次调查中，阿根廷样本的性别比为 1:1，男女各占一半。从年龄分布来看，样本涵盖老、中、青三代人，又以中青年为主，其中18~35 岁的青年群体占 46%，36~50 岁的青壮年群体占 40%，51~65岁的老年群体仅占 14%（见图 1）。

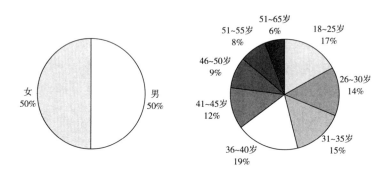

图 1　阿根廷样本的性别与年龄分布

资料来源：笔者自制。

在受教育程度方面，阿根廷受访者的主体呈现"两头重中间轻"的态势，与全球总体和发展中国家样本总体上的纺锤形分布有较大区别。阿根廷受访者中，受过职业教育及以上的民众达到 96%，高于全球总体（91%）和发展中国家（95%），但受过本科教育及以上的民众仅达到 55%，明显低于全球总体（64%）和发展中国家（72%），呈现"硕博多、职教多、本科少"的显著特征（见图 2）。

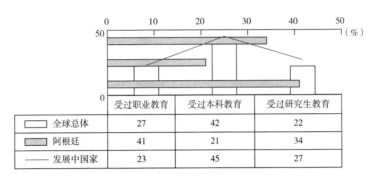

	受过职业教育	受过本科教育	受过研究生教育
全球总体	27	42	22
阿根廷	41	21	34
发展中国家	23	45	27

图 2　阿根廷受教育情况与全球及发展中国家样本对比

资料来源：笔者自制。

在收入方面，阿根廷受访者有较强的隐私观念，拒答率（11%）远高于全球总体水平（5%）。家庭年度总收入的分布呈现低收入占比远高于高收入占比。5000 美元以下占据绝对多数（为 75%），5000 美元以上为 14%，且 10000 美元以上收入仅占 5%。

（二）北京整体印象

本次调查问卷结果显示，阿根廷的受访者均对北京有所认知，但到访率仅为 11%，低于全球总体（20%）和发展中国家（18%）的平均水平。到访率较低可能和地理因素有密切联系，北京与阿根廷首都布宜诺斯艾利斯相距 17000 千米。我们查询携程网（CTRIP）的即时数据发现，航班单程耗时普遍在 31~37 小时，往返机票费用在 16000~20000 元人民币。考虑到受访者的经济收入水平，阿根廷受访者中有 11% 的到访率已属难能可贵（见图 3）。

与中国的其他几座一线城市相比，北京到访率居于首位，略高于上海（10%），远高于天津、重庆、广州和深圳（1%~3%）。从中国城市

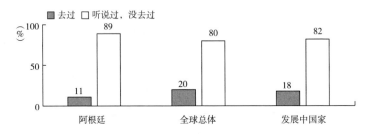

图 3　多样本的城市到访率对比

资料来源：笔者自制。

认知度比较来看，北京的认知度最高，为 100%，上海居第二位，为 92%，阿根廷民众对其他四座城市的认知状况非常一般，均未超过 50%（见图 4）。

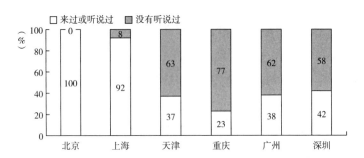

图 4　阿根廷样本的中国一线城市认知对比

资料来源：笔者自制。

总体上，阿根廷对北京的了解程度与全球总体、发展中国家和南美洲国家相比，呈现较为一致的态势。其中，60% 的阿根廷民众对北京有些了解，高于其他比较对象，但比较了解的民众占比（18%）略低于全球总体、发展中国家和南美地区的平均水平（分别为 24%、28% 和 24%），而非常了解的受访者占比则远低于其他对比项，这表明阿根廷民众真正了解北京的并不多，大都处于一知半解状态（见图 5）。

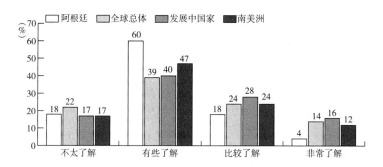

图 5 各国（地区）对北京的了解程度对比

资料来源：笔者自制。

横向比较中国的其他城市，将"有些了解"、"比较了解"和"非常了解"三项相加，北京（82%）略高于上海（79%），但远远超出天津、重庆、广州和深圳（14%～23%），体现了阿根廷民众对中国城市的认知面窄、认知兴趣集中的现状。

从阿根廷受访者到访北京的数据看，具有如下显著特征。一是停留时间短，一个月内占到 95%，其中一周以内的占到 55%。二是到访事由较为单一，大都为旅游或商务或两者兼而有之，这与到访者的停留时间相呼应。值得注意的是，来华工作也是阿根廷民众到访北京的一项重要事由。三是到访时间集中在 2008 年北京奥运会之后，达到 85%，可见 2008 年奥运会对北京的知名度起到了极大的提升作用。横向对比全球总体以及发展中国家的数据，阿根廷到访北京的以上特征基本与之相吻合，并未呈现明显差异。

作为国际城市，阿根廷民众对北京总体印象较好。阿根廷民众对北京的总体印象分为 7.9 分（介于比较好和非常好之间，满分 10 分），高于全球总体水平（7.0 分），但与发展中国家（7.9 分）持平，比本地区的巴西民众的总体印象分（8.2 分）略低。值得一提的是，阿根廷人对本国首都的总体印象评分为 7.6 分，低于对北京的打分。

从平均分角度，我们选取全球总体、发展中国家、南美洲以及同区的巴西样本作为参照，将北京在整体印象和国际影响力方面所得均分做对比，可以看出，阿根廷民众、发展中国家民众对北京的整体印象分均高于全球总体；但对北京的国际影响力的打分却整体均低于全球总体水平，即使对中国抱有较高好感的巴西，在这个维度上的打分也只与全球总体持平，这说明包括阿根廷、巴西在内的发展中国家对北京的国际影响力认知尚待进一步挖掘，应着力提升北京国际影响力在发展中国家，尤其是阿根廷的呈现和宣传力度（见图6）。

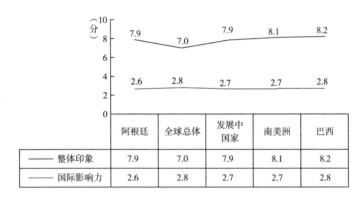

	阿根廷	全球总体	发展中国家	南美洲	巴西
—— 整体印象	7.9	7.0	7.9	8.1	8.2
—— 国际影响力	2.6	2.8	2.7	2.7	2.8

图6　阿根廷样本对北京整体印象及国际影响力打分区域对比
资料来源：笔者自制。

在与世界其他大城市的整体印象与国际影响力对比时，我们发现，阿根廷样本对北京在这两个维度上的打分均处于中游偏上位置（样本城市为15个，整体印象排第6位，国际影响力排第8位），即使两项得分相加进行综合排名，北京依然只排在第6名，而位居前列的五座城市均为欧美城市，这说明阿根廷民众对欧美城市的综合认可度要高于其他地区的城市。有意思的是，阿根廷人认为自己的首都布宜诺斯艾利斯的国际影响力较高，评分达到2.8分，略高于北京及其他发展中国家的样本城市，甚至高于柏林（2.6分）（见图7）。

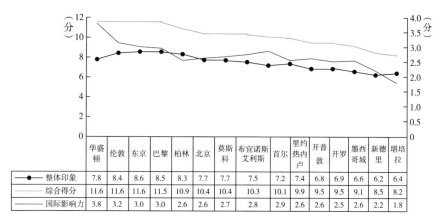

	华盛顿	伦敦	东京	巴黎	柏林	北京	莫斯科	布宜诺斯艾利斯	首尔	里约热内卢	开普敦	开罗	墨西哥城	新德里	堪培拉
整体印象	7.8	8.4	8.6	8.5	8.3	7.7	7.7	7.5	7.2	7.4	6.8	6.9	6.6	6.2	6.4
综合得分	11.6	11.6	11.6	11.5	10.9	10.4	10.4	10.3	10.1	9.9	9.5	9.5	9.1	8.5	8.2
国际影响力	3.8	3.2	3.0	3.0	2.6	2.6	2.7	2.8	2.9	2.6	2.6	2.5	2.6	2.2	1.8

图 7　阿根廷样本对北京与世界各大城市的整体印象
与国际影响力评分城市对比

资料来源：笔者自制。

（三）北京印象与市民形象

阿根廷民众对北京的整体印象的打分，体现出其"高于全球水平，与发展中国家水平持平，在南美略低于巴西"的特点（见图8）。

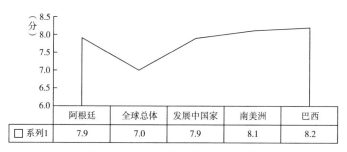

	阿根廷	全球总体	发展中国家	南美洲	巴西
系列1	7.9	7.0	7.9	8.1	8.2

图 8　多样本对北京城市印象对比

资料来源：笔者自制。

而从阿根廷样本对中国多座城市的印象的平均分看，北京的得分（8.0分）略高于上海（7.6分），大幅度领先于其他四座城市（见图9）。如前所述，阿根廷民众对中国城市的了解程度呈现"认知面窄、认知兴趣集中"的特点（见图4），城市印象打分与了解程度打分并不呈现完全正相关关系，推测阿根廷民众对越了解的城市，会有更大概率发现城市的消极面而变得苛刻，而对缺乏了解的城市仅凭浮光掠影式的经历，评分或存在一定水分。

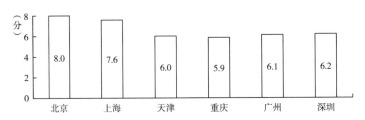

图9 阿根廷样本对中国城市印象对比

资料来源：笔者自制。

从图10可以看出，对设定描述的北京印象评价，多个样本表现出基本一致的评价结果。具体而言，阿根廷民众对北京的"文化深厚"（86%）、"经济发达"（85%）、"历史悠久"（84%）和"科技创新"（84%）等特点印象深刻，与其他发展中国家和巴西样本数据保持一致，评分相比略低，但均高于全球总体，可见北京的形象优势主要体现在文化、经济与科技三个维度。相比之下，北京在"开放包容"、"政治中

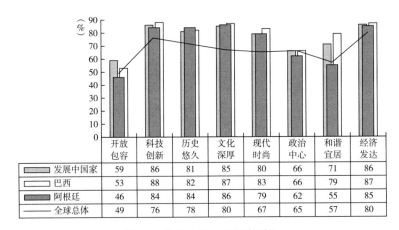

	开放包容	科技创新	历史悠久	文化深厚	现代时尚	政治中心	和谐宜居	经济发达
发展中国家	59	86	81	85	80	66	71	86
巴西	53	88	82	87	83	66	79	87
阿根廷	46	84	84	86	79	62	55	85
全球总体	49	76	78	80	67	65	57	80

图10 多样本对北京印象对比

资料来源：笔者自制。

心"与"和谐宜居"方面的认可度一般（分别为 46%、62%、55%），尤其是阿根廷民众在"开放包容"和"和谐宜居"两项认可比例大致都近乎五五开，显示其对这两个维度有较高要求，也表明北京在这两个维度尚有较大的提升空间。

在北京市民形象评价方面，分别有 85% 和 75% 的阿根廷民众相当赞赏北京市民的"勤劳敬业"和"遵纪守法"，同时也比较认可其"开拓创新"（65%）和"公共场所举止文明"（69%）。从评价的平均分角度，也可以清楚看到这一点（见图 11）。所有设定评价项的均分都超过3 分，显示北京人在阿根廷民众中有较为正面的形象，"勤劳、守法、文明、创新"的北京市民形象跃然纸上。与此同时，我们也发现，阿根廷民众在"热情包容"一项的评价均分低于全球总体，这与他们对北京印象中的"开放包容"评价相呼应，显示阿根廷民众对城市和市民的包容性不很满意，初步推测其原因可能与语言不通、交流存在实际障碍有关。值得注意的是，在九项设定评价项中，"爱护生态环境"得分最低（3.0 分），与城市印象中的"和谐宜居"得分偏低一致，这恐怕与北京在过去十年城市污染较为严重，外媒频繁报道有密切关系。虽然近年来在北京市政府和市民的共同努力下，这一环境顽疾有所改善，但固有印象一旦形成，很难在短时间内扭转。

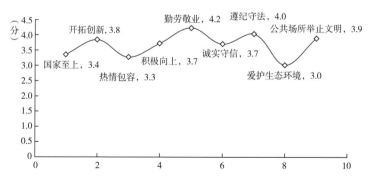

图 11　阿根廷样本对北京市民形象的评价均分（1~5 分，5 分为最高）
资料来源：笔者自制。

（四）政治中心形象

1. 政府形象

阿根廷受访者对北京市政府形象的五个维度（治理能力高效、廉政建设、负责任的政府、创新型政府和法治政府）进行打分（1~5 分，5 分为最高），笔者截取平均分进行观察，发现五个维度的平均分都超过 3 分，显示阿根廷民众对北京市政府形象持正面评价，尤其对北京市政府的治理能力高效和负责任的政府（得分均为 3.8 分）评价较高（见图 12）。对北京市政府的法治和创新也比较认可，但对其廉政建设评分较低（3.5 分），仅有 40% 的民众表示认可，与 60% 的民众认可其治理能力和负责任态度形成鲜明对比。当然，横向比较其他样本，阿根廷样本的全部设定项评分均分都高于全球总体，但低于发展中国家水平。

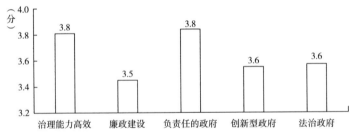

图 12　阿根廷样本对北京市政府形象评价均分（1~5 分，5 分为最高）
资料来源：笔者自制。

2. 城市发展理念

对于北京的城市发展理念，阿根廷民众对"智慧城市"最为认同（44%），其次是"科技北京"（38%），"绿色北京"和"宜居城市"（27%、25%）紧随其后。这一选择取向与全球总体及发展中国家样本趋同，显示包括阿根廷在内的国际社会对北京近年来在科技方面所取得的巨大成就的肯定，是其对城市未来发展的普遍预期形成的重要因素。而对概念较为抽象的"推动城市减量提质发展"，以及要求开放包容度较高的"建设国际人才社区"则应者寥寥（见图13）。整体而言，阿根廷样本在城市发展理念上的认可度全面低于发展中国家，与全球总体相比也属于犬牙交错的态势，表明阿根廷民众对于北京提出的城市发展理念有较为独特的理解，与其他两个样本存在一定的差异，有必要通过深访等方式进一步细致了解其真实想法。

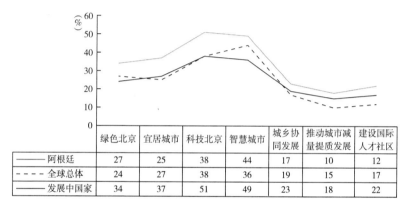

	绿色北京	宜居城市	科技北京	智慧城市	城乡协同发展	推动城市减量提质发展	建设国际人才社区
阿根廷	27	25	38	44	17	10	12
全球总体	24	27	38	36	19	15	17
发展中国家	34	37	51	49	23	18	22

图 13　多样本北京城市发展理念对比

资料来源：笔者自制。

3. 大型活动

在对北京近年来所举办的大型活动的评价方面，阿根廷样本与其他四个对比样本有相同的评价趋势，对不同大型活动的认知度有高度一致性：对文体类大型活动关注较多，尤其体现在对2008年北京奥运会上；对政经类大型活动几乎兴味索然，令世人瞩目的"一带一路"国际合作高峰论坛在阿根廷民众中的关注度也表现非常一般。值得一提的是，阿根廷民众仅在对2008年北京奥运会的认知度（84%）方面表现突出，对其余大型活动的认知度全面低于（仅北京国际马拉松项与全球总体样本持平，但也低于其他对比样本）对比样本，且差距较为明显。由此我们认为，整体而言，无论政经类还是文体类大型活动，尤其是前者，有必要加大在海外（尤其是阿根廷）的宣传力度。同时针对阿根廷民众对文体类大型活动的偏爱，建议有选择地进行外宣资源的精准投放，争取定向突破，进一步提升他们对北京作为国际交往中心的认知水平。

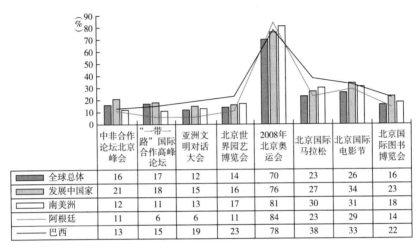

	中非合作论坛北京峰会	"一带一路"国际合作高峰论坛	亚洲文明对话大会	北京世界园艺博览会	2008年北京奥运会	北京国际马拉松	北京国际电影节	北京国际图书博览会
全球总体	16	17	12	14	70	23	26	16
发展中国家	21	18	15	16	76	27	34	23
南美洲	12	11	13	17	81	30	31	18
阿根廷	11	6	6	11	84	23	29	14
巴西	13	15	19	23	78	38	33	22

图 14　多样本北京市大型活动认知对比

资料来源：笔者自制。

（五）北京文化中心形象

以长城为代表的名胜古迹成为阿根廷民众心目中当仁不让的北京第一文化符号（60%），这与全球总体样本和发展中国家样本一致（分别为56%和62%），且均与其他设定选项有很大差距。与对比样本不同的是，除名胜古迹外，阿根廷民众对现代建筑更情有独钟（37%），而将在对比样本中排名第二的著名饮食排在了文艺演出（33%）和传统服装（32%）之后，仅获得29%的受访者的青睐（见图15）。这一点与阿根廷民众以旅游和商务为访京事由相吻合，且其关注点相对比较均衡，呈现"传统与现代并重、人文与自然齐飞"的兴趣格局。

在北京文化地标的选择方面，在阿根廷民众心目中排前三位的依次为长城、故宫和天坛。其中51%的阿根廷民众首推长城作为北京的文化地标，将其作为第二、第三选择的分别达到17%和5%，可见作为文化

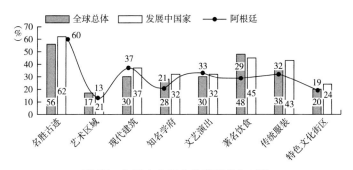

图 15 多样本北京文化符号认知对比

资料来源：笔者自制。

地标，长城在阿根廷民众中占绝对核心地位（见图 16）。长城、故宫和天坛作为阿根廷民众抵京游览的必到景点，给他们留下了极其深刻的印象，也呼应了他们将文化古迹作为北京首选文化符号的认知结果。反观其他地标推荐项，如北京四合院、大运河文化带、798 艺术区、秀水街和三里屯等人文景观，推荐度均比较低，尚待努力提高其知名度。

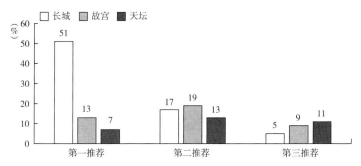

图 16 阿根廷样本北京文化地标推荐

资料来源：笔者自制。

在文化休闲活动推荐方面，阿根廷民众的选择呈现较为分散的特征。除了作为首推的参观名胜古迹外，参观文化类场馆、品尝美食、购物和体验民俗风情等势均力敌，难分高下，体现了阿根廷民众文化休闲活动的多样性。他们对于需要较多与当地民众面对面交流的项目如去酒吧和居民家中参观或做客兴趣较低，这可能与他们认为北京市民不够热情包容有关，或者按照我们的猜想，语言障碍使得阿根廷民众对这种类型的文化休闲活动望而却步（见图17）。

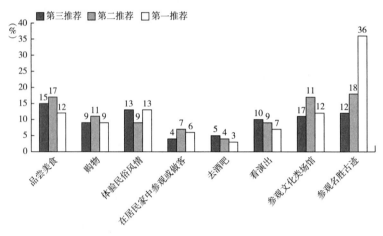

图17　阿根廷样本文化休闲活动推荐

资料来源：笔者自制。

关于如何加强北京文化中心建设方面，阿根廷民众非常重视文化遗产的保护，66%的受访者认为这是提升北京文化中心地位的优先选项。接近半数的阿根廷民众建议大力推广饮食文化（49%），而扩大文化场馆建设（33%）、建设更多高水平知名学府（32%）、提高居民的文化素质（32%）、组织文化产品展览（32%）和重视文化创意产业（31%）也得到近1/3受访者的认同。对比全球总体样本和发展中国家样本，阿根廷民众对于北京如何加强文化中心地位方面特别突出其对文化遗产保护的愿望，高出全球总体（51%）15个百分点，同时也略高于发展中国家样本（57%）（见图18）。我们还注意到，阿根廷民众对于推广饮食文化方面也有强烈的诉求，这与前述文化符号的调研结果（仅29%选择了著名饮食）、文化休闲活动选择（12%选择第一推荐）形成对照，初步推断阿根廷民众对北京的饮食特色、质量和服务水平的满意度较低，有赖于进一步推广宣传、质量保障和服务水平提升。

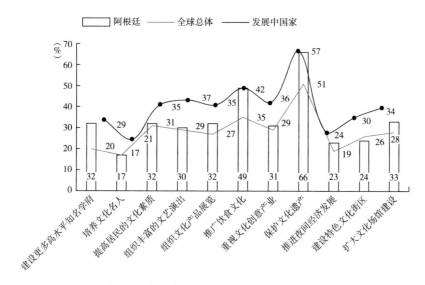

图18　多样本北京文化中心提升路径对比

资料来源：笔者自制。

（六）北京国际交往中心形象

阿根廷民众对北京国际形象的评价较高（平均分达8.0分），高于全球总体，同时少有的在系列评价打分项中高于发展中国家样本（7.8），可见在打分项目上略显苛刻的阿根廷民众对于北京作为国际交往中心的定位相当认可。

50%的阿根廷民众认为"举办各种具有国际影响力的文艺活动和体育赛事"有助于塑造北京国际交往中心的形象。而"举办重大外交外事活动"（39%）位居第二，"发达便利的重要国际交通枢纽"（36%）、"对外国人的包容度高"（36%）并列第三，且与"外国人数量多"、"众多重要国际组织进驻"（均为35%）旗鼓相当。可见，阿根廷民众在形塑国际交往中心的要素中比较重视文体活动的举办，这与发展中国家样本相似，而全球总体样本更凸显对外国人包容度的重要性。同时我们观察到，对比样本中比较重视的"设置清晰、规范的多种外国语指引标识"和"公正规范的涉外管理政策"（均在 30% 以上），阿根廷民众对这两个指标要求一般（均为 25%）。

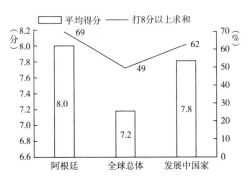

图 19　多样本北京国际交往中心评价对比

资料来源：笔者自制。

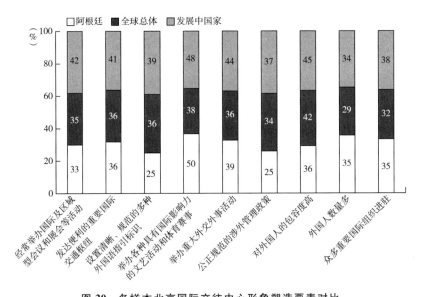

图 20　多样本北京国际交往中心形象塑造要素对比

资料来源：笔者自制。

在如何提升北京国际交往中心形象的路径选择方面，阿根廷民众将"美好的旅游体验"（54%）、"干净整洁温馨的酒店"（50%）和"良好的社会治安"（48%）置于前三位，且比例相当，选择取向与阿根廷民众到京主要事由（旅游、商务）相吻合。与全球总体样本比较，阿根廷民众突出对酒店和涉外工作人员工作效率的要求，反而在城市景观、外语标识和购物休闲环境方面的要求明显低于全球总体和发展中国家的平均水准（见图21）。总体而言，阿根廷民众对于如何提升北京国际交往中心的路径选择上，并未显示出明显的偏向性，但多少体现出以旅游、商务为核心目的的选择取向。

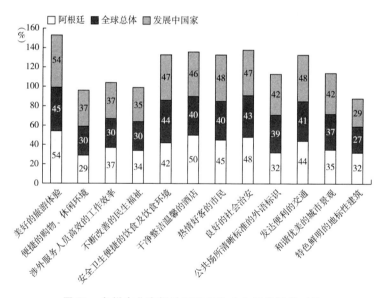

图 21　多样本北京提升国际交往中心形象路径对比

资料来源：笔者自制。

（七）科技创新中心形象

阿根廷民众对北京科技创新中心形象评价的平均得分为8.4分（见图22），高于全球总体平均水平（7.8分），但略低于发展中国家平均水平（8.5分），呈现较高的认可度。

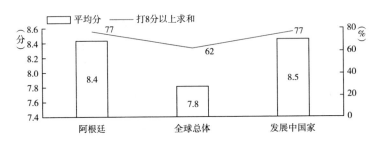

图22　多样本北京科技创新中心形象评价对比

资料来源：笔者自制。

　　阿根廷民众认为北京科技创新中心形象主要得益于"科技企业数量众多"（63%）、"交通营运系统（机场、高铁、地铁）发达"（58%）和"互联网覆盖程度高"（50%），同时对"科学研究机构数量众多"（48%）、"公共场所的科技技术应用面广"（47%）也给予了较高的评价（见图23）。这一反馈与全球总体样本和发展中国家样本的回馈情况

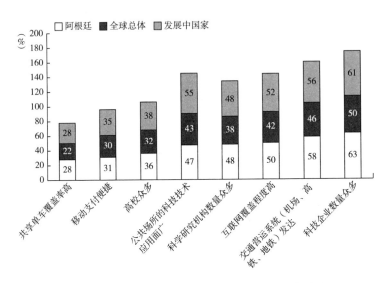

图23　多样本北京科技创新中心形象外显因素对比

资料来源：笔者自制。

基本一致。同时我们发现，阿根廷和发展中国家民众对北京的"互联网+"背景下的新业态，如移动支付和共享单车等领域表现出较为浓厚的兴趣。

（八）和谐宜居之都形象

阿根廷民众对北京和谐宜居之都打分均值为 7.4 分，高于全球总体水平（7.0 分），但略低于发展中国家的总体评价（7.8 分）。虽然总体评分尚可，但从打 8 分以上求和数据看，阿根廷民众中仅有一半比较认可北京的宜居程度，低于发展中国家的 60%，这显示出阿根廷民众在发展中国家中对于宜居城市的指标要求可能更为严格（见图 24）。

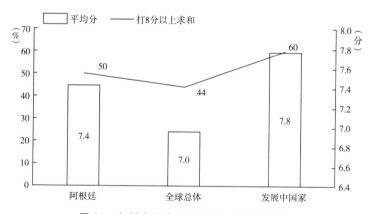

图 24　多样本北京和谐宜居之都评价对比

资料来源：笔者自制。

阿根廷受访者在和谐宜居之都指标评价方面，特别看重城市的经济发展水平（64%），其次是文明程度（46%）和可持续发展（39%）；对于健康、生活便捷和环境舒适维度则全面低于其他两个对比样本，对这三方面的要求较低。发展中国家样本数据还显示，除经济发展水平（62%）外，他们第二看重的是机遇（49%）。与此同时，与发展中国家相似，阿根廷对城市景观方面（31%）的要求均高出全球总体水平（23%）（见图 25）。

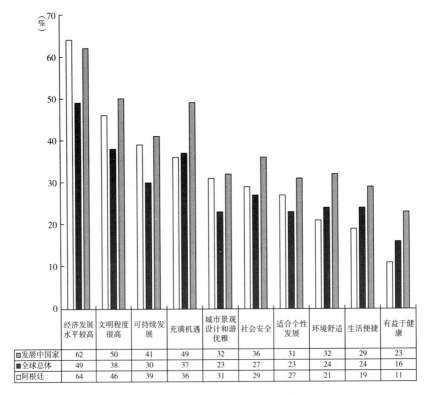

	经济发展 水平较高	文明程度 很高	可持续发 展	充满机遇	城市景观 设计和谐 优雅	社会安全	适合个性 发展	环境舒适	生活便捷	有益于健 康
发展中国家	62	50	41	49	32	36	31	32	29	23
全球总体	49	38	30	37	23	27	23	24	24	16
阿根廷	64	46	39	36	31	29	27	21	19	11

图 25 多样本北京和谐宜居之都指标对比

资料来源：笔者自制。

（九）受众认知渠道与北京媒体报道量

与对比样本不同，阿根廷民众认知北京的最重要途径是"我自己的观察"（51%），大大高于全球总体（38%）和发展中国家总体情况（44%），显示出阿根廷受众了解北京的自主性和独立性相当突出。排第二位的认知渠道是本国媒体（47%），而全球总体样本和发展中国家样本数据的首要认知途径则是本国媒体（分别达到56%和54%）。阿根廷民众通过"我购买或使用中国产品的体验"、"其他国家的媒体"和"我和其他人的交流"三个维度来了解北京的比例大致相同，均达到1/3

左右（分别为 35%、34% 和 33%），显示其在渠道选择方面较为均衡，均有涉猎。不过，和对比样本相似，阿根廷民众通过"参加由中国举办的活动时的体验"（18%）、"中国媒体"（16%）以及"我亲历北京的体验"（7%）来了解北京的比例较低（见图 26）。

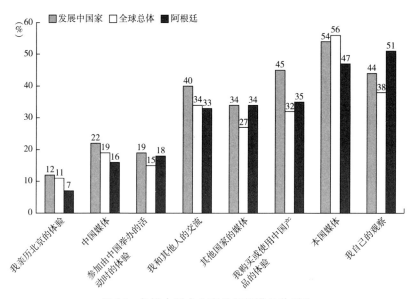

图 26　多样本受众北京认知渠道总体对比

资料来源：笔者自制。

单从媒体维度作为认知渠道观察，阿根廷受众对网站（86%）和电视（78%）的依赖程度都要高于对比样本；社交平台方面（50%）高出全球总体样本 12 个百分点，但略低于发展中国家样本；而在纸媒（报纸、杂志、书籍）、电影、广播和其他媒体维度上则全面低于对比样本。尤其值得注意的一点是电影维度（20%），只有发展中国家（41%）的近一半。

从直接信息渠道观察，演出（58%）、文化年（56%）、中国使馆举办的活动（55%）和产品销售活动（50%）成为阿根廷民众了解北京的最主要的直接信息来源，且参与的积极性明显要高于对比样本

（见图28）。但阿根廷受访者在本国参加孔子学院举办的活动、海外中国文化中心举办的活动方面的热情则明显低于对比样本。与对比样本在直接信息渠道选择方面较为均衡的情形相比，阿根廷民众呈现两极分化的态势，这也表明中国在阿根廷设立的文化机构在举办相关活动时尚需要加大宣传力度，并努力增强活动的吸引力。

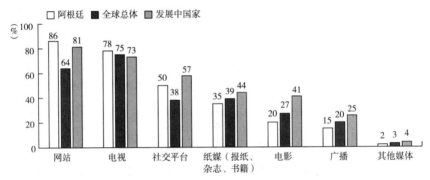

图 27　各国（地区）的北京认知媒介对比

资料来源：笔者自制。

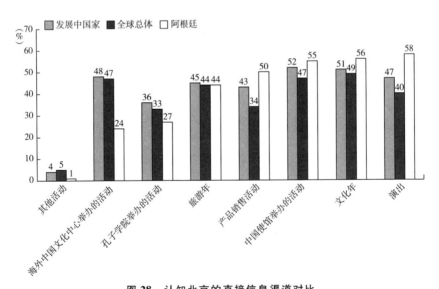

图 28　认知北京的直接信息渠道对比

资料来源：笔者自制。

　　另从汉语学习情况角度观察，阿根廷民众学习汉语的热情也明显要低于其他三个参照样本，回答"是"的仅占8%，与全球总体样本（15%）、发展中国家样本（13%）和南美洲样本（12%）均有相当的差距（见图29）。由此推测，语言障碍可能是影响阿根廷民众参加孔子学院举办的活动或海外文化中心举办的活动的重要原因之一。

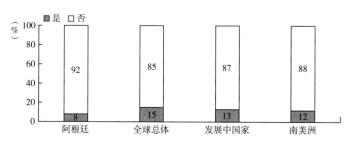

图29　多样本学习过汉语比例对比

资料来源：笔者自制。

　　最后，我们来看看北京媒体报道量的评价情况。从图30我们可以清楚看到，总体而言，三个样本对于北京媒体报道量评价偏消极。不到半数的全球总体受访者（46%）认为北京媒体报道量"比较充分"和"非常充分"，发展中国家勉强超过半数（53%），阿根廷受访者中仅有33%的人认同这一点。北京的媒体报道量整体来看并不令人满意，应着力提升其存在感。

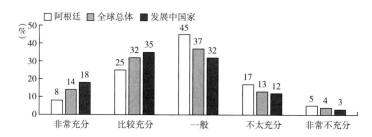

图30　多样本北京媒体报道量对比

资料来源：笔者自制。

三 建议与对策

阿根廷与中国远隔重洋，其主流文化秉承的是欧洲文化，中阿在地理和文化上都存在巨大的差异。2022 年中阿建交将满 50 周年，但是实际上中阿交流出现的第一次高潮也不过是最近十几年的事情，而高潮的主要内容也集中于政治和经济方面的互动，文化交流存在一定的滞后情况，中阿文化交流起步晚、基础薄弱是必须要面对的现实。[①] 中国形象在阿根廷尚处于碎片化传播的初始阶段，可以想象北京形象在阿根廷民众眼中应当仍是遥远、模糊和神秘的。然而令人欣喜的是，迈入 21 世纪后的中阿两国关系持续改善，经贸交流日益频繁，文化交流走向深入，在此背景下，阿根廷民众怀着极大的热情和旺盛的求知欲，他们不以山海为远，欣然踏上了发现中国、认识中国乃至了解中国的充满挑战的相知之旅，这是两国人民、两种文化相向而行以至交融互鉴最宝贵的内生动力和民心基础。

回顾本次调查分析结果，我们可以总结出阿根廷民众对北京形象认知的基本图景：到访率低，了解程度不高，整体印象的评价虽为正面，且高于全球总体水平，但评价普遍低于发展中国家样本，对北京形象的显性特征印象深刻，隐性优势尚待发掘，北京形象定位与受访对象认知的不对称现象比较突出。形成以上认知现状的原因包括但不限于地理和文化差异、内容传播滞后、语言交流障碍。

基于以上分析，我们认为面向阿根廷的北京形象提升策略应聚焦以下几个方面。

（一）文化传播借力政经交流：抓住传播时机

当前，中阿关系进入发展的快车道，政治、经济领域的交流日益频繁，双方关系水平不断提升，为两国的文化交流打下了坚实的政治基础

[①] 刘舒、钟传敏：《中国文化在阿根廷的传播——与阿根廷中国问题专家的对话》，《四川戏剧》2017 年第 6 期，第 4~12 页。

和经济基础。然而，需要厘清的一个概念是，政经交流的推动者并非文化交流的主角。文化传播应当适时借助政经交流的东风，主动扬帆出海，抓住传播窗口。北京不仅要在政治、经济层面积极参与交流，展示城市硬实力，同时，也要加大力度动员和资助文化界、传播界、教育界走出去，展现北京的软实力，增加媒体报道量。

（二）整体形象嵌入城市形象：创新传播内容

在北京城市形象的传播过程中，将不可避免地会遇到中国形象与北京形象的交叉和取舍问题。如何在服务大局的前提下，有机地将北京形象与整体形象相结合，有效地将城市形象内容巧妙地嵌入国家整体形象内容中，是北京形象传播活动中必须要面临的课题。创新传播内容是为了满足受众的认知需求，他们需要作为背景的整体形象铺垫，才能更好地理解作为前景的城市形象。当前中阿文化交流的热点领域是旅游、文化产业和教育，可以此为切入点，尝试制作一批中国背景、北京特色的传播内容。

（三）新建平台牵手现有平台：打造传播阵地

根据刘舒、钟传敏[①]的研究，目前在阿根廷从事中国文化传播比较有代表性的平台中，中方设立的有孔子学院 2 所，新闻机构（新华社设）1 家，电台节目（国际广播电台旗下）1 种，杂志（《今日中国》设）1 种，华人华侨主办的私人文化传播机构 5 家，阿根廷私人文化传播机构 1 家，阿根廷独立媒体 1 家，大学研究院 2 所。以上平台的主要传播方向集中在语言教学、新闻报道、学术交流和文化传播等领域。私人文化传播机构或独立媒体普遍面临资金不足、发展受限的困境。北京除应适当建设新的传播平台外，还应充分利用阿根廷国内现有的传播平台，了解他们的主要传播内容和发展需要，发掘合作可能，利用其既有的受众基础，发挥就近传播的效能，打造独有的传播阵地。在这一过程中，应当注意

---

① 刘舒、钟传敏：《中国文化在阿根廷的传播——与阿根廷中国问题专家的对话》，《四川戏剧》2017 年第 6 期，第 4~12 页。

语言因素在其中所扮演的重要角色。要在利用传播阵地推宣北京形象的过程中，适当扶持当地的语言教育机构，努力帮助他们消除语言障碍。

（四）传统文化拉动当代内涵：丰富传播产品

基于本次调研的结果分析，我们不难发现阿根廷民众对北京的认知既包含对深厚文化、悠久历史的兴趣，也有对充满现代气息的艺术、建筑和技术应用的青睐。在北京形象传播过程中，传播产品作为形象载体，内容应当具有针对性和个性化特点。传统文化传播固然重要，当代内涵也应顺势而起，从而进一步丰富内嵌北京形象的传播产品，力求将一个丰满完整的北京形象展现给阿根廷民众，使他们能够走出"碎片化发现北京"阶段，逐步进入"全景式认识北京"层次，同时也为那些有志于"专业性了解北京"的人士提供"靶向传播产品"。如阿根廷民众喜欢看文艺演出，但更倾向于欣赏高雅艺术的表演；高水平的艺术展、文化展、图书展等对他们更有吸引力；阿根廷人热爱阅读，纸质媒介产品如何在题材选择方面找到双方价值观的契合点，在内容翻译方面如何提高翻译质量等恐怕也需要借助两国翻译界和文化界的共同力量才能找到最优方案。

随着中华民族伟大复兴事业不断取得骄人成绩，作为大国首都的北京，将有更多的机会出现在世人面前，其形象的不断发展完善需要传播力量的推送才能得以展现。而对于个性化的受众群体的研究有助于优化传播策略、内容和布局，通过最佳传播途径以达到预期传播效果。

第九节　南非人眼中的北京形象①

一　研究背景：大异其趣的彩虹国度

南非共和国（The Republic of South Africa），简称"南非"，位于南

---

① 本报告由东阳撰写。

半球非洲大陆的最南端，素有"彩虹之国"的美誉。作为非洲第二大经济体，南非财经、法律、通信、能源、交通业较为发达，拥有相对完备的硬件基础设施。作为金砖国家的一员，南非在国际事务中已被确定为一个中等强国，并保持显著的地区影响力。中华人民共和国与南非共和国于1998年1月1日建交。建交以来，双边关系全面、快速发展。2014年12月，祖马总统对华进行国事访问，双方签署《中华人民共和国和南非共和国5—10年合作战略规划2015—2024》，为中南关系进一步深入发展注入了新的强劲动力。①

然而，针对南非的对象国研究目前却处于"初创"阶段，总体研究较少且维度分散，未能形成立体多元的研究格局。具体而言，笔者在中国知网（CNKI）进行关键词检索，尚未搜寻到与南非的北京国际形象有关的研究。笔者遂进行了更为广泛的主题词检索，得到文献百余篇，其中与中国国家形象研究相关的文献24篇。经关键词共现聚类处理，得到以下研究维度（见图1）。

由图1可知，南非中国国家形象的相关文献首先聚焦于种族隔离和华人华侨研究，其次重点关注中南两国的国际关系和全球治理等宏观层面。既有文献的关键词黏合度相对较低（最大值仅为3，多数取值为2，黏合度越高越好），尚未建构出相互连接、彼此串联的综合研究体系。其次，研究者不约而同地在政治研究和国际关系分析两个维度上发力，进行了历史沿革梳理、中非关系分析以及新南非复兴等个案分析。在作者耦合关系方面，既有文献呈各自为战的科研态势。最后，研究方法上既有文献呈"质化研究多、量化研究少"的态势，文本分析、田野调查、深度访谈成了南非中国形象研究的惯用方法，大规模的量化实证研究存世量较低。在仅有的中国全球形象调查中，南非只是一个样本国家，充当一个"研究刻度"，而

---

① 《南非国家概况》，中华人民共和国外交部，2019年8月，https://www.fmprc.gov.cn/web/gjhdq_676201/gj_676203/fz_677316/1206_678284/1206x0_678286。

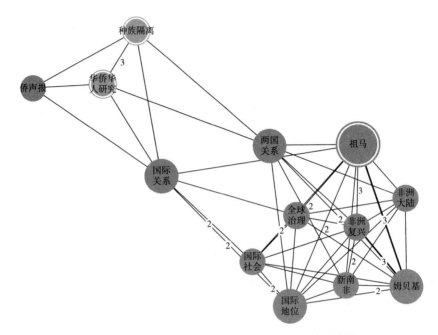

图 1　中国知网与南非中国形象相关文献关键词聚类
资料来源：中国知网。

不是一个独立的研究范畴。由此可见，中国国家形象的建构主要依托媒介化渠道，并以报纸为代表的传统媒体为主要研究路径，进行宏观层面的政治、外交分析，未能下沉到具体城市形象的研究层面。

二　调研结果与分析

（一）样本统计特征

本次南非的问卷为英文版，共计发放 500 份，占非洲大陆的一半（见图 2）。问卷统一按照概率抽样的方式配额发放，共收回有效问卷 500 份，问卷有效率为 100%。

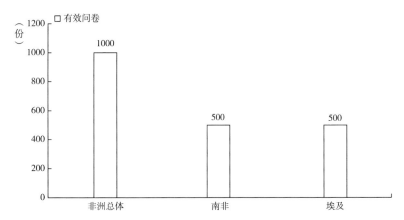

图 2　非洲有效问卷样本分布

资料来源：笔者自制。

在本次调查中，南非样本的性别比为 1∶1，男女各占一半。从年龄分布上看，样本涵盖老、中、青三代人。根据非洲的人口分布与国家差异，其中 18~35 岁的青年群体占总体的 50%、36~50 岁的青壮年群体占 45%，51~65 岁的老年群体仅占 5%（见图 3）。

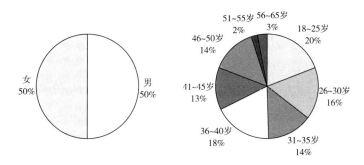

图 3　南非样本的性别与年龄分布

资料来源：笔者自制。

文化程度方面，南非的受访者呈现与全球样本总体不同的趋势。受过职业教育的受访者超过三成（见图 4）。较之同处于非洲大陆的埃及，南非受访民众接受高等教育的比例相对偏低，尤其是在本科教育层面大幅度落后。从全球总体来看，南非的本科教育与发展中国家持平略低，研究生教育仅占发展中国家样本的1/3。"职教多、硕博少"成为南非受访民众的突出特点。由于认知在很大程度上受限于教育的涵化作用，去精英化的南非样本应当被纳入与发展中国家的对比序列中，而不是被拿来和传统意义上的发达国家作比较。

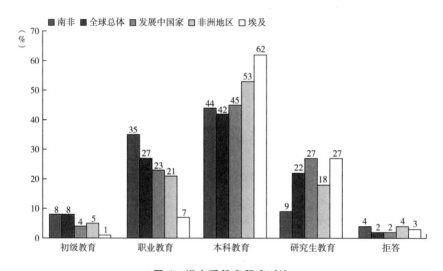

图4　样本受教育程度对比

资料来源：笔者自制。

收入方面，南非受访者的平均收入水平高于非洲总体和埃及的平均水平（见表1）。与发展中国家和埃及所呈现的偏态分布不同，南非受访民众的家庭年收入在3万美元以下区间呈正态分布特点，且拒答率最低（仅为7%）。超过30%的受访人家庭年收入在2万~3万美元。与全球总体情况相比，南非的高收入样本（高于3万美元）占8%。因此，虽然南非在常识中属于准发达国家，但是囿于其教育程度和收入水准，将其归为发展中国家序列可能更为客观合理。

表1 南非样本收入对比

单位：%

美元计家庭年收入	非洲总体	南非	埃及
低于 3k	6	11	0
3k~4.9k	16	7	24
5k~9.9k	23	16	30
10k~19.9k	16	15	18
20k~29.9k	25	36	14
30k~49.9k	4	8	0
50k~69.9k	0	0	0
70k 及以上	0	0	0
拒答	11	7	14
样本量（个）	1000	500	500

资料来源：笔者自制。

（二）北京整体印象

本次调研中南非的受访者都对北京有所认知，到访率为13%，略低于全球总体水平（20%），高于上海（10%）。广东省为非洲公民在华的"第一聚点"也保持较高的辨识度，天津和重庆两个直辖市在南非民众当中的认知状况则与北京存在较大差距。在北、上、广、深四大超级一线城市中，北京在认知度上略低于上海，但在到访率和了解度两个维度均拔得头筹（见表2）。

表2 中国城市认知对比

单位：%

城市认知度	北京	上海	天津	重庆	广州	深圳
知道这个城市	87	88	46	34	51	66
了解这个城市	35	29	5	5	14	10
去过这个城市	13	10	5	2	10	5

资料来源：笔者自制。

就北京个体而言，南非受访者的到访率高于非洲总体到访情况，但远低于发展中国家的到访状况。其原因可能在于南非遥远的地理距离和复杂的国内状况。从时间维度上看，南非受访民众在 2008 年北京奥运会之前的到访率高于非洲总体和发展中国家的平均水平，但在 2008 年北京奥运会之后稍落后于两者，未能持盈保泰。大型体育赛事是一个重要的影响因子。2012 年之后，三者在抵京率方面均突破了 70%，其中南非受访民众高出发展中国家受访者 2 个百分点，保持较高的增长势头。从来京事由分析，旅游是南非民众赴京的主要事由，其次是商务、来华工作、探亲访友、学术活动、留学以及外交活动。非洲和发展中国家民众也秉持相同的来京事由。值得注意的是，南非受访者在商务、留学和学术活动三个事由上低于非洲和发展中国家的总体水平，但在来华工作和探亲访友两个层面上高于对比样本（见表3）。

表 3　到访率、事由和时间区间

单位：%

是否来过北京	南非	非洲总体	发展中国家
到访率	13	12.1	18
样本量（个）	500	1000	3500
到访北京事由			
旅游	62	63	72
商务	38	52	41
来华工作	22	20	21
探亲访友	17	12	15
学术活动	9	17	13
留学	9	13	11
外交活动	5	3	6
来访北京时间			
2013～2019 年	77	79	75
2009～2012 年	11	12	16
2002～2008 年	8	7	7
1993～2001 年	2	1	1

资料来源：笔者自制。

南非民众对北京城市形象的总体打分为 7.3 分（介于比较好和非常好之间，满分为 10 分），高于全球总体水平，但略低于非洲总体水平（见图 5）。另外，北京城市形象在南非的总体得分亦低于发展中国家。由此表明，北京在南非维持着较好的形象水准，但较之埃及（7.6 分）须进一步提升。

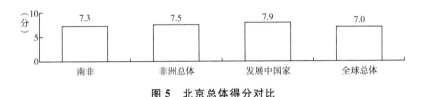

图 5　北京总体得分对比

资料来源：笔者自制。

从全球范围考察，南非受访者的总体评分仍旧高于发达国家。为了摒弃教育程度和收入水平的束缚，课题组采用了加权换算法，将得分均值换算成百分制（见表 4）。非洲两国总体得分差距不大，均在发展中国家中处于相对较低的水平。非洲，尤其是南非，也就自然成为北京外宣工作的一个"重镇"，有待于"深耕"。

表 4　北京形象加权得分

发达国家 北京=100							发展中国家 北京=100						
英国	美国	法国	德国	澳大利亚	韩国	日本	墨西哥	巴西	印度	俄罗斯	阿根廷	埃及	南非
98	96	93	92	91	77	69	118	117	114	111	110	109	105

资料来源：笔者自制。

（三）北京印象与市民形象

北京在南非民众中最为突出的三个城市印象分别是"科技创新"（86%）、"经济发达"（85%）以及"文化深厚"（82%）。在"开放包容"（51%）上北京得分不佳，而在"政治中心"（仅 45%）维度上的受众认知达到了最低值。北京因此在南非形成了"科技+经济+文化"局面，却受到政治和开放包容的拖累，与非洲总体保持了一致。与同在非洲的埃及相比，南非的北京印象除了在"文化深厚"和"现代时尚"两个维度上占优势以外，其余维度均处于劣势地位（见表5）。由此可见，北京的城市印象在南非有待进一步提升，尤其需要在开放包容、政治中心两个方面进行软硬结合的立体化传播，有效构建北京作为开放互信的大国首都的政治中心形象。

表5　北京城市整体印象对比

单位：%

非常同意/比较同意	全球总体	发达国家	发展中国家	南非	非洲总体	埃及
文化深厚	80	76	85	82	82	81
经济发达	80	73	86	85	86	87
历史悠久	78	75	81	77	77	77
科技创新	76	66	86	86	88	88
现代时尚	67	55	80	76	71	65
政治中心	65	65	66	45	57	68
和谐宜居	57	43	71	69	70	70
开放包容	49	38	59	51	60	71

资料来源：笔者自制。

在北京市民形象方面，超过70%的南非民众对北京市民的直观印象是"开拓创新"（南非、埃及和非洲总体均为72%）、"勤劳敬业"（70%）以及"遵纪守法"（66%）。北京市民在南非民众中的形象与非洲总体情况在"积极向上"维度上略有出入，总体落后于埃及民众的评价，却领先于全球总体水平。由此可见，北京民众在南非保持了一定程度的正面形象，形成了创新、勤劳和守纪的"铁三角"，但在"爱护生态环境"（43%）和"诚实守信"（51%）两个方面有较大的提升空间（见表6）。北京市民在南非依然需要打破西方媒体的刻板印象。北京外宣工作需要突破外媒"妖魔化"。

表6　北京市民形象对比

单位：%

正面/积极评价	全球总体	发达国家	发展中国家	南非	非洲总体	埃及
勤劳敬业	66	54	77	70	75	81
遵纪守法	60	49	72	66	68	70
国家至上	58	55	61	54	57	60
公共场所举止文明	58	47	68	65	67	70
积极向上	57	46	68	63	69	76
开拓创新	54	41	68	72	72	72
诚实守信	50	38	61	51	54	57
热情包容	46	35	58	53	62	70
爱护生态环境	35	21	49	43	51	58

资料来源：笔者自制。

（四）政治中心形象

1. 政府形象

前文已述，南非民众对北京的政治形象认知目前存在较大的提升空间。60%以上的南非民众认可北京市政府的"治理能力高效"（63%）和"创新型政府"（60%），其次依次是"法治政府"、"负责任的政府"和"廉政建设"。南非和埃及的情形几乎如出一辙，只在"法治政府"方面存在一定的偏差（见图6）。北京市政府维持了一个积极、正

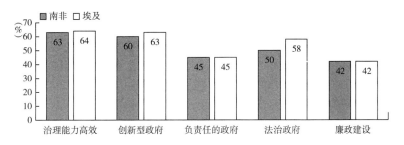

图6　南非和埃及北京市政府形象得分对比

资料来源：笔者自制。

面以及负责任的总体形象，并在南非和埃及两国的受访者中间形成了同频共振的认同效应。就南非而言，北京市政府进一步完善形象的着力点在纵深化推进廉政建设。

2. 城市发展理念

在北京市政府提出的城市发展理念认知层面，南非民众对于"科技北京"（52%）最为认同，与北京总体印象保持一致。"智慧城市"（50%）位列第二名，"宜居城市"（33%）和"绿色北京"（33%）并列第三位（见表7）。南非民众的选择与非洲和发展中国家保持了小差异范围内的一致性，尤其在"科技北京"和"智慧城市"两个方面，受访国家民众给予了较高的关注。较之埃及，南非受访者对"智慧城市"和"城乡协同发展"两个层面上更为认同，但在其他维度上的认知度都低于埃及。由此可知，南非民众更加关注技术在构建智慧城市中的运用与发展，也注重在宜居和生态两个维度上的政府顶层设计。

表7　北京市城市发展理念认同对比

单位：%

城市发展理念	全球总体	发达国家	发展中国家	南非	埃及
科技北京	38	25	51	52	65
智慧城市	36	23	49	50	33
宜居城市	27	17	37	33	44
绿色北京	24	15	34	33	36
城乡协同发展	19	14	23	22	19
建设国际人才社区	17	13	22	16	29
推动城市减量提质发展	15	12	18	18	21

资料来源：笔者自制。

3. 大型活动

在北京举办的大型活动中，2008年北京奥运会具备强劲的影响力，80%的南非民众对2008年北京奥运会印象深刻，远高于埃及（60%）和全球总体水平（70%），与发展中国家（76%）持平略偏高。2008年北京奥运会后，在京举办的大型活动在南非的影响力相对减弱，"北京国际电影节"（30%）居第二位，"北京国际马拉松"（27%）和"中非合作论坛北京峰会"（27%）并列第三位。值得注意的是，南非受访者对"一带一路"国际合作高峰论坛（13%）和"北京世界园艺博览会"（9%）的认知情况明显低于全球总体水平（见表8）。大型活动作为主场外交的依托点，在南非民众中的影响力有待提升。

表 8　北京市大型活动的认知对比

单位：%

大型活动	全球总体	发达国家	发展中国家	南非	埃及
2008 年北京奥运会	70	64	76	80	60
北京国际电影节	26	19	34	30	38
北京国际马拉松	23	19	27	27	20
"一带一路"国际合作高峰论坛	17	15	18	13	23
中非合作论坛北京峰会	16	11	21	27	31
北京国际图书博览会	16	9	23	13	36
北京世界园艺博览会	14	12	16	9	15
亚洲文明对话大会	12	9	15	10	16

资料来源：笔者自制。

在大型活动评价方面，2008 年北京奥运会依旧是好评如潮（59%），得分高于埃及和全球总体水平。南非民众虽然对"北京世界园艺博览会"的认知度不高，但保持较高的美誉度（51%），虽略低于埃及，但大幅度领先于全球总体。此外，南非受访者还钟情于"北京国际图书博览会"（45%），虽不及埃及 56% 的好评水准，但依旧超出全球总体（见表9）。由此可知，非洲民众普遍对软性的体育文娱活动更为喜爱，例如超过半数的南非民众对"北京国际马拉松"（比较好占比 53%）比较满意。文化娱乐和体育内容依旧是北京形象建构过程中的头等因素，在北京形象的跨国传播中扮演着决定性角色。

表 9　北京市大型活动的评价对比

单位：%

大型活动	全球总体		南非		埃及	
	非常好	比较好	非常好	比较好	非常好	比较好
2008 年北京奥运会	42	38	59	35	36	40
北京国际电影节	37	44	37	46	50	39
北京国际马拉松	35	44	32	53	48	47
"一带一路"国际合作高峰论坛	30	39	32	47	50	34
中非合作论坛北京峰会	34	42	39	41	37	50
北京国际图书博览会	43	41	45	39	56	31
北京世界园艺博览会	42	40	51	34	58	34
亚洲文明对话大会	36	42	27	52	41	37

资料来源：笔者自制。

（五）文化中心形象

在南非民众的印象中，北京最为著名的文化符号是以长城为代表的名胜古迹（53%），其次是著名饮食（48%）和传统服装（44%），与体验旅游的赴京事由一致。与区域（非洲）和全球总体相比，南非民众在现代建筑（25%）、文艺演出（24%）、知名学府（21%）和特色文化街区（16%）四个维度上的得分偏低（见图 7），呈现"重传统、

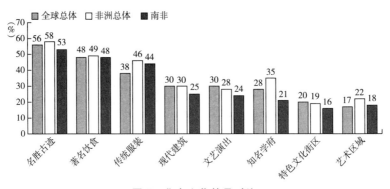

图 7　北京文化符号对比

资料来源：笔者自制。

轻现代、重自然、轻人文"的特点。针对受众呈现的"异质化"特征，北京文化在南非传播进程中，针对圈层化的分众进行"个性化推荐"便显得尤为重要。

在北京的文化地标选择中，超过半数的南非受访者将长城排在首位（54%），将长城排在第二位和第三位的受访者各占12%和7%。其次是天坛（推荐顺位为9%、17%和7%）和故宫（推荐顺序分别是6%、11%以及9%）（见表10）。长城、天坛和故宫构成了最能代表北京的文化符号。可能与在非落地的电视转播平台长城平台有关，长城居于绝对核心地位。值得注意的是，南非受众对北京四合院、798艺术区和三里屯等人文景观的推荐度相对较低，这有赖于进一步推广和宣传。

表10　北京文化地标推荐

单位：%

文化地标	南非（样本量=500）		
	第一位	第二位	第三位
长城	54	12	7
故宫	6	11	9
天坛	9	17	7
天安门	3	6	3
颐和园	4	8	6
鸟巢和水立方	4	7	5
国家大剧院	4	3	4
秀水街	2	3	4
北京四合院	1	2	2
大运河文化带	2	2	5
798艺术区	1	2	3
三里屯	0	1	0

资料来源：笔者自制。

在强化北京文化中心建设方面，超过半数南非民众首选"保护文化遗产"（53%），其次为"推广饮食文化"（48%）以及"重视文化创意产业"（38%）（见表11）。与埃及、非洲和全球总体相比，三个层面的建议都处于领先水平，并且在各个维度上南非都保持较高的水准。可见南非民众对中华文化的重视程度较高，同时建议将文化的传播进行产业化、规模化运作。此外，南非受访者还突出建议"推进夜间经济发展"（26%），均超过了区域和全球总体水平，体现了南非居民对经济的重视，以及对生活品质的追求，也为北京形象在文化上的提升开出了"靶向"药方。

表11 北京文化中心形象提升路径对比

单位：%

文化中心形象要素	全球总体	非洲总体	南非	埃及
建设更多高水平知名学府	20	32	25	39
培养文化名人	17	22	24	21
提高居民的文化素质	31	32	27	38
组织丰富的文艺演出	29	36	30	41
组织文化产品展览	27	36	37	35
推广饮食文化	35	36	48	24
重视文化创意产业	29	36	38	34
保护文化遗产	51	51	53	49
推进夜间经济发展	19	22	26	19
建设特色文化街区	26	31	29	32
扩大文化场馆建设	28	33	30	36

资料来源：笔者自制。

（六）国际交往中心形象

南非民众对北京的国际化程度打分均值为7.3分（见表12），呈现较高的认可程度，该得分虽略低于埃及（7.4分）和发展中国家总体得分（7.8分），但明显高于发达国家得分（6.5分），略高于全球总体得分（7.2分）。

表 12　北京国际交往中心得分对比

单位：分

全球总体	发达国家/发展中国家		非洲国家	
	发达国家	发展中国家	南非	埃及
7.2	6.5	7.8	7.3	7.4

资料来源：笔者自制。

半数南非民众认为"举办各种具有国际影响力的文艺活动和体育赛事"（50%）是北京作为国际交往中心形象的最佳缩影。之后依次是"设置清晰、规范的多语种外国语指引标识"（47%）以及"对外国人的包容度高"（47%）。值得注意的是，南非民众对"外国人数量多"（21%）这一指标并不感兴趣，评价均低于非洲和全球总体水平（见图8）。可见南非民众的民族向心力稍差、对共情传播策略的适应性可能不太高。

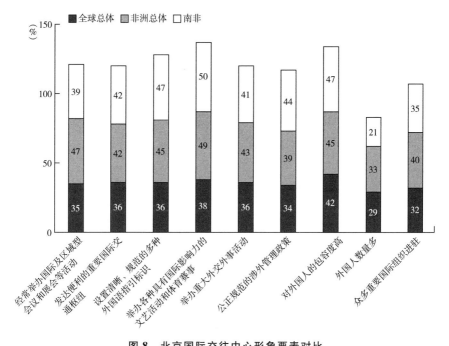

图 8　北京国际交往中心形象要素对比

资料来源：笔者自制。

在提升北京作为国际交往中心的要素方面，南非受访者认为最有效的举措是提升"美好的旅游体验"（58%），其次是"安全卫生便捷的饮食及饮食环境"（55%）和"公共场所清晰标准的外语标识"（54%）（见图9）两个方面的提升。与非洲总体状况相比，南非与非洲民众的基本状况一致，更加关注酒店和交通等现实问题。由此可见，非洲民众实际上是将北京作为一个旅游目的地而非一个国际交往中心。

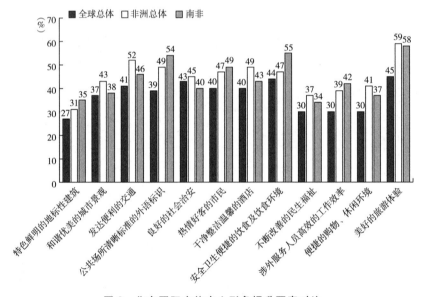

图9　北京国际交往中心形象提升要素对比
资料来源：笔者自制。

（七）科技创新中心形象

南非民众对北京的科技创新程度打分均值为8.2分（见表13），呈现较高的认可程度，该得分虽略低于埃及（8.3分）和发展中国家的总体得分（8.5分），但明显高于发达国家得分（7.1分），略高于全球总体得分（7.8分）。

表 13　北京科技创新中心得分对比

单位：分

全球总体	发达国家/发展中国家		非洲国家	
	发达国家	发展中国家	南非	埃及
7.8	7.1	8.5	8.2	8.3

资料来源：笔者自制。

大部分南非民众认为北京的科技创新聚焦于"科技企业数量众多"（58%），其次为"公共场所的科技技术应用面广"（56%）以及"互联网覆盖程度高"（54%）（见图 10）。南非受访者的反馈情况与非洲总体状况在重点维度上保持了一致，在排名顺序上略有不同，但差别不大。总体上均领先于全球总体水平。此外，非洲居民对北京的互联网技术应用前沿，如共享单车和移动支付等领域有浓厚的兴趣。

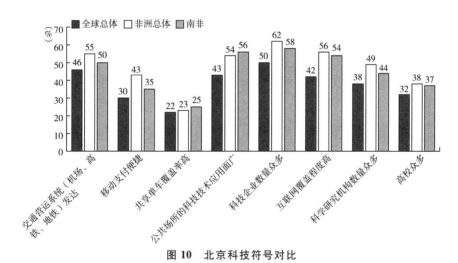

图 10　北京科技符号对比

资料来源：笔者自制。

（八）和谐宜居之都形象

南非民众对北京的宜居程度打分均值为 7.0 分（见表 14），呈现的认可程度与全球总体水平持平，低于埃及（7.8 分）和发展中国家总体得分（7.8 分），但明显高于发达国家的得分（6.1 分）。

表 14 北京宜居程度得分对比

单位：分

全球总体	发达国家/发展中国家		非洲国家	
	发达国家	发展中国家	南非	埃及
7.0	6.1	7.8	7.0	7.8

资料来源：笔者自制。

　　南非受访者指出北京的宜居程度主要体现在"经济发展水平较高"（67%）、"充满机遇"（59%）和"文明程度很高"（48%），与非洲总体状况保持一致，在各个维度上的要求都超过了全球总体水平（见图 11）。南非民众与非洲总体相比，在健康、便捷、可持续发展方面的要求稍低。

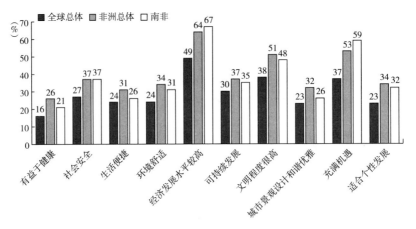

图 11 北京宜居指标对比

资料来源：笔者自制。

　　在提升北京形象方面，南非民众强调以礼仪为代表的国民素质（67%），重点关注食品质量（17%）、人多拥挤（17%）、空气质量（17%）等维度。南非民众在各个维度上与非洲总体相比略偏高，除了世界瞩目的空气质量问题，在其他方面远超全球总体水平（见图 12）。

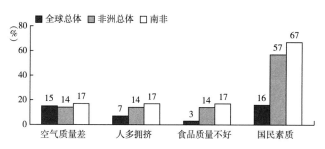

图 12　北京形象提升路径对比

资料来源：笔者自制。

（九）北京媒体报道量及受众认知渠道

　　南非受访者在北京的全球媒体报道量方面与发展中国家几乎保持一致，认为"比较充分"的南非受众（36%）高于全球总体水平，也略微超出同处于非洲的埃及（见表 15）。大部分南非民众对北京的全球媒体报道量持了解态度。可见南非受访者对北京并不陌生，北京在南非民众中具备良好的群众基础。

表 15　北京媒体报道量对比

单位：%

媒体报道量	全球总体	发展中国家	南非	埃及
非常充分	14	18	18	21
比较充分	32	35	36	34
一般	37	32	30	27
不充分	17	15	16	18

资料来源：笔者自制。

　　南非受访者对北京的认知主要依赖本国媒体（71%），并且其依赖程度在区域和全球范围内最高（见表 16）。因此，南非媒体成为北京形象提升之路上的重要平台。其次，南非民众也依赖自身观察（50%）和与其他人的交流（48%）。南非受众的独立性、自主性显著。人际传播和群体传播也因而成为显著因素。

表 16　北京认知渠道对比

单位：%

认知渠道	全球总体	发达国家	发展中国家	非洲总体	南非	埃及
本国媒体	56	57	54	59	71	48
中国媒体	19	16	22	22	18	26
其他国家的媒体	27	20	34	39	30	47
我自己的观察	38	33	44	42	50	34
我和其他人的交流	34	28	40	39	48	30
参加由中国举办的活动时的体验	15	11	19	17	13	22
我购买或使用中国产品的体验	32	19	45	46	38	53
我亲历北京的体验	11	10	12	8	10	7

资料来源：笔者自制。

在媒介渠道方面，南非受访者对北京的认知主要依赖传统媒体电视（76%），并且其依赖程度在非洲和全球范围内最高（见图 13）。电视、网站（68%）和社交平台（64%）形成了三分天下的局面，纸媒（报纸、杂志、书籍）（51%）和电影（46%）也保持强劲的势头，纸媒（报纸、杂志、书籍）的占比亦为全球最高。新媒体和传统媒体同台博弈、各不相让构成了南非错落有致的传媒生态。

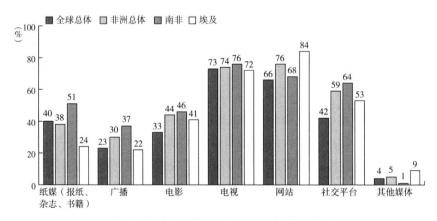

图 13　各国（地区）北京形象认知媒介对比

资料来源：笔者自制。

在直接信息渠道方面，南非受访者对北京的认知主要源自"中国使馆举办的活动"（55%）、"产品销售活动"（50%）以及"旅游年"（47%）（见表17）。与非洲总体保持一致，但与全球总体有一定的出入。"文化年"未能成为非洲受众认知北京的主要信息源，"孔子学院举办的活动"（29%）在南非的成效也亟须提升和扩大。

表17　认知北京的直接信息渠道对比

单位：%

认知渠道	全球总体	发达国家	发展中国家	非洲总体	南非	埃及
文化年	49	46	51	31	32	30
海外中国文化中心举办的活动	47	45	48	52	44	57
中国使馆举办的活动	47	39	52	56	55	56
旅游年	44	43	45	37	47	32
演出	40	27	47	34	40	30
产品销售活动	34	19	43	59	50	64
孔子学院举办的活动	33	30	36	31	29	32

资料来源：笔者自制。

三　建议与对策

中南同为金砖国家、互为大型贸易伙伴，关系非比寻常。北京形象在南非，折射出了一个大国的首都侧影。[1] 然而，面临"多杂散匿、时空分离、相对独立"的国际受众[2]，北京国际形象的提升依旧任重道远。受到中国公共广播体制和中国特色社会主义国情的影响，北京形象的完善与提升也势必会走上无前例可援的探索之路。

综观本次调查，基于数据呈现的特征，面向南非的北京形象提升策

---

① 暨南大学舆情与社会管理研究中心：《中国形象全球调查——约翰内斯堡卷》，暨南大学出版社，2015，第1页。
② 刘燕南、谷征：《我国国际传播受众研究的现状与问题探讨》，《现代传播》（中国传媒大学学报）2012年第9期，第24~28页。

略主要集中于传播者的科学化推宣、渠道的平台化融合、受众的分众化推荐和内容的服务化报道四个方面（见图14）。

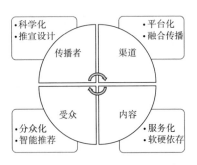

图14　北京形象提升建议与对策

资料来源：笔者自制。

　　具体而言，传播者作为信息源，应从顶层设计角度优化北京形象的推广和宣传，搭乘"一带一路"和"四个中心"建设的政策"顺风车"，以2022年北京冬奥会为契机，厘清作为超级一线城市的北京、作为中国首都的北京①以及作为冬奥会举办地的北京，在形象方面的共性与差异。基于自身的不同定位，传递出不同声音，勾勒出"燕瘦环肥、各有其妙"的立体传播图景，以期优化传播布局。例如，北京广播电视台冬奥纪实频道已经开播，应尽快在长城、歌华等电视平台落地，从而优化传播内容、第一时间吸引南非民众的注意力。

　　传播渠道方面，接力"互联网+"和5G时代进行平台化聚合运营，运行和维护好传统媒体渠道的同时，纵深化拓展新媒体渠道，以适应媒介融合、智能媒体时代的客观要求。当下媒介技术的突飞猛进呈现指数级增长的趋势②，以媒介融合为纲领，打破传统媒体和新媒体的二元对立宜早不宜迟。此外，以TikTok为代表的短视频流媒体作为新一代信

---

① 观点来自外文局当代中国与世界研究院孙敬鑫老师的深访材料。
② 杨雅、喻国明：《试论技术现象学视域下媒介技术的"在场效应"》，《当代传播》2018年第1期，第54~59页。

息入口，在海外迅速走红，北京形象的海外传播矩阵有待调整和丰富。根据互联网下半场的游戏规则[1]，内容传递应当遵循"一次制作、多元分发"的准则进行多平台化整合，跳出纸媒、电视、两微一端所割裂的线性媒介逻辑，打造平台型渠道，实现信息传递闭环。例如，利用"短、平、快"的视频技术为先导，进行全媒体布局，推进生产分发相结合的渠道平台化或者搭乘中国广播电视总台的大船出海，从而打破西方社交平台（如 Facebook、Twitter 和 Instagram）的渠道壁垒。

作为北京形象的缩影，传播内容也需要做出一定的调整，在强化服务型信息的同时适度进行针对北京政治形象的靶向宣传，以期打破西方媒体所设置的议程。在可控范围内，突出与北京市政府相关的硬性内容，从而提升南非受众对北京政治形象的认知度。由于南非的新闻事业起步较晚且长期受制于西方媒体，南非民众对北京的政治形象存在一定的认知偏差。直接铺排"硬内容"可能招致受众不适，可以通过影视作品、短视频、VR、数据新闻等娱乐性、鲜活性、交互性较强的方式来"软化"硬性内容，软硬依存、相得益彰。北京不能也不应当只是南非受众的旅游目的地，大国首都的风范同样需要传递。例如，《建党伟业》等影视剧译制可以作为排头兵用以打开局面，同时利用大型活动来呈现北京政治形象的"别样红"，增强硬性内容的洞穿力。

受众作为北京形象传播的"最后一公里"，在整个城市国际形象的建构中处于核心位置。随着媒介形式的碎片化（Media Fragmentation），南非受众也无一例外地受到受众分化（Audience Segmentation）的冲击[2]，逐步演进到分众和后受众阶段，呈现集群化、个体化的特征。[3] 针对不

---

[1]　喻国明：《边缘创新与价值准则：互联网"下半场"的发展关键》，《新闻界》2017 年第 10 期，第 38~42 页。

[2]　Philip M. Napoli, "Audience evolution: new technologies and the transformation of media audiences," *Journal of Communication*, 61（2011）：E1-E4.

[3]　刘燕南：《从"受众"到"后受众"：媒介演进与受众变迁》，《新闻与写作》2019 年第 3 期，第 7~13 页。

同的分众群体，"一国一策"亦应进化到"一群一策"，针对南非受众对互联网技术、移动支付和共享单车的兴趣，进行针对特定群体的个性化内容推荐，达到持盈保泰的目的。同时，更新受众定位、以核心意见领袖（KOL）和算法推送相结合的方式开展差异化内容的口碑传播、人际传播或者UGC内容来引领流量、吸引新受众，力图改善南非受众对学术活动和孔子学院的漠视、培育南非民众对北京人文景观的兴趣，继而打造多元受众、传受互嵌的"复调传播"①格局。

第十节　埃及人眼中的北京形象②

一　研究背景

阿拉伯埃及共和国（The Arab Republic of Egypt），简称"埃及"。位于非洲东北部，南接苏丹，西连利比亚，东临红海并与巴勒斯坦、以色列接壤，北经地中海与欧洲隔海相通，东南与约旦和沙特阿拉伯相望，地处欧亚非三大洲的交通要冲，具有极其重要的战略意义，是全球经贸往来的枢纽地带，更是世界各文化碰撞交融的多彩舞台。

埃及是中东人口最多的国家和非洲人口第二大国，在经济、科技领域长期处于非洲领先地位，是非洲大陆第三大经济体。其各项重要产业，如旅游业、农业、工业和服务业有几乎同等的发展比重。埃及也被认为是一个中等强国，在北非、中东和伊斯兰教信仰地区尤其具有广泛的影响力。

埃及与中国一样是四大文明古国之一，经历了连绵不断的历史演变，发展成今天以开罗为首都，伊斯兰教为国教，多教派、多民族共存的国度，与中国在历史上具有天然的认同感。

埃及是第一个与中国建交的阿拉伯国家和非洲国家，两国自1956

---

① 郭镇之：《多元一体讲好中国故事》，《对外传播》2018年第9期，第4~6+1页。

② 本报告由齐济撰写。

年建交以来关系一直发展顺利。"一带一路"倡议提出正值埃及经历革命洗礼后百废待兴，现任总统塞西领导人民从"向西看"转头"向东看"。自 2013 年底上台以来，塞西已连续 6 次访华，这是埃及有史以来高层访华最频繁的几年。2014 年 12 月塞西首次访华，中埃两国签署《关于建立全面战略伙伴关系的联合声明》；2016 年 1 月，习近平主席对埃及进行国事访问，两国签署《关于加强两国全面战略伙伴关系的五年实施纲要》，不断为中埃关系全面发展注入强劲动力。[①]

　　笔者在中国知网（CNKI）检索主题词，以埃及为对象国进行的研究尚处于初级阶段，总共有 44 篇文献，总体研究维度较分散，未能形成立体多元的研究格局。另外，笔者未搜寻到埃及的北京国际形象相关研究，遂进行了更为广泛的主题词检索，获得阿拉伯国家中国形象研究相关文献 19 篇，其中埃及中国形象研究 3 篇，分别从埃及主流媒体和青年对中国认知角度进行研究。经关键词共现聚类处理，得到以下研究维度（见图 1）。

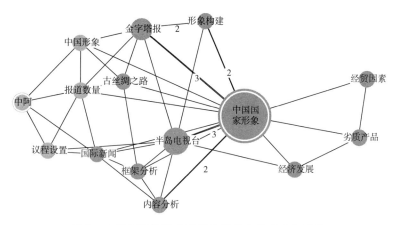

图 1　中国知网埃及中国形象相关文献关键词聚类

资料来源：笔者自制。

---

① 《埃及国家概况》，中华人民共和国外交部，https://www.fmprc.gov.cn/web/gjhdq_676201/gj_676203/fz_677316/1206_677342/1206x0_677344/，最后访问日期：2019 年 11 月 7 日。

由图 1 可知，埃及中国国家形象的相关文献首先聚焦于中阿关系和中国形象，其次重点关注新闻传媒和经济发展层面。既有文献的关键词黏合度相对较低（最大值仅为 3，多数取值为 2，黏合度越高越好），尚未建构出相互连接、彼此串联的综合研究体系。

二 调研结果与分析

（一）样本统计特征

本次埃及的问卷为阿拉伯文版，共计发放 500 份（见图 2）。问卷统一按照概率抽样的方式配额发放，共收回有效问卷 500 份，问卷有效率为 100%。

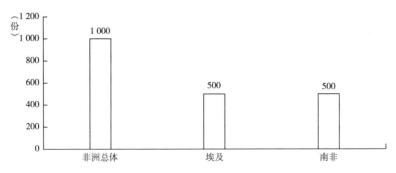

图 2 非洲问卷样本分布

资料来源：笔者自制。

在本次调查中，埃及样本的性别比为 1∶1，男女各占一半。从年龄分布上看，样本涵盖老、中、青三代人。根据非洲的人口分布与国家差异，其中 18~35 岁的青年群体占总体的 50%、36~50 岁的青壮年群体占 46%，51~65 岁的老年群体仅占 4%（见图 3）。

文化程度方面，埃及的受访者呈现与全球样本总体不同的趋势。受过本科教育的受访者占 62%，受过研究生教育的占 27%（见图 4），二者比重均高于全球总体和发展中国家水平，较之同处于非洲大陆的南非，

埃及受访民众接受高等教育的程度高出36%。"受教育程度较高"成为
埃及受访者的突出特点。

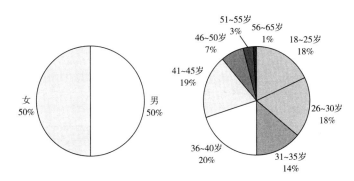

图3　埃及样本的性别与年龄分布

资料来源：笔者自制。

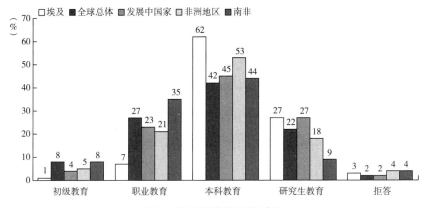

图4　样本受教育程度对比

资料来源：笔者自制。

收入方面，埃及受访者的平均收入水平低于非洲总体水平和南非的
平均水平（见表1）。与发展中国家和南非所显示出的偏态分布不同，
埃及受访民众的家庭年收入在3万美元以下区间基本呈正态分布特点，
但拒答率最高（为14%）。家庭年收入多集中在0.3万~1万美元的占
回答者的54%，年收入在1万~3万美元的家庭占回答者的32%，与

全球总体情况相比，埃及的高收入样本（高于3万美元）暂时缺位。2010年从突尼斯刮起的"阿拉伯之春"飓风席卷大片北非阿拉伯国家，埃及也未能幸免，革命导致埃镑贬值、物价疯涨，此前美元兑埃镑的汇率为6.8~7.2，现在则高达17.79，革命将埃及人民从春天拖曳进冬天。

表1　埃及样本收入对比

单位：%

美元计家庭年收入	非洲总体	埃及	南非
低于3k	6	0	11
3k~4.9k	16	24	7
5k~9.9k	23	30	16
10k~19.9k	16	18	15
20k~29.9k	25	14	36
30k~49.9k	4	0	8
50k~69.9k	0	0	0
70k及以上	0	0	0
拒答	11	14	7
样本量（个）	1000	500	500

资料来源：笔者自制。

　　埃及人民从革命的教训中意识到只有稳定的社会才是民生的保障。较低的生活水平使埃及人民向往美好的生活，较高的受教育水平使埃及人民保持清醒的头脑并快速走出革命陷阱，重整旗鼓迈向谋发展的道路。因此，经历全球风云变幻依旧屹立不倒、经济蓬勃发展的中国成为埃及模仿的对象，集政治、文化、国际交往、科技创新四个中心于一体的北京成为埃及首都开罗发展的标杆。

（二）北京整体印象

　　本次调研中埃及的受访者在对北京的认知度、到访率和了解度方面均拔得头筹。对上海的认知度略低于北京，1%受访者对其零认知，虽然只是1个百分点的差距，但也是从量到质的根本性区别。数据显示埃及受访者到访北京比率为11%，略低于全球总体水平（20%），高于上海（8%），可见北京是埃及公民在华的"第一聚点"，并保持较高的辨识度，天津、重庆、广州、深圳四个城市在埃及民众中的认知状况则与北京存在较大差距。在北上广深四大超级一线城市中，北京在了解度上遥遥领先，可见在对外宣传方面北京下了更多功夫（见表2）。

表2　城市认知对比

单位：%

城市认知度	北京	上海	天津	重庆	广州	深圳
没听说过	0	1	47	55	58	58
去过	11	8	3	4	8	4
非常/比较了解	62	52	14	11	13	10

资料来源：研究自制。

就北京个体而言，埃及受访者的到访率低于非洲和发展中国家总体到访情况。笔者分析主要原因有三点。第一，遥远的地理位置是限制埃及人来华的客观因素。中国与埃及相隔两大洲，从北京到埃及直线距离约7500千米，北京直飞开罗需要约11小时，遥远的地缘因素很大程度上阻碍埃及人来华。第二，经济条件是限制埃及人出国的主要因素。革命后埃及经济遭遇"滑铁卢"，满足温饱已成为很多人面临的最大困难，普通人更没有出国的条件。

从时间维度上看，埃及受访者在2008年北京奥运会之前到访率低于全球总体水平，但与非洲和发展中国家平均水平保持一致。在2008年北京奥运会之后，到访率涨幅略低于全球总体和发展中国家，但高于非洲国家。2013年"一带一路"倡议提出后，埃及受访者到访率大幅提高，是之前的6.15倍，增长率领先全球总体10个百分点。

从来京事由分析，商务活动是埃及民众赴京的主要事由，紧随其后的是旅游，之后是留学、学术活动和来华工作，最后是探亲访友以及外交活动。非洲其他国家和发展中国家民众也拥有相同的来京事由。值得注意的是，埃及受访者在商务、留学和学术活动三个维度上高于非洲和发展中国家的总体水平，但在来华工作和探亲访友两个层面上低于两个对比样本（见表3）。

表3 到访率、事由和时间区间一览

单位：%

是否来过北京	埃及	非洲总体	发展中国家
到访率	11	12.1	18
样本量（个）	500	1000	3500
到访北京事由			
旅游	64	63	72
商务	68	52	41
来华工作	18	20	21
探亲访友	5	12	15
学术活动	18	17	13
留学	18	13	11
外交活动	2	3	6
来访北京时间			
2013~2019 年	80	79	75
2009~2012 年	13	12	16
2002~2008 年	7	7	7
1993~2001 年	0	1	1

资料来源：笔者自制。

从国际城市印象角度分析，埃及民众对北京城市形象的总体打分为7.6分（介于比较好和非常好之间，满分为10分），高于全球总体和非洲总体水平，但略低于发展中国家总体水平（见图5）。由此表明，北京在埃及维持着比较好的形象水准，但还有提升空间。

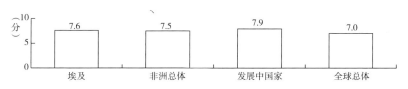

图5　北京城市形象总体得分对比

资料来源：笔者自制。

从全球范围考察，埃及受访者的总体评分高于发达国家。为了摆脱收入水平的束缚，课题组采用了加权换算法，将得分均值换算成百分制（见表4）。非洲两国总体得分差距不大，均在发展中国家中处于相对较低的水平。非洲，尤其是亚非欧三大洲的枢纽地区、文化多样性显著的埃及，自然成了北京外宣工作中的重要一环，有待于"精耕细作"。

表4　北京形象加权得分

发达国家 北京 = 100							发展中国家 北京 = 100						
英国	美国	法国	德国	澳大利亚	韩国	日本	墨西哥	巴西	印度	俄罗斯	阿根廷	埃及	南非
98	96	93	92	91	77	69	118	117	114	111	110	109	105

资料来源：笔者自制。

（三）北京印象与市民形象

埃及受访者对北京影响普遍高于全球总体，其中最为突出的三个城市印象分别是"科技创新"（88%）、"经济发达"（87%）以及"文化深厚"（81%）。在"开放包容"（71%）和"和谐宜居"（70%）方面得分不佳，在"政治中心"（68%）和"现代时尚"（65%）上得分最低。尽管如此，"政治中心"得分仍高于其他国家和地区平均水平。在"现代时尚"方面，埃及受访者给出的得分只高于发达国家平均水平，低于全球总体、发展中国家和非洲总体。埃及曾先后被土耳其、法国、英国殖民，在审美上可能更偏向西方，对于"现代时尚"的理解也自然与我们存在一定差异。另外，来过北京的埃及受访者毕竟有限，更多人了解中国的渠道还是影视、使馆活动或孔子学院举办的活动，而这些渠道打的并非"现代时尚"牌，因此今后北京在该方面还有很大上升空间（见表5）。

表5　北京印象对比

单位：%

非常同意/比较同意	全球总体	发达国家	发展中国家	埃及	非洲总体	南非
文化深厚	80	76	85	81	82	82
经济发达	80	73	86	87	86	85
历史悠久	78	75	81	77	77	77
科技创新	76	66	86	88	88	86
现代时尚	67	55	80	65	71	76
政治中心	65	65	66	68	57	45
和谐宜居	57	43	71	70	70	69
开放包容	49	38	59	71	60	51

资料来源：笔者自制。

在北京市民形象方面，埃及在各个维度上都超过全球总体、发展中国家和非洲总体，也超过同属非洲地区的南非。超过80%的埃及民众对北京人的直观印象是"勤劳敬业"，紧随其后的是"积极向上"（76%），在开拓创新、遵纪守法、公共场所举止文明、热情包容方面也均不少于七成。可见埃及民众认为北京市民对待工作非常敬业，对待生活非常乐观，同时比较文明守法，具有创造力。但在"爱护生态环境"（58%）和"诚实守信"（57%）方面得分较低。雾霾成为影响北京印象的罪魁祸首，笔者在追踪埃及对北京报道的过程中发现，2013年以前，北京在埃及媒体的呈现度比较低，其中报道量最多的就是北京雾霾。2013年"一带一路"倡议提出后，随着阿拉伯人与中国交往越来越密切，埃及对北京的报道量有所增加，对北京的报道角度也逐渐丰富。而"诚实守信"维度显示出的数据值得我们警惕，在各个维度上完胜其他地区均值的情况下，埃及只有在此维度低于发展中国家 4 个百分点，可见北京在与阿拉伯国家交往时在该方面尚有较大的提升空间（见表 6）。北京市民在埃及需继续打破西方媒体所设置的刻板印象，突破外媒的"妖魔化"。

表 6 北京市民形象对比

单位：%

正面/积极评价	全球总体	发达国家	发展中国家	埃及	非洲总体	南非
勤劳敬业	66	54	77	81	75	70
遵纪守法	60	49	72	70	68	66
国家至上	58	55	61	60	57	54
公共场所举止文明	58	47	68	70	67	65
积极向上	57	46	68	76	69	63
开拓创新	54	41	68	72	72	72
诚实守信	50	38	61	57	54	51
热情包容	46	35	58	70	62	53
爱护生态环境	35	21	49	58	51	43

资料来源：笔者自制。

（四）政治中心形象

1. 政府形象

前文已述，埃及民众对北京的政治形象目前领先于同属非洲的南非，同时也在大部分维度上领先于全球总体水平。在政府形象方面，60% 以上的埃及民众认可北京市政府"治理能力高效"（64%）和"创新型政府"（63%），其次依次是"法治政府"、"负责任的政府"和"廉政建设"。埃及和南非的情形几乎如出一辙，只在"法治政府"方面存在一定的偏差，埃及民众则更认同该维度（见图 6）。北京市政府维持了一个积极、正面以及负责任的总体形象，并在埃及和南非两地的受访者中间形成了同频共振的认同效应。就埃及而言，北京市政府进一步完善形象的着力点在于纵深化推进廉政建设。

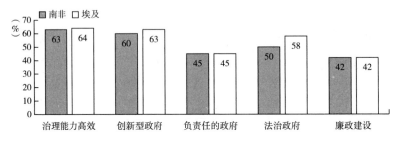

图6 南非和埃及北京市政府形象得分对比

资料来源：笔者自制。

2. 城市发展理念

在北京市政府提出的城市发展理念认知层面，埃及民众对于"科技北京"（65%）最为认同，与北京总体印象保持一致。"宜居城市"（44%）位列第二名，"绿色北京"（36%）居第三位（见表7）。埃及民众的选择与非洲和发展中国家的总体水平保持了小范围内的差异一致性，尤其在"科技北京"和"宜居城市"两方面明显领先。较之南非，埃及受访者对北京的科技发展和生活条件两个层面更为认同，但在"智慧城市"维度上的认知度低于南非。由此可见，埃及民众更加关注科技在打造宜居城市中的运用与发展，同时埃及也比较关注北京在智慧城市和绿色北京两个维度上的政府顶层设计。

表7 北京市城市发展理念认同对比

单位：%

城市发展理念	全球总体	发达国家	发展中国家	南非	埃及
科技北京	38	25	51	52	65
智慧城市	36	23	49	50	33
宜居城市	27	17	37	33	44
绿色北京	24	15	34	33	36
城乡协同发展	19	14	23	22	19

续表

城市发展理念	全球总体	发达国家	发展中国家	南非	埃及
建设国际人才社区	17	13	22	16	29
推动城市减量提质发展	15	12	18	18	21

资料来源：笔者自制。

3. 大型活动

在北京举办的大型活动中，2008 年北京奥运会有强劲的影响力，60% 的埃及民众对 2008 年北京奥运会印象深刻，但仍落后于全球总体水平（70%），尤其是南非（80%）与发展中国家（76%）。2008 年北京奥运会后，在京举办的大型活动在埃及的影响力相对有所降低，"北京国际电影节"（38%）位列第二名，"北京国际图书博览会"（36%）居第三位。但值得注意的是，除"2008 年北京奥运会"、"北京世界园艺博览会"和"北京国际马拉松"外，埃及受访者对北京举办的各具有代表性的大型活动的认知度均高于其他国家和地区，尤其高于同属非洲地区的南非。这表明埃及民众对北京举办大型活动关注度的历史基础比较薄弱，但上升较快。大型活动作为主场外交的依托点，在埃及民众中的影响力有很大上升空间。

表 8　北京市大型活动的认知对比

单位：%

大型活动	全球总体	发达国家	发展中国家	南非	埃及
2008 年北京奥运会	70	64	76	80	60
北京国际电影节	26	19	34	30	38
北京国际马拉松	23	19	27	27	20
"一带一路"国际合作高峰论坛	17	15	18	13	23
中非合作论坛北京峰会	16	11	21	27	31
北京国际图书博览会	16	9	23	13	36
北京世界园艺博览会	14	12	16	9	15
亚洲文明对话大会	12	9	15	10	16

资料来源：笔者自制。

在大型活动评价方面，埃及对于各项活动的评价值均高于全球总体和南非。对"北京国际马拉松"赞誉度最高（95%），埃及民众虽然对"北京世界园艺博览会"的认知度不高，却保持较高的美誉度（92%）。此外，埃及受访者还钟情于"北京国际图书博览会"（87%），该项测评既拥有较高认知度，也保持较高评价。与南非情况呈现大范围同步性，由此可见，非洲居民普遍对软性的体育、文娱活动更为喜爱。文化娱乐和体育内容依旧是北京形象建构过程中的重要因素，在北京形象的跨国传播中扮演决定性角色。

表 9 北京市大型活动的评价对比

单位：%

大型活动	全球总体		南非		埃及	
	非常好	比较好	非常好	比较好	非常好	比较好
2008 年北京奥运会	42	38	59	35	36	40
北京国际电影节	37	44	37	46	50	39
北京国际马拉松	35	44	32	53	48	47
"一带一路"国际合作高峰论坛	30	39	32	47	50	34
中非合作论坛北京峰会	34	42	39	41	37	50
北京国际图书博览会	43	41	45	39	56	31
北京世界园艺博览会	42	40	51	34	58	34
亚洲文明对话大会	36	42	27	52	41	37

资料来源：笔者自制。

（五）文化中心形象

在埃及民众的印象中，北京最为著名的文化符号是以长城为代表的名胜古迹（63%），其次是知名学府（49%）和传统服装（48%），与体验旅游和留学深造的赴京事由一致。与区域（非洲）和全球总体相比，埃及民众在现代建筑（35%）、文艺演出（32%）、艺术区域（27%）和特色文化街区（21%）四个维度上的得分偏低（见图 7），呈现"重传统、轻现代、重自然、轻人文"的特点。值得一提的是，埃及民众对北京文化中心印象中，只有"著名饮食"一项略低于全球总体和非洲总体水平，这与埃及人的清真饮食习惯不无关系。许多阿拉伯人在京找不到清真餐馆成为影响其北京文化中心印象的因素。由于埃及受访者受教育程度普遍较高，因此知名学府成为其考量北京文化中心形象的重要因素，相比其他地区，埃及在该项中给北京打出了较高分数。阿拉伯来华游客的打卡地一般为长城、故宫一类名胜古迹，较少探访特色文化街区和艺术区域，因此埃及民众对北京这两项的认知度最低。

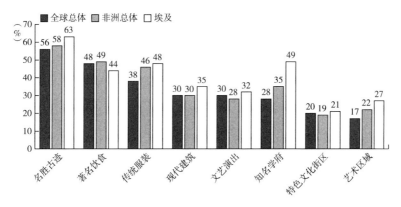

图7　北京文化符号对比

资料来源：笔者自制。

在北京的文化地标选择中，绝大多数埃及受访者将长城排在首位（56%），将长城排在第二位和第三位的受访者各占 12% 和 6%。其次是故宫（推荐顺位为 7%、23% 和 13%）和天坛（推荐顺序分别是 7%、12% 以及 11%）（见表10）。长城、故宫和天坛构成了最能代表北京的文化符号。可能与在非落地的电视转播平台长城平台有关，长城居于绝对核心地位。值得注意的是，埃及受众对三里屯、北京四合院、798 艺术区和大运河文化带等人文景观的推荐度相对较低，这有赖于进一步推广和宣传。

表 10　北京文化地标推荐

单位：%

文化地标	埃及（样本量＝500）		
	第一位	第二位	第三位
长城	56	12	6
故宫	7	23	13
天坛	7	12	11
鸟巢和水立方	5	6	7
国家大剧院	1	8	9
颐和园	5	4	3
天安门	4	2	2
秀水街	1	3	2
三里屯	0	2	2
北京四合院	1	1	1
798 艺术区	1	1	1
大运河文化带	1	0	1

资料来源：笔者自制。

在强化北京文化中心建设方面，近半数埃及民众首选"保护文化遗产"（49%），其次为"组织丰富的文艺演出"（41%）、"建设更多高水平知名学府"（39%）以及"提高居民的文化素质"（38%）（见表11）。与南非、非洲和全球总体相比，除保护文化遗产外，其他两个层面的建议都位于领先水平。从数据来看，同属文明古国的埃及，其民众比较重视与文化相关的内容，文化遗产、文化创意、文化产品以及公民文化素质方面得分都较高。另外，埃及民众也很重视教育，尤其注重与中国的教育交流。令人意外的是，喜欢夜生活的埃及民众对"推进夜间经济发展"（19%）评分并不高，可能由于埃及民众对北京现行的"夜间经济"认知有限，相信通过项目的不断推进，埃及民众将对此产生更多认同。

表 11　北京文化中心形象提升路径对比

单位：%

文化中心形象要素	全球总体	非洲总体	南非	埃及
建设更多高水平知名学府	20	32	25	39
培养文化名人	17	22	24	21
提高居民的文化素质	31	32	27	38
组织丰富的文艺演出	29	36	30	41
组织文化产品展览	27	36	37	35
推广饮食文化	35	36	48	24
重视文化创意产业	29	36	38	34
保护文化遗产	51	51	53	49
推进夜间经济发展	19	22	26	19
建设特色文化街区	26	31	29	32
扩大文化场馆建设	28	33	30	36

资料来源：笔者自制。

（六）国际交往中心形象

埃及民众对北京的国际化程度打分均值为 7.4 分（见表 12），呈现较高的认可程度，该得分略低于发展中国家得分（7.8 分），高于南非（7.3 分）和全球总体得分（7.2 分），且明显高于发达国家（6.5 分）。

表 12　北京国际交往中心得分对比

单位：分

全球总体	发达国家/发展中国家		非洲国家	
	发达国家	发展中国家	南非	埃及
7.2	6.5	7.8	7.3	7.4

资料来源：笔者自制。

半数埃及民众认为"经常举办国际及区域型会议和展会等活动"（55%）是北京作为国际交往中心形象的最佳缩影。其后依次是"举办各种具有国际影响力的文艺活动和体育赛事"（48%）以及"外国人数量多"（45%）。值得注意的是，埃及民众对"公正规范的涉外管理政策"（33%）这一指标并不感兴趣，其评价均低于非洲和全球总体水平（见图8）。可见埃及民众对涉外管理政策并不太关心，体现出对法律法规的相对忽视。

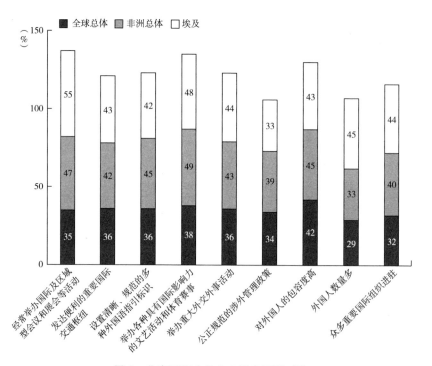

图8　北京国际交往中心形象要素对比
资料来源：笔者自制。

在提升北京作为国际交往中心的要素方面，埃及受访者认为最有效的举措是提升"美好的旅游体验"（59%），其次是"发达便利的交通"（58%）和"干净整洁温馨的酒店"（55%）（见图9）两个方面。与非洲民众的基本状况保持一致，埃及民众更加关注酒店和交通等现实问题。由此可见，非洲民众实际上是将北京作为一个旅行目的地而非一个国际交往中心。

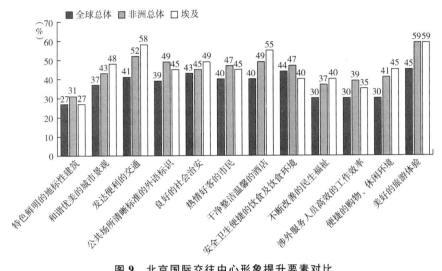

图9　北京国际交往中心形象提升要素对比

资料来源：笔者自制。

（七）科技创新中心形象

埃及民众对北京的科技创新程度打分均值为8.3分（见表13），呈现较高的认可程度，该得分虽略低于发展中国家总体得分（8.5分），但高于南非得分（8.2分），且明显高于发达国家得分（7.1分）和全球总体得分（7.8分）。

表13　北京科技创新中心得分对比

全球总体	发达国家/发展中国家		非洲国家	
	发达国家	发展中国家	南非	埃及
7.8	7.1	8.5	8.2	8.3

资料来源：笔者自制。

大部分埃及民众认为北京的科技创新聚焦于"科技企业数量众多"（66%），其次为"交通营运系统（机场、高铁、地铁）发达"（59%）以及"互联网覆盖程度高"（58%）（见图10）。埃及受访者的回馈情况与非洲总体状况在重点维度上保持了一致，在排名顺序上略有不同，但差别不大。数量上几乎领先于全球总体水平。只有在"共享单车覆盖率高"（21%）方面，呈现地区及全球总体最低值。表明埃及民众对于北京该方面的认知度较低，另外埃及单车普及率较低，民众对此并不重视。

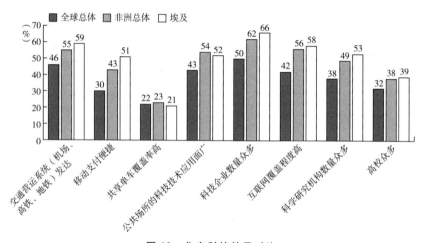

图 10　北京科技符号对比

资料来源：笔者自制。

（八）和谐宜居之都形象

埃及民众对北京的宜居程度打分均值为 7.8 分（见表 14），呈现的认可度与发展中国家水平持平，高于南非（7.0 分）和全球总体得分（7.0 分），且明显高于发达国家的得分（6.1 分）。

表 14　北京宜居程度得分对比

单位：分

全球总体	发达国家/发展中国家		非洲国家	
	发达国家	发展中国家	南非	埃及
7.0	6.1	7.8	7.0	7.8

资料来源：笔者自制。

埃及受访者认为北京的宜居程度主要体现在"经济发展水平较高"（60%）、"文明程度很高"（54%）和"充满机遇"（48%），与非洲总体状况保持一致，在各个维度上的要求都超过了全球总体水平（见图11）。埃及民众在"有益于健康"方面给北京打出了较低分数（31%），可见雾霾已成为外国人对北京的刻板印象，严重拉低了其对北京的评价。

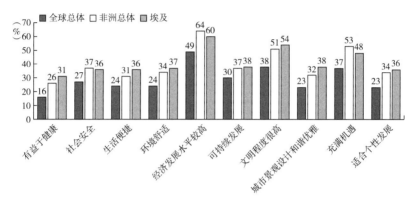

图 11　北京宜居指标对比

资料来源：笔者自制。

（九）北京媒体报道量及受众认知渠道

埃及受访者在北京的全球媒体报道量方面与发展中国家几乎保持一致，认为"比较充分"的埃及受众（34%），高于全球总体水平，但略低于同属于非洲的南非（36%）以及发展中国家平均水平（35%）（见表15）。超过半数民众对北京的全球媒体报道量持了解态度。可见埃及受访者对北京并不陌生，北京在埃及民众中具备良好的群众基础。

表 15　北京媒体报道量对比

单位：%

媒体报道量	全球总体	发展中国家	南非	埃及
非常充分	14	18	18	21
比较充分	32	35	36	34
一般	37	32	30	27
不充分	17	15	16	18

资料来源：笔者自制。

埃及受访者对北京的主要认知途径为"我购买或使用中国产品的体验"（53%），可见中国商品在埃及市场占有率比较高，也比较受埃及民众欢迎。其次是"本国媒体"（48%）和"其他国家的媒体"（47%），二者得分旗鼓相当，相比之下中国媒体对埃及民众的影响极低（26%），中国在媒体舆论战场上的力量明显疲软，若要与西方媒体抗衡，打破西方媒体在阿拉伯地区歪曲中国形象的局面，并在埃及社会赢得更多话语权和正面影响力还有很长的路要走，用自己的嘴讲好自己的故事十分有必要。

表 16　各国（地区）北京认知渠道对比

单位：%

认知渠道	全球总体	发达国家	发展中国家	非洲总体	埃及	南非
本国媒体	56	57	54	59	48	71
中国媒体	19	16	22	22	26	18
其他国家的媒体	27	20	34	39	47	30
我自己的观察	38	33	44	42	34	50
我和其他人的交流	34	28	40	39	30	48
参加由中国举办的活动时的体验	15	11	19	17	22	13
我购买或使用中国产品的体验	32	19	45	46	53	38
我亲历北京的体验	11	10	12	8	7	10

资料来源：笔者自制。

在媒介渠道方面，埃及受访者对北京的认知主要依赖网站（84%），并且其依赖程度明显高于南非、非洲总体和全球总体水平（见图12）。网站（84%）、电视（72%）和社交平台（53%）形成三分天下的局面，电影（41%）也保持强劲势头，而纸媒（报纸、杂志、书籍）（24%）和广播（22%）则显得动力不足。新媒体在这场博弈中完胜传统媒体，展现出埃及与时俱进、充满活力的传媒生态面貌。

在直接信息渠道方面，埃及受访者对北京的认知主要源自"产品销售活动"（64%）、"海外中国文化中心举办的活动"（57%）以及

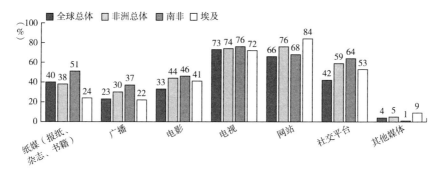

图 12　北京形象认知媒介对比

资料来源：笔者自制。

"中国使馆举办的活动"（56%）（见表 17）。与非洲总体保持一致，但与全球总体存在一定的出入。"文化年""旅游年"未能成为非洲民众认知北京的重要信息源，"孔子学院举办的活动"（32%）在埃及的成效也亟须提升和扩大。

表 17　认知北京的直接信息渠道对比

单位：%

认知渠道	全球总体	发达国家	发展中国家	非洲总体	埃及	南非
文化年	49	46	51	31	30	32
海外中国文化中心举办的活动	47	45	48	52	57	44
中国使馆举办的活动	47	39	52	56	56	55
旅游年	44	43	45	37	32	47
演出	40	27	47	34	30	40
产品销售活动	34	19	43	59	64	50
孔子学院举办的活动	33	30	36	31	32	29

资料来源：笔者自制。

三　建议与对策

埃及作为阿拉伯地区的代表性国家，是"一带一路"倡议的重要支点，是中国与阿拉伯世界合作往来的"窗口"和"重镇"。北京形象在埃及这个文化交融的舞台，折射出了一个大国的首都侧影。然而，面临"多杂散匿、时空分离、相对独立"的国际受众①，北京国际形象的提升依旧任重道远。基于本次调查研究所呈现的数据特征，面向埃及的北京形象提升策略应主要集中于凝练传播特色，完善传播渠道，精耕传播内容，强化传播效果。

传播者作为信息源，应找准自身定位，凝练传播特色，从顶层设计角度优化北京形象的推广和宣传。目前数据显示，北京作为旅游胜地的形象在阿拉伯人心中根深蒂固，而作为政治中心、文化中心、国际交往中心、科技创新中心在阿拉伯民众中的认知度并不高。因此，北京可以"一带一路"倡议为契机，区别其他城市定位，步步为营打造"四个中心"品牌形象。

传播者在凝练传播特色的基础上，还需大力发展传播渠道的多元化和传播形式的多样性，使传播过程辐射更多受众、更多阶层。调查结果显示，阿拉伯民众了解北京的意愿相对强烈，但了解渠道极为有限，我国媒体在阿拉伯民众认知北京中所起到的作用还有很大提升空间。笔者在阿拉伯主流媒体报道北京大事件的过程中发现，我国媒体在阿拉伯媒体中的转引率远低于老牌西方媒体巨鳄，因此阿拉伯民众经常跟随西方风向，对北京形象产生错误认知。另外，阿拉伯青年一代尤其喜欢使用社交平台，因此北京还需加大其在社交平台上的呈现度和与阿拉伯民众的互动性。

传播内容作为北京形象的重要缩影，还需针对不同受众进行精耕细作，以达到与传播者同频共振的效果。我国主流媒体还需深入挖掘阿拉伯语新闻报道并提高频道评论能力；优化新闻发布机制，提升重大新闻首发率；对电视端新闻节目进行丰富与优化，避免机械化重播。国际传播应主动研究对象国受众的思维和习惯，有针对性地满足其对信息的需

---

① 刘燕南、谷征：《我国国际传播受众研究的现状与问题探讨》，《现代传播》（中国传媒大学学报）2012 年第 9 期，第 24~28 页。

求。阿拉伯语频道在新媒体平台日常报道，尤其是时政类报道中，在以中国新闻为主的同时，还需充分考虑受众体验，积极引入对象国正面报道。

传播效果是北京形象外宣的最终体现，是检验外宣质量的不二手段。通过科研团队追踪研究，北京以"一带一路"国际合作高峰论坛、新中国成立 70 周年庆典等大型活动为契机，加大对阿外宣力度，取得了前所未有的良好效果，助推我国外交事业的发展，为"一带一路"倡议在阿拉伯国家的落地开花打下了坚实基础，同时也诊断出其中的薄弱环节并对症下药。因此，传播者不仅要在传播特色、渠道、内容上下功夫，还需加大力度对传播效果进行分析研究，从而使传播过程形成完整闭环，并呈现可持续向上发展的趋势。

第十一节　澳大利亚人眼中的北京形象①

一　研究背景

澳大利亚联邦（The Commonwealth of Australia），简称"澳大利亚"，又被称作"坐在矿车上的国家""骑在羊背上的国家"，其领土面积 7692024 平方千米，位于南太平洋和印度洋之间，四面环海，由澳大利亚大陆、塔斯马尼亚岛等岛屿和海外领土组成，是世界上唯一国土覆盖一整个大陆的国家。

澳大利亚国家元首为英国女王伊丽莎白二世，总督为女王代表，任期 5 年。澳大利亚人口为 2544 万（2019 年 7 月）。74%为英国及爱尔兰裔，5.6%为华裔，2.8%为土著人口，其他族裔主要有意大利裔、德裔和印度裔等。官方语言为英语，汉语为除英语外第二大使用语言。

澳大利亚是一个工业化国家，农牧业发达，自然资源丰富，盛产羊、牛、小麦和蔗糖，是世界上最大的羊毛和牛肉出口国，同时也是世

---

① 本报告由周建萍撰写。

界重要的矿产品生产和出口国。农牧业、采矿业为澳传统产业，制造业和高科技产业发展迅速，服务业已成为国民经济主导产业。澳大利亚金融体系稳健，监管严格，拥有全球第五大金融体系和资本市场，宏观经济政策调整空间大，在国际金融危机中表现好于其他西方国家。迄今为止其经济已连续 27 年保持正增长。

澳大利亚对国际贸易依赖较大。其主要贸易伙伴依次为中国、日本、美国、韩国、印度、新西兰、英国、新加坡、泰国、德国、马来西亚等国。澳大利亚主要出口商品为铁矿石、煤、教育与旅行服务、黄金、原油、天然气、小麦、铝矾土、铜矿、牛肉、铜、羊毛制品等，主要进口商品为原油、摩托车、精炼油、航空器材、药物、通信器材、计算机、公交车、货车、黄金等。

中国同澳大利亚自 1972 年 12 月 21 日建交以来，双边关系发展顺利。两国领导人保持经常接触和互访。自建交以来，中澳双边经贸关系持续、稳定发展。2000 年 5 月，两国正式签署关于中国加入世界贸易组织的双边协议。

据中方统计，2018 年中澳双边贸易额 1527.9 亿美元，同比增长 12%。目前，澳大利亚是中国第八大贸易伙伴。我国对澳大利亚主要出口机电产品、计算机、服装、纺织品、鞋、箱包、玩具等；从澳大利亚主要进口铁矿石、煤、氧化铝、铜矿石、羊毛和大麦等。

中国已在澳大利亚开设 14 家孔子学院、76 所孔子课堂。截至 2018 年底，中国在澳大利亚留学生总数约 24.7 万人，是澳大利亚最大的海外留学生群体。据中方统计，2018 年，中国公民访澳 158.97 万人次，同比增长 5.1%。澳公民访华 75.19 万人次，同比增长 2.5%。截至 2019 年 8 月，两国已建立 108 对友好省州和城市关系。①

---

① 《澳大利亚国家概况》，中华人民共和国外交部，https://www.fmprc.gov.cn/web/gjhdq_676201/gj_676203/dyz_681240/1206_681242/1206x0_681244/，最后访问日期：2019 年 11 月 15 日。

　　然而，国内针对澳大利亚民众的北京形象研究甚少。笔者搜索中国知网（CNKI），以北京形象和澳大利亚为关键词，没有搜索到直接相关的文献。扩大主题搜索，以"澳大利亚"、"国家形象"或"中国形象"为关键词，搜索到 8 篇相关文献，涵盖民国时期澳大利亚文学作品中的华人形象、媒体对中国国家形象报道、媒体对"一带一路"倡议报道、媒体对中国贪腐报道、传媒对 2008 年北京奥运会报道、澳大利亚民众对华认知分析等。只搜索到一篇基于调查的实证研究分析，作者以澳大利亚洛伊国际政策研究所每年进行的"澳大利亚与全球"民意调查报告中的涉华部分为分析样本，对澳大利亚民众的中国观进行了分析。

　　可见研究领域主要集中在澳大利亚传统媒体对华形象报道研究，没有具体到某一个城市的形象研究，这更加凸显了本调查研究的重要性。

二　调研结果与分析

（一）样本统计特征

　　本次澳大利亚的问卷为英文版，共计发放 500 份。问卷统一按照概率抽样的方式配额发放，共收回有效问卷 500 份，问卷有效率为 100%。

　　在本次调查中，澳大利亚样本的男女性别比为 49∶51。从年龄分布上看，样本涵盖老、中、青三代人。其中 18～35 岁的青年群体占总体的 39%、36～50 岁的青壮年群体占 35%，51～65 岁的老年群体仅占 26%（见图 1）。

　　文化程度方面，澳大利亚的受访者呈现与全球样本总体和发达国家相似的趋势。受初级教育的受访者略多于全球总体水平和发达国家平均水平（见图 2），受职业教育的受访者略高于全球总体和发达国家水平，受本科教育和研究生教育的受访者略低于全球总体和发达国家水平。

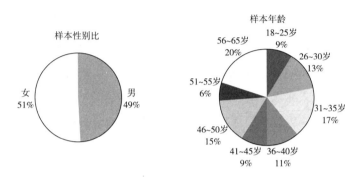

图1 澳大利亚样本的性别与年龄分布

资料来源：笔者自制。

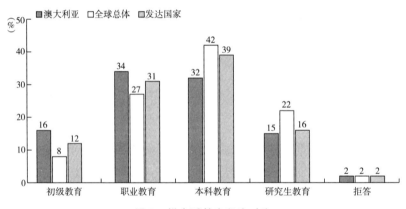

图2 样本受教育程度对比

资料来源：笔者自制。

收入方面，澳大利亚受访者的平均收入水平高于全球总体水平和发达国家的平均水平（见表1）。与全球和发达国家所显示出的偏态分布不同，收入在3万美元以下的澳大利亚受访者比例较低，但拒答率较其他发达国家高（为7%）。32%的受访人家庭年收入在7万美元及以上，明显高于其他发达国家比例，此比例是发达国家的两倍。这说明澳大利亚受访者的收入在发达国家受访者中亦处于高位。

表 1　南非样本收入对比

单位：%

美元计家庭年收入	澳大利亚	全球总体	发达国家
低于 3k	0	7	0
3k~4.9k	0	8	0
5k~9.9k	0	15	2
10k~19.9k	11	16	12
20k~29.9k	9	16	15
30k~49.9k	22	14	26
50k~69.9k	19	13	26
70k 及以上	32	8	16
拒答	7	5	4
样本量（个）	1000	7000	3500

资料来源：笔者自制。

（二）北京整体印象

本次调研中澳大利亚的受访者全部对北京有所认知，到访率为 22%，略高于全球总体水平（20%），与发达国家对北京认知度相同，同上海认知度相近（21%），明显好于天津和重庆两个直辖市在澳大利亚民众中的认知状况。在北上广深四大超级一线城市中，北京在澳大利亚民众中的认知度和到访度略高于上海，在了解度上明显高于上海，在各方面都大大超过其他城市（见表 2）。

表 2　城市认知对比

单位：%

城市认知度	北京	上海	天津	重庆	广州	深圳
知道这个城市	100	99	58	44	69	71
了解这个城市	69	61	26	26	37	36
去过这个城市	22	21	7	8	14	13

资料来源：笔者自制。

就北京个体而言，澳大利亚受访者的到访率低于全球总体和发达国家到访情况。从时间维度上看，澳大利亚受访民众在 2002~2008 年北京奥运会之前的到访率（17%），明显高于全球总体（7%）和发达国家的平均水平（9%）。这大概同 1999 年 9 月时任国家主席江泽民对澳大利亚进行国事访问后双边关系的加强有关。双方一致同意积极拓展两国新的合作领域，建立中澳面向 21 世纪的长期稳定、健康发展的全面合作关系。双方在矿业、能源、领事、打击犯罪等领域签署了 5 个合作文件。2013 年之后，三者在到访率方面均大幅提高，澳大利亚受访者将近 60% 在此期间到访北京，但是依然低于全球总体和发达国家水平。从来京事由分析，旅游是澳大利亚民众赴京的主要事由，其次是商务、学术活动、探亲访友、留学、外交活动以及来华工作。商务事由远远低于全球总体和发达国家，这说明中澳之间的商务活动还有很大的发展空间。来华工作水平明显低于全球水平，略低于发达国家水平（见表 3）。

表 3　到访率、事由和时间区间一览

单位：%

是否来过北京	澳大利亚	全球总体	发达国家
到访率	22	20	22
样本量（个）	500	7500	3500
到访北京事由			
旅游	77	77	80
商务	17	32	25
学术活动	15	13	13
探亲访友	12	14	13
留学	9	11	10
外交活动	9	7	8
来华工作	7	14	9
来访北京时间			
2013~2019 年	59	74	71
2009~2012 年	19	16	16
2002~2008 年	17	7	9
1993~2001 年	4	2	3
1978~1992 年	1	0	1

资料来源：笔者自制。

　　澳大利亚民众对北京城市形象的总体打分为 6.3 分（介于一般和比较好之间，满分为 10 分），低于全球总体水平，但略高于发达国家总体水平（见图 3）。可见，北京在澳大利亚民众中维持着较好的形象。从全球范围考察，澳大利亚受访者的总体评分远低于发展中国家 7.9 分的得分。因此，提升北京在澳大利亚民众中的形象还大有可为。

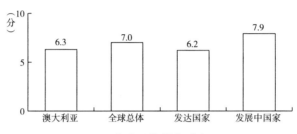

图 3　北京总体得分对比 1

资料来源：笔者自制。

　　同其他国际大都市相比，北京得分低于所有发达国家的大城市，但是在发展中国家大城市中得分最高（见图 4）。

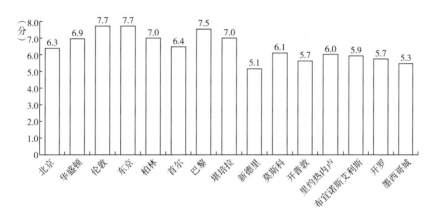

图 4　北京总体得分对比 2

资料来源：笔者自制。

国际影响力方面（见图5），北京得分表现出色，超过大多数城市，包括东京、柏林、首尔、堪培拉等发达国家城市，同巴黎得分相同（满分为10分）。这说明北京和中国在国际上的影响力地位较高。

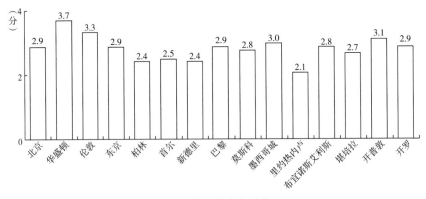

图5 国际影响力对比

资料来源：笔者自制。

（三）北京印象与市民形象

北京在澳大利亚民众中最为突出的三个城市印象分别是"文化深厚"（74%）、"经济发达"（74%）以及"科技创新"（74%）。而北京作为"政治中心"的认知度却居第六位，这同全球总体、发达国家和发展中国家情况接近。在"开放包容"上北京得分最低（38%），在"和谐宜居"维度上的受众认可度也较低（仅46%）。由此可见，北京有必要在和谐宜居、开放包容两个方面加强形象构建和传播。

表4 北京印象对表

单位：%

非常同意/比较同意	全球总体	发达国家	发展中国家	澳大利亚
文化深厚	80	76	85	74
经济发达	80	73	86	74
历史悠久	78	75	81	71
科技创新	76	66	86	74

续表

非常同意/比较同意	全球总体	发达国家	发展中国家	澳大利亚
现代时尚	67	55	80	67
政治中心	65	65	66	61
和谐宜居	57	43	71	46
开放包容	49	38	59	38

资料来源：笔者自制。

在北京市民形象方面，澳大利亚民众对北京市民的印象均低于全球总体得分，同发达国家对北京市民印象得分相似，而在各方面均明显低于发展中国家对北京市民的印象得分。总体来讲，北京市民在澳大利亚民众中保持了一定程度的正面形象，尤其是勤劳敬业、遵纪守法和国家至上三个方面得分最高，但在"热情包容"（37%）和"爱护生态环境"（25%）两个维度上存在较大的提升空间（见表5）。

表5　北京市民形象对比

单位：%

正面/积极评价	全球总体	发达国家	发展中国家	澳大利亚
勤劳敬业	66	54	77	59
遵纪守法	60	49	72	55
国家至上	58	55	61	57
公共场所举止文明	58	47	68	53
积极向上	57	46	68	43
开拓创新	54	41	68	51
诚实守信	50	38	61	40
热情包容	46	35	58	37
爱护生态环境	35	21	49	25

资料来源：笔者自制。

（四）政治中心形象

1. 政府形象

如前文所述，澳大利亚民众对北京的政治形象目前存在较大的提升空间，在被调查的五个方面的得分均不到一半。这与发达国家对北京市政府的印象得分一致，但得分明显低于全球总体水平（见图6）。可见，北京市政府需要加大这几个方面的宣传力度来维持积极、正面的总体形象，尤其是在廉政建设方面。

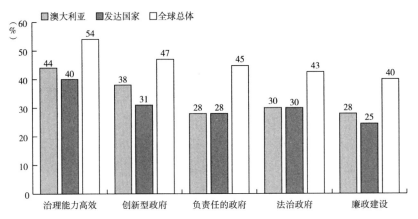

图6　澳大利亚、发达国家和全球北京市政府形象得分对比

资料来源：笔者自制。

2. 城市发展理念

在北京市政府提出的城市发展理念认知层面，澳大利亚民众与发达国家总体水平保持了小范围内的差异一致性，但得分几乎都低于发达国家水平，并明显拉低全球总体得分。对于"智慧城市"（22%）和"科技北京"（21%）认同率最高，与北京总体印象中的"科技创新"维度保持一致。其他各项得分较低，由此可见，北京市政府在各个维度上提升空间较大。

表6　北京市城市发展理念认知对比

单位：%

城市发展理念	全球总体	发达国家	发展中国家	澳大利亚
科技北京	38	25	51	21
智慧城市	36	23	49	22

续表

城市发展理念	全球总体	发达国家	发展中国家	澳大利亚
宜居城市	27	17	37	18
绿色北京	24	15	34	12
城乡协同发展	19	14	23	10
建设国际人才社区	17	13	22	11
推动城市减量提质发展	15	12	18	9

资料来源：笔者自制。

3. 大型活动

在北京举办的大型活动中，2008 年北京奥运会的影响力，将近七成澳大利亚民众对 2008 年北京奥运会印象深刻，略高于发达国家（64%），和全球总体水平（70%）接近。2008 年北京奥运会后，在京举办的大型活动在澳大利亚的影响力明显减弱。北京市还应该将大型活动作为主场外交的依托点，提升在国外媒体的宣传力度。

表 7　北京市大型活动的认知对比

单位：%

大型活动	全球总体	发达国家	发展中国家	澳大利亚
2008 年北京奥运会	70	64	76	68
北京国际电影节	26	19	34	12
北京国际马拉松	23	19	27	11
"一带一路"国际合作高峰论坛	17	15	18	12
中非合作论坛北京峰会	16	11	21	10
北京国际图书博览会	16	9	23	8
北京世界园艺博览会	14	12	16	9
亚洲文明对话大会	12	9	15	8

资料来源：笔者自制。

在大型活动评价方面，澳大利亚民众对 2008 年奥运会依旧评价较高，得分明显高于发达国家水平，但低于全球总体水平。澳大利亚民众虽然对除 "2008 年北京奥运会" 之外的大型活动的认知度不高，但基本都保持较好的评价，这说明澳大利亚民众对于北京举办大型国际活动和会议有充足的信心。但是对于"'一带一路'国际合作高峰论坛"的评价却排名第七位，较好以上评价仅仅刚过一半（57%）。这与澳大利亚政府和媒体对于"一带一路"倡议的认知和宣传导向有关。对于"北京国际图书博览会"的评价远远低于发达国家水平。从整体得分情况来看，澳大利亚民众对体育娱乐类活动比较喜爱（见表8）。由此可见，体育内容依旧是北京形象在澳大利亚建构过程中的重要因素，在北京形象的跨国传播中扮演决定性角色。北京应利用好2022年冬奥会的契机，大力提升北京良好的国际形象。

表8 北京市大型活动的评价对比

单位：%

大型活动	全球总体	发达国家	澳大利亚
2008年北京奥运会	80	67	74
北京国际电影节	81	65	66
北京国际马拉松	79	65	78
"一带一路"国际合作高峰论坛	69	51	57
中非合作论坛北京峰会	76	64	73
北京国际图书博览会	84	73	45
北京世界园艺博览会	82	74	73
亚洲文明对话大会	78	69	75

资料来源：笔者自制。

（五）文化中心形象

在澳大利亚民众印象中，北京最为著名的文化符号是以长城为代表的名胜古迹（45%）和著名饮食（40%），与体验旅游的赴京事由一致。与发达国家和全球总体相比，澳大利亚民众在其他维度上得分均未超过30%，认可度偏低（见图7），呈现"重传统、轻现代"的特点。北京文化在现代符号和艺术符号辨识度方面还有较长的路要走。

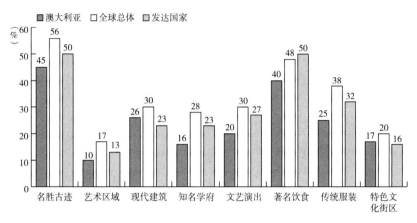

图7　北京文化符号对比

资料来源：笔者自制。

在北京的文化地标选择中，接近四成的澳大利亚受访者将长城排在首位（37%），将长城排在第二位和第三位的受访者各占9%和3%。其他地标推荐率相差较大，第二名和第三名分别是颐和园（推荐顺位为7%、6%、7%）和天安门（推荐顺序分别是6%、11%、5%）（见图8）。长城成为澳大利亚民众心中最能代表北京的文化符号。值得注意的是，澳大利亚民众对北京四合院、798艺术区、三里屯等人文景观以及国家大剧院、鸟巢和水立方等现代建筑的推荐度相对较低，还有赖于进一步推广和宣传。大运河文化带作为近几年北京文化和生态建设的亮点还没有得到较高推荐。北京城市副中心建设的推进必将带动大运河文化带的深入挖掘、建设和推广。推进大运河文化带建设，打造中华文明的"金名片"，不仅是打造世界级文化发展平台、增强我国文化软实力的重大举措，更是强化民族自信心与自豪感、提升民族向心力和凝聚力的战略选择。

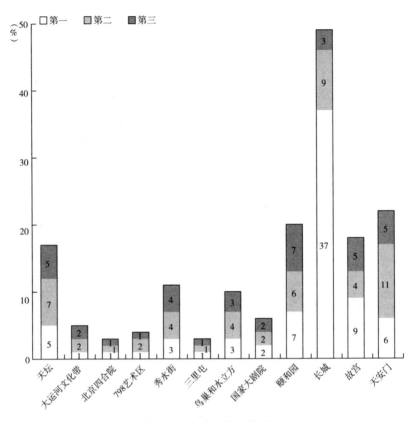

图8 北京文化地标推荐

资料来源：笔者自制。

在强化北京文化中心建设方面，接近四成的澳大利亚民众首选"保护文化遗产"（39%），其次为"推广饮食文化"（36%）。澳大利亚对"重视文化创意产业"（30%）的建议程度略高于全球总体（29%），明显高于发达国家（23%）（见表9）。这说明澳大利亚民众对于历史文化、中国饮食的喜爱和对文化创业产业的重视程度。澳大利亚民众在建设更多高水平知名学府和培养文化名人方面建议程度较低，北京高校有待提升国际知名度。对于文化名人及其作品的宣传力度有待加强。

表 9　北京文化中心形象提升路径对比

单位：%

文化中心形象要素	全球总体	发达国家	澳大利亚
建设更多高水平知名学府	20	12	10
培养文化名人	17	12	14
提高居民的文化素质	31	26	24
组织丰富的文艺演出	29	22	25
组织文化产品展览	27	19	26
推广饮食文化	35	28	36
重视文化创意产业	29	23	30
保护文化遗产	51	44	39
推进夜间经济发展	19	13	19
建设特色文化街区	26	23	20
扩大文化场馆建设	28	22	24

资料来源：笔者自制。

（六）国际交往中心形象

澳大利亚民众对北京的国际化程度打分均值为 6.7 分（见表 10），呈现比较高的认可程度，该得分略高于发达国家总体得分（6.5 分），但明显低于发展中国家的总体得分（7.8 分）。

表 10　北京国际交往中心得分对比

单位：分

全球总体	发展中国家	发达国家	澳大利亚
7.2	7.8	6.5	6.7

资料来源：笔者自制。

四成澳大利亚民众认为"对外国人的包容度高"（40%）是北京作为国际交往中心形象的最佳缩影。之后依次是"设置清晰、规范的多语种外国语指引标识"（34%）以及"经常举办国际及区域型会议和展会等活动"（32%），这是对北京近年来大力规范标示语的努力的肯定。除了"外国人数量多"（22%）、"公正规范的涉外管理政策"（27%）澳大利亚民众给分低于发达国家之外，其他维度均不低于发达国家平均水平（见图9）。可见澳大利亚居民对这两项指标并不感兴趣，而是更注重个人感受和理解。

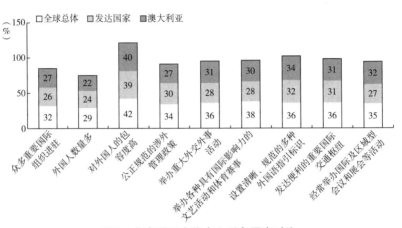

图9　北京国际交往中心形象要素对比

资料来源：笔者自制。

在提升北京作为国际交往中心的要素方面，澳大利亚受访者认为最有效的举措是提升"安全卫生便捷的饮食及饮食环境"（45%），其次是"美好的旅游体验"（43%）和"公共场所清晰标准的外语标识"（40%）（见图10）两个方面的提升。由此可见，澳大利亚民众将北京

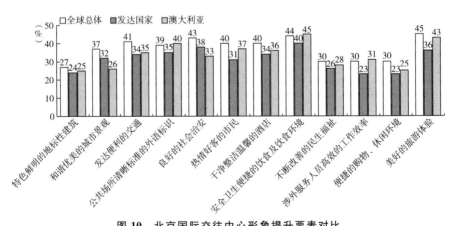

图10　北京国际交往中心形象提升要素对比

资料来源：笔者自制。

作为一个美食中心和旅游目的地，同时希望北京的公示语标识更加清晰。从整体得分来看，澳大利亚民众更关注软性因素，而非硬性因素（建筑、景观等）。

（七）科技创新中心形象

澳大利亚民众对北京的科技创新程度打分均值为 7.5 分（见表 11），呈现较高的认可程度，该得分虽略高于发达国家（7.1 分），但低于全球总体得分（7.8 分）。

表 11　北京科技创新中心得分对比

单位：分

全球总体	发达国家	澳大利亚
7.8	7.1	7.5

资料来源：笔者自制。

大部分澳大利亚民众认为北京的科技创新聚焦于"交通营运系统（机场、高铁、地铁）发达"（39%），其次为"科技企业数量众多"（38%）以及"互联网覆盖程度高"（36%）、"科学研究机构数量众多"（35%）（见图 11）。澳大利亚受访者的回馈情况与发达国家总体状况在重点维度上基本保持一致。此外，澳大利亚民众对北京的移动支付和共享单车等领域兴趣不高。

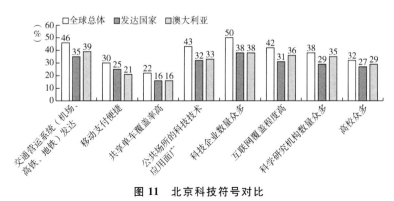

图 11　北京科技符号对比

资料来源：笔者自制。

（八）和谐宜居之都形象

澳大利亚民众对北京的宜居程度打分均值为 6.0 分（见表 12），呈现的认可程度与发达国家水平持平略低（6.1 分），但远低于发展中国家的总体得分（7.8 分）。

表 12　北京宜居程度得分对比

单位：分

全球总体	发达国家	发展中国家	澳大利亚
7.0	6.1	7.8	6

资料来源：笔者自制。

澳大利亚受访者指出北京的宜居程度主要体现在"经济发展水平较高"（39%）、"充满机遇"（29%）和"文明程度很高"（25%），与发达国家总体状况保持基本一致，在程度上略有差异（见图 12）。在"社会安全"维度上，澳大利亚和发达国家的认知远低于我们的期待，个中原因还有待进一步讨论，笔者分析认为这与国外媒体负面报道较多有关。

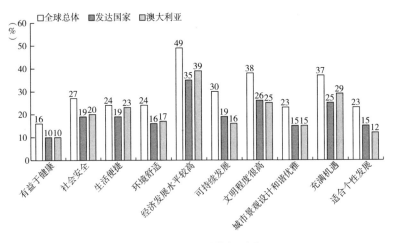

图 12　北京宜居指标对比

资料来源：笔者自制。

在提升北京形象方面，澳大利亚民众重点关注环境问题，"环境污染"和"污染问题"均为13%，两者相互印证（见图13）。"太拥挤"维度也为13%，这与澳大利亚地广人稀有很大关系。在"空气污染"（7%）维度上澳大利亚明显低于全球总体和发达国家水平。值得注意的是，回答"没有"或"不知道"的情况明显多于其他调查项。

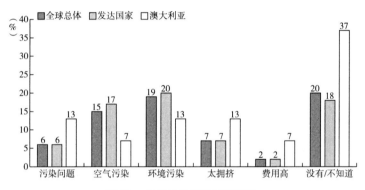

图13　北京形象提升路径对比

资料来源：笔者自制。

（九）北京媒体报道量及受众认知渠道

澳大利亚受访者在北京的全球媒体报道量方面与发达国家几乎保持一致，认为"比较充分"的澳大利亚受众（37%）高于全球总体水平，也超出发达国家水平（见表13）。但总体认为北京国际媒体报道量充分的澳大利亚民众不足五成，与前面调查北京的国际影响力不相符。

表13　北京媒体报道量对比

单位：%

媒体报道量	全球总体	发达国家	澳大利亚
非常充分	14	9	9
比较充分	32	30	37

续表

媒体报道量	全球总体	发达国家	澳大利亚
一般	37	42	40
不充分	17	19	15

资料来源：笔者自制。

　　澳大利亚受访者对北京的认知主要依赖本国媒体（56%），与全球总体和发达国家一致（见表14）。因此，澳大利亚媒体成为提升北京形象的重要渠道。其次，澳大利亚民众也有赖于"我自己的观察"（40%）和"我和其他人的交流"（31%），亦高于发达国家水平。值得关注的是，澳大利亚民众对其他国家媒体的依赖程度高于发达国家。因此，全球媒体涉华舆论对澳大利亚民众的影响也值得关注。

表14　各国（地区）北京认知渠道对比

单位：%

认知渠道	全球总体	发展中国家	发达国家	澳大利亚
本国媒体	56	54	57	56
中国媒体	19	22	16	16
其他国家的媒体	27	34	20	25
我自己的观察	38	44	33	40
我和其他人的交流	34	40	28	31
参加由中国举办的活动时的体验	15	19	11	11
我购买或使用中国产品的体验	32	45	19	23
我亲历北京的体验	11	12	10	11

资料来源：笔者自制。

　　在媒介渠道方面，澳大利亚受访者对北京的认知依赖电视（82%），并且高于全球总体和发达国家水平（见图14），而对于网站（43%）的依赖程度已超过对于纸媒（报纸、杂志、书籍）的依赖程度（40%），对社交平台的依赖度略低于发达国家。

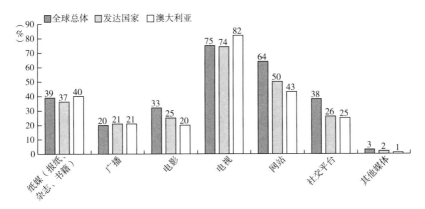

图 14　各国（地区）的北京形象认知媒介对比

资料来源：笔者自制。

在直接信息渠道方面，澳大利亚受访者对北京的认知主要源自
"海外中国文化中心举办的活动"（48%）、"旅游年"（46%）、"中国使
馆举办的活动"（45%）以及"文化年"（43%）（见表 15），与发达国
家总体保持基本一致，但与全球总体有一定的出入。"演出"和"产品
销售活动"未能成为澳大利亚受众认知北京的信息源，这两个维度均
明显低于发达国家整体水平。

表 15　认知北京的直接信息渠道对比

单位：%

认知渠道	全球总体	发展中国家	发达国家	澳大利亚
文化年	49	51	46	43
海外中国文化中心举办的活动	47	48	45	48
中国使馆举办的活动	47	52	39	45
旅游年	44	45	43	46
演出	40	47	27	23
产品销售活动	34	43	19	13
孔子学院举办的活动	33	36	30	34

资料来源：笔者自制。

三 建议与对策

澳大利亚民众对中国的发展心态复杂，一方面中国作为澳大利亚最大的贸易伙伴，澳大利亚民众对于双边经济往来带来的益处持肯定态度，对中国经济发展、文化及人民也抱有好感。但是另一方面，澳大利亚民众对于中国在澳大利亚投资、人权及政府体制持消极看法的较多。[①] 中国因素在澳大利亚民众全球观中所占比重越来越大，澳民众对中国的认知更趋多元和立体。澳民众对中国发展心态复杂，借重与防范并重。[②]

（一）做好媒体宣传

调查显示，澳大利亚民众认知北京主要依赖本国媒体，甚至其他国外媒体对澳大利亚民众也会产生影响。我们应进一步加大对澳舆论意见领袖的公共外交力度，加强中澳媒体交流。利用留学生、游客及中国在澳投资公司等积极有效地开展公共外交，增强民间互信。两国媒体界的交流与合作应当机制化、常态化。多渠道做澳大利亚主流社会的工作，有针对性地做好澳智库、意见领袖、驻华记者等重点人群的工作，扩大澳大利亚知华派的影响。澳大利亚民众对于网络或社交平台的依赖程度也应受到重视，网络和社交平台上对北京的宣传和推介工作亦很重要。

（二）加强体验式认知

主动走出去，到对象国举办文化体验活动。体验式文化活动通常是深受大家喜欢的。在北京举行的北京友城交流品牌活动之一"友城汉语班"、在友好城市举办的"北京周""北京日""北京之夜"等品牌活动都得到良好反响，有效地宣传了北京形象。但是在澳大利亚各地举行的这些活动还有待加强。邀请在京澳大利亚民众进行文化体验是一个方面，另一方面，这些活动还应该主动走出去，在澳大利亚城市开展，

---

① 洛伊国际政策研究所：《2019 年"澳大利亚与全球"民意调查报告》，http：//www.lowyinstitute.org/publications/lowy-institute-poll-2019。

② 翟慧霞：《澳大利亚民众对华认知分析》，《当代亚太》2012 年第 5 期，第 121~137 页。

促进民间文化交流，才能让更多的澳大利亚民众了解北京和北京文化。

充分利用现有的澳大利亚孔子学院来开展体验式文化活动。目前在澳大利亚有 14 所孔子学院，76 个孔子课堂①，它们是澳大利亚民众学习汉语言文化、了解当代中国和北京的重要场所。从调查来看，澳大利亚民众通过孔子学院和孔子课堂了解北京的程度不及海外中国文化中心及中国使馆举办的活动，也大大低于通过文化年和旅游年对北京的认知。因此这一渠道还可以进一步挖掘。

充分提高现代化人文景观的利用率和曝光率，使这些景观不局限于参观旅游，而是通过举办各种活动增强其知名度，使这些建筑在参观者的眼中变得鲜活起来，从而增强他们的获得感。

（三）扩大朋友圈

友好城市是新形势下北京扩大对外交往的一个成果，是北京对外工作贯彻落实中央对外方针部署、配合国家整体外交战略的具体体现，是实现民间外交、促进官方外交的重要手段。截至 2019 年 11 月，北京市已与 50 个国家的 55 个城市建立市级友城关系，区级友城及友好交流城市多达 173 个。②

截至 2019 年 11 月，同北京缔结为友好城市的澳大利亚城市是首都地区和新南威尔士州。③ 而澳大利亚是大洋洲面积最大、最有影响力的国家，北京还应积极扩大在澳大利亚的友城朋友圈，与澳大利亚更多城市建立友好城市关系。

（四）利用好机遇

虽然澳大利亚民众对大型国际活动和会议的认知度不高，但是却给予了较高的评价，说明其对北京承办这些活动能力的认可。北京是各种

---

① 《中国同澳大利亚的关系》，中华人民共和国外交部，https：//www.fmprc.gov.cn/web/gjhdq_676201/gj_676203/dyz_681240/1206_681242/1206x0_681244/，最后访问日期：2019 年 11 月 15 日。

② 北京市人民政府外事办公室，http：//wb.beijing.gov.cn/zwxx/gzdt/gjl/108678.htm。

③ 《北京市 2019 年年鉴》，http：//www.yearbookchina.com/navipage-n3019102814000244.html。

大型国际活动和会议的主办地，因此北京要充分利用这些机会，办好这些活动，在邀请外媒宣传报道这些活动的同时，邀请外国记者深入体验北京的新发展、风土人情等，从而给予充分的正面宣传报道，以提升北京在国外民众中的形象。2022年北京将举办冬奥会，可以利用这个机遇，再书2008年北京奥运会的传奇。

（五）抓好环境卫生建设

澳大利亚民众对北京的传统历史文化景点和饮食文化评价较高，并且给予较高期望。因此提高这些景点的旅游体验对于进一步提高澳大利亚民众对北京的认知度有重要意义。除了景点和饮食场所的环境卫生等硬性条件之外，软性服务如英文标识、工作人员职业素养等也同等重要。

（六）及时关注与回应

及时关注了解澳大利亚民众关注的北京问题，并给出快速回应，尽可能消除误解，从不同角度予以说明，缓解澳民众的疑虑。

总体来说，澳大利亚民众对北京的积极认知处于中等偏上水平，这与中澳良好的双边关系有关。在宣传上，既要大张旗鼓、理直气壮，也要细水长流、润物无声。[①] 同时，通过举办更多的文化体验活动，推进民间人文交流，宣传中国传统文化，传递"美人之美、美美与共"的中国智慧。

第十二节 韩国人眼中的北京形象[②]

一 研究背景

大韩民国（Republic of Korea），简称"韩国"。地处朝鲜半岛南端，

---

① 沈雁梅：《对西方媒体热议"中国形象"的思考》，《国际问题研究》2011年第4期，第13页。
② 本报告由刘双玉撰写。

国土面积约 10 万平方千米，为单一民族，总人口约 5200 万。韩国是资本主义国家，是 APEC、世界贸易组织和东亚峰会的创始成员国，也是经合组织、二十国集团和联合国等重要国际组织成员。1997 年亚洲金融危机后，韩国经济进入中速增长期。产业以制造业和服务业为主，半导体、电子、汽车、造船、钢铁、化工、机械、纺织、化妆品等产业产量均进入世界前 10 名。①

中韩自 1992 年 8 月 24 日建交以来，两国友好合作关系在各个领域都取得快速发展。政治上，两国领导人经常互访或在国际多边活动中会晤，增进了相互理解和信任，推动了两国关系发展。经济上，两国互利合作不断深化，互为重要贸易伙伴，在文化、教育、科技等领域的交流与合作日益活跃。两国在地区及国际事务中保持密切协调与合作。②

作为共建"一带一路"的重要区域，朝鲜半岛处在"丝绸之路经济带"与"21 世纪海上丝绸之路"的交会点上③，在"一带一路"建设中占据重要地位，而韩国作为 OECD 成员国之一，在东北亚及亚太地区具有显著的地区影响力。同时，近年来中国一直是韩国的第一大贸易伙伴，韩国是中国重要的贸易伙伴，在经济、文化上的依存度很高。因此，了解北京形象在韩国的传播现状，如何加强韩国对北京的好感度、美誉度与认同度，进而深化两国关系发展，增强互信，更好地向韩国受众讲好北京故事，传递好中国声音，增强其对中国国家形象的认知，尤其是正面形象的认知，是一个极富理论意义和实践意义

---

① 《韩国国家概况》，中华人民共和国外交部，https://www.fmprc.gov.cn/web/gjhdq_676201/gj_676203/yz_676205/1206_676524/1206x0_676526/，最后访问日期：2019 年 12 月 7 日。

② 《中国同韩国的关系》，中华人民共和国外交部，https://www.fmprc.gov.cn/web/gjhdq_676201/gj_676203/yz_676205/1206_676524/sbgx_676528/，最后访问日期：2019 年 12 月 7 日。

③ 李敦球：《东北亚："一带一路"合作圈上亟待填补的缺口》，《中国青年报》2019 年 8 月 28 日，第 4 版。

的课题。

笔者在 CNKI 中国期刊全文数据库里以"韩国北京形象"为关键词搜索，没有发现关于韩国北京形象的研究，而将关键词扩大为"韩国中国形象"之后搜索到 167 篇相关文献，这 167 篇研究更多的是关于中国形象在韩国的传播与构建研究，通过分析，关于中国形象在韩国的传播研究可以分为以下几类：第一类，媒体层面的中国形象；第二类，文学作品中的中国形象；第三类，学者、智库层面的中国形象；第四类，韩国民众眼中的中国形象。由此可见，国内现在对于中国形象在韩国传播的问题，研究数量较多，研究层面较广。但是也存在诸多不足，首先，大多数研究以定性研究为主，缺乏客观性。其次，关于改善、提升中国形象方面的相关策略较少。最后，从韩国民众层面进行的研究较少。

通过上述分析，可以看出关于如何在韩国讲好中国故事，更多的停留在国家形象的传播与构建方面，还没有细化到城市形象的传播与构建层面。因此，对韩国开展为期五年的北京形象调查具有非常重要的学术价值和应用价值，通过分析北京形象在韩国的传播现状，归纳传播规律，有助于增强北京在韩国的影响力，促进北京国际中心建设。

二　调研结果与分析

（一）样本统计特征

本次韩国的问卷为韩文版，共计发放 500 份，问卷统一按照概率抽样的方式配额发放，共收回有效问卷 500 份，问卷有效率为 100%。在本次问卷调查中，韩国调查样本的性别比为 1∶1，男女各占一半。调查样本的年龄则涵盖了青年、中年、老年，分布范围较广。其中 18~35 岁的青年群体占总体的 44%，36~50 岁的青壮年群体占 41%，51~65 岁的老年群体占 15%（见图 1）。

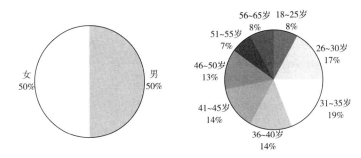

图 1　韩国样本的性别与年龄分布

资料来源：笔者自制。

文化程度方面，韩国的受访者呈现与其他样本不同的趋势。受过本科教育的受访者达到了 61%（见图 2），高于其他样本。韩国接受高等教育的比例为 95%，不仅仅高于亚洲总体水平，更高于同为发达国家的日本。从全球总体来看，韩国受访者接受职业教育与研究生教育的水平略低于发达国家，而接受本科教育的比例要远远高于发达国家。更有意思的是，韩国与日本在研究生教育层面不仅落后于全球总体水平，还落后于亚洲总体水平，这可能也与样本数量不足有关。

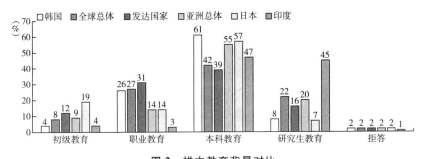

图 2　样本教育背景对比

资料来源：笔者自制。

收入方面，韩国受访者的家庭年收入状况基本与韩国中等发达国家的国情相符。所有受访者的家庭年收入都在 1 万美元之上，73% 的韩国受访者家庭年收入在集中在 3 万~7 万美元，韩国受访者家庭年收入在 3 万美元以上的占比高于亚洲总体水平（49%）和印度的平均水平（0%），但低于日本的平均收入水平（74%）。与发达国家平均水平相比，韩国的受访者家庭年收入基本与之相似，但高收入样本（高于 7 万美元）暂时缺位（见表 1）。同时韩国受访者关于家庭年收入问题的拒答率在所列样本中也处于最低水平（仅为 2%）。

表 1   韩国样本收入对比

单位：%

美元计家庭年收入	韩国	发达国家	亚洲总体	日本	印度
低于 3k	0	0	7	0	20
3k~4.9k	0	0	3	0	9
5k~9.9k	0	2	19	0	57
10k~19.9k	10	12	9	7	11
20k~29.9k	14	15	10	16	0
30k~49.9k	40	26	20	20	0
50k~69.9k	33	26	19	24	0
70k 及以上	0	16	10	30	0
拒答	2	4	3	4	3
样本量（个）	500	3500	1500	500	500

资料来源：笔者自制。

（二）北京整体印象

本次调查中韩国的受访者都对北京有所认知，北京到访率为 37%，领先于其他调查样本。高于全球总体水平（20%）、日本（21%）、亚洲总体（31%），略高于印度（36%）（见表 3）。重庆、深圳、天津、广州在韩国民众中的认知情况与北京存在较大差距（见表 2）。在所调查的 6 个城市中，北京的认知度低于广州、天津、重庆，与上海相同，只高于深圳，但在到访率和了解度两个维度均高于其他几个城市。

表 2　城市认知对比

单位：%

城市认知度	北京	上海	天津	重庆	广州	深圳
知道这个城市	63	63	78	70	80	59
了解这个城市	47	42	14	10	22	10
去过这个城市	37	36	13	8	18	11

资料来源：笔者自制。

　　就北京个体而言，从全球视野来看，韩国受访者的到访率远远高于全球总体水平，其原因可能在于韩国与中国同处东亚，地理位置上离北京比较近。而从亚洲总体来看，韩国受访者的到访率高于亚洲总体水平，并且远远高于日本；从时间维度上看，韩国受访者在 1992 年之前的到访率为 0，低于同期亚洲总体、发达国家的平均水平，并且低于日本和印度，造成此现象的原因在于中国在 1992 年才与韩国建立外交关系。而中韩建交之后的 1993~2008 年，韩国受访者的到访率达到 12%，高于亚洲总体、日本、印度的到访率。而 2008 年之后，韩国受访者的到访率与其他样本差别不大，2012 年之后，韩国、亚洲总体、日本、印度均突破了七成，韩国比发达国家高出 9 个百分点。在来京事由方面，旅游占比最高，其次是商务、探亲访友、学术活动、留学、外交活动、来华工作以及转机。其中外交活动与来华工作方面，韩国低于亚洲总体、发达国家、日本、印度。而在转机方面，韩国要高于这些国家和地区（见表 3）。

表 3　到访率、事由和时间区间一览

是否来过北京	韩国	亚洲总体	发达国家	日本	印度
到访率	37	31	22	21	36
样本量（个）	500	1500	3500	500	500
到访北京事由					
旅游	88	81	80	83	73
商务	21	38	25	39	54

357

续表

是否来过北京	韩国	亚洲总体	发达国家	日本	印度
探亲访友	11	14	13	2	24
学术活动	9	11	13	10	14
留学	8	11	10	6	17
外交活动	5	9	8	10	12
来华工作	3	15	9	9	31
转机	1	0	0	0	0
来访北京时间					
2013～2019 年	75	75	66	70	78
2009～2012 年	14	15	19	18	16
2002～2008 年	10	6	11	4	4
1993～2001 年	2	2	4	4	1
1978～1992 年	0	1	1	4	1

资料来源：笔者自制。

　　韩国受访者对北京城市形象的总体打分为 5.4 分（介于一般和好之间，满分为 10 分）虽然高于日本（4.8 分），但与全球总体、亚洲总体、发达国家的平均水平还有较大差距，与印度的差距更是巨大。由此可见，北京虽然在韩国维持相对较好的形象水准，但与亚洲总体水平（6.1 分）相比还有待进一步提升（见图 3）。

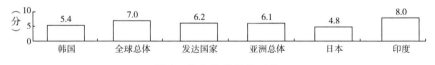

图 3　北京总体得分对比

资料来源：笔者自制。

　　从全球范围看，韩国受访者的总体评分远远低于发展中国家和发达国家。为了摒弃教育程度和收入水平的束缚，课题组采用了加权换算法，将得分均值换算成百分制（见表 4）。韩国仅高于日本，位列倒数第二名，处于较低水平。考虑到中韩建交以来在政治、经济等各层面的频繁交流，韩国是提升北京形象需要重视的一环，是北京外宣部门需要补齐的一块短板。

表 4　北京形象加权得分

发达国家 北京＝100							发展中国家 北京＝100						
英国	美国	法国	德国	澳大利亚	韩国	日本	墨西哥	巴西	印度	俄罗斯	阿根廷	埃及	南非
98	96	93	92	91	77	69	118	117	114	111	110	109	105

资料来源：笔者自制。

（三）北京印象与市民形象

在韩国受访者中最为突出的北京印象是"历史悠久"（76%）（见表 5），其次是"文化深厚"（68%）、"经济发达"（62%）、"政治中心"（61%）。"科技创新"（35%）、"现代时尚"（28%）、"和谐宜居"（26%）、"开放包容"（26%）得分较差，其中得分最差的为"和谐宜居"和"开放包容"。从全球视野来看，北京的城市印象在韩国全方位落后于全球总体水平。与发达国家和亚洲总体相比，韩国受访者对北京的城市印象中除了"历史悠久"稍高之外，其余各维度全部处于落后状态。而与日本相比，韩国在"历史悠久""现代时尚""和谐宜居""开放包容"方面略微占据优势，在"经济发达""政治中心""科技创新"方面低于日本。由此可见，北京的城市形象在韩国亟须提升和完善，尤其是在科技创新、现代时尚、和谐宜居、开放包容四个方面应采取针对性策略，全方位提升北京各方面的城市印象。

表 5　北京印象对比

单位：%

非常同意/比较同意	韩国	全球总体	发达国家	亚洲总体	日本
历史悠久	76	78	75	75	74
文化深厚	68	80	76	71	68

续表

非常同意/比较同意	韩国	全球总体	发达国家	亚洲总体	日本
经济发达	62	80	73	72	68
政治中心	61	65	65	67	71
科技创新	35	76	66	54	43
现代时尚	28	67	55	46	23
和谐宜居	26	57	43	41	21
开放包容	26	49	38	40	23

资料来源：笔者自制。

在北京市民形象方面，超过一半的韩国民众对北京市民的直观印象是"国家至上"，其他层面的印象基本都以负面居多，持认同态度的受访者不超过30%。北京市民在韩国受访者认知中的形象在各个维度上落后于全球总体、发达国家、亚洲总体的平均水平，但在"诚实守信"（28%/15%）、"勤劳敬业"（26%/24%）、"遵纪守法"（20%/16%）、"公共场所举止文明"（16%/11%）、"爱护生态环境"（14%/12%）（见表6）五个维度上领先于日本，其中"公共场所举止文明"和"爱护生态环境"在日本和韩国都居最后两位，这可能与日本、韩国两国的生态环境较好、国民受教育水平相对较高有关。通过数据说明，我们需要提升北京市民在亚洲特别是日本和韩国的形象，解决此问题任重而道远。

表6　北京市民形象对比

单位：%

正面/积极评价	韩国	全球总体	发达国家	亚洲总体	日本
国家至上	54	58	55	57	67
积极向上	28	57	46	47	40
诚实守信	28	50	38	35	15
勤劳敬业	26	66	54	38	24
遵纪守法	20	60	49	33	16

续表

正面/积极评价	韩国	全球总体	发达国家	亚洲总体	日本
热情包容	19	46	35	37	27
开拓创新	17	54	41	38	27
公共场所举止文明	16	58	47	33	11
爱护生态环境	14	35	21	29	12

资料来源：笔者自制。

（四）政治中心形象

1. 政府形象

韩国受访者认为北京是"负责任的政府"（27%）和"法治政府"（28%），"治理能力高效"（23%）、"廉政建设"（16%）、"创新型政府"（14%）（见图4）。从总体来看，韩国与日本的情形非常相似，在各维度上都远远落后于发达国家、亚洲总体和全球总体水平。从细节来看，韩国在"负责任的政府"、"法治政府"和"廉政建设"方面领先于日本，但在"治理能力高效""创新型政府"方面低于日本。通过数据可以看出，韩国受访者对北京市政府的形象认知还存在很大的提升空间。

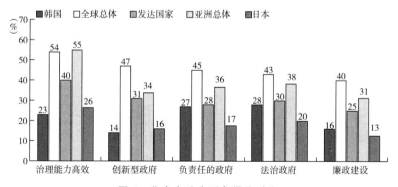

图 4　北京市政府形象得分对比

资料来源：笔者自制。

2. 城市发展理念

在城市发展理念方面，韩国受访者对"科技北京"（18%）、"智慧城市"（18%）、"绿色北京"（18%）（见表7）三项最为认同，但比例都不高。"科技北京"与"智慧城市"在韩国、全球总体、发达国家、亚洲总体四个样本中都位于前两名，而其中"科技北京"在表7中所列的五个样本中都处于首位，说明"科技北京"的发展理念深受他国受访者认同。与日本相比，韩国受访者在"智慧城市"和"绿色北京"两个层面上更为认同，而在其他维度上的认知度低于日本。由此可知，韩国受访者主要关注科技在智慧城市中的运用与发展，同时也关注北京在环保方面的发展理念。

表 7　北京市城市发展理念认同对比

单位：%

城市发展理念	韩国	全球总体	发达国家	亚洲总体	日本
科技北京	18	38	25	34	21
智慧城市	18	36	23	33	10
绿色北京	18	24	15	27	11
建设国际人才社区	13	17	13	22	14
宜居城市	12	27	17	24	13
推动城市减量提质发展	10	15	12	19	15
城乡协同发展	9	19	14	19	12

资料来源：笔者自制。

3. 大型活动

在北京举办的大型活动中，2008 年北京奥运会毫无意外地给各国各地区的受访者留下了很深的印象，在韩国、全球总体、发达国家、亚洲总体、日本都居首位。但韩国受访者（50%）对 2008 年北京奥运会的印象不仅低于日本（73%）和亚洲总体水平（64%），还低于发达国家（64%）和全球总体水平（70%）（见表8）。与其他四个样本不同的是，"一带一路"国际合作高峰论坛（24%）的认知度在韩国位居次席，说明了韩国受访者对"一带一路"倡议的关注度很高，这可能与韩国政府出台"新南方·新北方政策"，意图推动其与"一带一路"倡议实现对接有关。[①]"北京国际电影节"（21%）和"北京国际马拉松"（21%）并列第三名。从数据可以看出，2008年北京奥运会之后，在北京举办的大型活动在韩国的影响力相对较弱，需要大力提升。

表8　北京市大型活动的认知对比

单位：%

大型活动	韩国	全球总体	发达国家	亚洲总体	日本
2008年北京奥运会	50	70	64	64	73
"一带一路"国际合作高峰论坛	24	17	15	25	22
北京国际电影节	21	26	19	33	25
北京国际马拉松	21	23	19	32	36
北京国际图书博览会	10	16	9	18	7
中非合作论坛北京峰会	9	16	11	18	13
亚洲文明对话大会	7	12	9	15	8
北京世界园艺博览会	6	14	12	14	6

资料来源：研究自制。

在评价北京举办的大型活动方面，韩国受访者虽然对"亚洲文明对话大会"的认知度并不高，但评价最高（非常好19%），其次是"北京世界园艺博览会"（非常好13%）。同时超过半数的韩国受访者对"北京国际图书博览会"（62%）、"北京国际电影节"（53%）、"北京国际马拉松"（50%）比较满意（见表9）。由此可以看出，韩国受访者普遍对软性的体育、文娱活动更为喜爱。但与全球总体、发达国家、亚洲总体、日本相比，韩国受访者对各项在京举办的大型活动评价普遍不高。

[①] 吕春燕：《论韩国对"一带一路"倡议的战略应对》，《和平与发展》2018年第3期，第107页。

表9　北京市大型活动评价对比

单位：%

大型活动	韩国		全球总体		发达国家		亚洲总体		日本	
	非常好	比较好	非常好	比较好	非常好	比较好	非常好	比较好	非常好	比较好
亚洲文明对话大会	19	31	36	42	28	41	33	43	38	28
北京世界园艺博览会	13	33	42	40	28	46	35	43	16	35
中非合作论坛北京峰会	9	21	34	42	25	39	29	37	17	37
北京国际马拉松	7	43	35	44	20	45	23	38	9	27
2008年北京奥运会	6	29	42	38	24	43	24	33	10	28
北京国际图书博览会	6	56	43	41	29	44	30	48	18	44
北京国际电影节	3	50	37	44	22	43	29	41	17	26
"一带一路"国际合作高峰论坛	2	22	30	39	18	33	18	30	11	13

资料来源：笔者自制。

（五）文化中心形象

在韩国受访者的印象中，北京认知度最高的文化符号是著名饮食（52%），其次是名胜古迹（46%）和知名学府（41%）（见图5）。与韩国受访者旅游、商务、探亲访友、学术活动等的来京事由一致。在"名胜古迹"和"现代建筑"方面，韩国受访者的得分低于全球总体、发达国家、亚洲总体、日本。但在"知名学府"和"文艺演出"方面韩国受访者的得分高于全球总体、发达国家、亚洲总体、日本。通过数

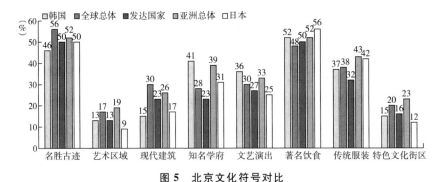

图5　北京文化符号对比

资料来源：笔者自制。

据可以看出韩国受访者比其他国家和地区的受访者更重视教育和文化活动。

在对北京的文化地标选择中，超过四成的韩国受访者将长城排在首位（43%），同时在第二、第三顺位选择长城的韩国受访者各占11%和3%。其次是天安门（推荐顺位为18%、19%、7%）和故宫（推荐顺位为8%、7%、8%）（见表10）。在韩国受访者中，长城、天安门和故宫构成了最能代表北京的文化地标。但是韩国受访者对秀水街、北京四合院、大运河文化带、798艺术区、三里屯等商业设施和人文景观的推荐度较低，需要加强宣传和推广。

表10　北京文化地标推荐

单位：%

文化地标	韩国（样本量 = 500）		
	第一位	第二位	第三位
长城	43	11	3
故宫	8	7	8
天坛	1	3	2
天安门	18	19	7
颐和园	4	5	7
鸟巢和水立方	2	1	1
国家大剧院	2	2	1
秀水街	1	1	1
北京四合院	1	4	3
大运河文化带	1	2	1
798艺术区	1	2	1
三里屯	1	1	0

资料来源：笔者自制。

在北京文化中心建设方面，韩国受访者给出的建议中"组织文化产品展览"（51%）占比最高，其次为"重视文化创意产业"（35%），"推广饮食文化"（31%）居第三位（见表11）。前两个维度的建议全面领先于全球总体、发达国家、亚洲总体与日本。同属汉字文化圈，韩国受访者对中华文化的重视程度很高，希望中国重视传统文化并且对其进行规范化、产业化。

表 11   北京文化中心形象提升路径对比

单位：%

文化中心形象要素	韩国	全球总体	发达国家	亚洲总体	日本
保护文化遗产	20	51	44	49	46
提高居民的文化素质	17	31	26	39	36
推广饮食文化	31	35	28	35	25
建设特色文化街区	29	26	23	29	19
组织丰富的文艺演出	27	29	22	29	17
重视文化创意产业	35	29	23	29	16
扩大文化场馆建设	29	28	22	24	7
组织文化产品展览	51	27	19	23	13
推进夜间经济发展	19	19	13	17	7
培养文化名人	26	17	12	19	8
建设更多高水平知名学府	28	20	12	16	7

资料来源：笔者自制。

（六）国际交往中心形象

韩国受访者对北京的国际化打分均值为 6.1 分（见表 12），呈现较好的认可度，该得分虽然低于全球总体（7.2 分）、亚洲总体（6.6 分）和发达国家（6.5 分），但高于日本（5.6 分）。

表 12   北京国际交往中心得分对比

单位：分

韩国	全球总体	发达国家	亚洲总体	日本
6.1	7.2	6.5	6.6	5.6

资料来源：笔者自制。

韩国受访者认为"对外国人的包容度高"（40%）最能体现北京的国际交往中心形象，其后依次是"发达便利的重要国际交通枢纽"

（35%）、"设置清晰、规范的多种外国语指引标识"（34%）、"公正规范的涉外管理政策"（34%）（见图6）。值得注意的是，韩国受访者对"众多重要国际组织进驻"的选择并不多，平均值低于全球总体、发达国家、亚洲总体和日本。

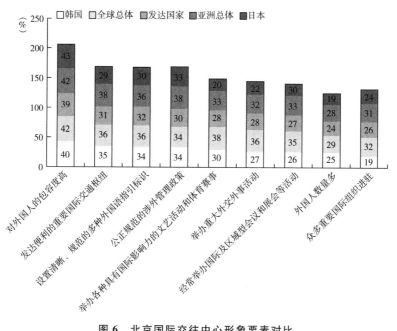

图6　北京国际交往中心形象要素对比

资料来源：笔者自制。

在提升北京作为国际交往中心的要素方面，韩国受访者认为最有效的措施是"安全卫生便捷的饮食及饮食环境"（49%），其次是"良好的社会治安"（46%）和"发达便利的交通"（42%）（见图7）。与发达国家和亚洲总体相比，韩国民众与二者基本保持一致，更加关注交通、酒店设施、饮食安全、社会治安等问题。与日本受访者相比，韩国受访者在"特色鲜明的地标性建筑"（25%、9%）和"涉外服务人员高效的工作效率"（26%、17%）两个方面关注度更高。值得注意的是，在"热情好客的市民"方面，韩国远低于全球总体、亚洲总体、发达国家、日本。

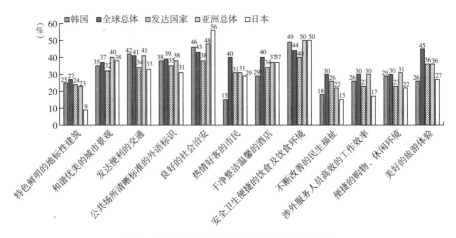

图7 北京国际交往中心形象提升要素对比

资料来源：笔者自制。

（七）科技创新中心形象

韩国受访者对北京的科技创新程度打分均值为6.0分（见表13），呈现较好的认可度，得分低于全球总体（7.8分）、发达国家（7.1分）和亚洲总体（6.9分），与日本（6.1分）相近。

表13 北京科技创新中心得分对比

单位：分

韩国	全球总体	发达国家	亚洲总体	日本
6.0	7.8	7.1	6.9	6.1

资料来源：笔者自制。

韩国受访者中超过三成认为"移动支付便捷"（36%）最能反映北京的科技水平，这与韩国的手机移动支付程序烦琐、不方便有关。其次为"交通营运系统（机场、高铁、地铁）发达"（31%）、"公共场所的科技技术应用面广"（31%）（见图8）。韩国是一个交通非常发达的国家，韩国民众已经习惯了便利的交通，此次调查中认为"交通营运系统（机场、高铁、地铁）发达"的受访者超过了三成，从侧面说明北京近年来的交通营运发展得到了肯定。

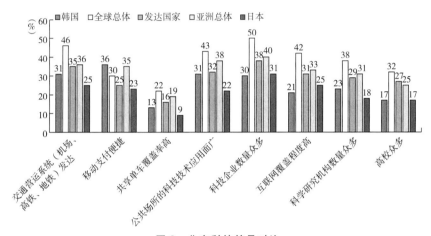

图8　北京科技符号对比

资料来源：笔者自制。

（八）和谐宜居之都形象

韩国受访者对北京的宜居程度打分为5.3分（见表14），呈现的认可度低于全球总体（7.0分）、发达国家（6.1分）、亚洲总体（6.2分）。

表14　北京宜居程度得分对比

单位：分

韩国	全球总体	发达国家	亚洲总体	日本
5.3	7.0	6.1	6.2	4.9

资料来源：笔者自制。

韩国的受访者指出符合北京的宜居形象的主要表现是"可持续发展"（29%）、"经济发展水平较高"（27%），与亚洲总体状况基本保持一致，但是在各个维度上都低于全球总体水平（见图9）。与日本相比，韩国受访者在大多数维度都处于领先位置。从全球总体来看，韩国受访者在健康、安全、环境等方面的要求稍低。

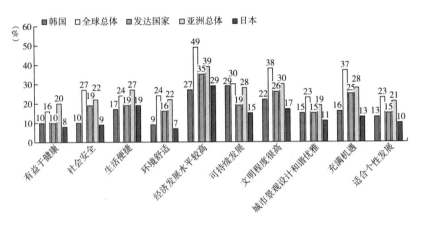

图 9　北京宜居指标对比

资料来源：笔者自制。

在提升北京形象方面，韩国受访者认为需要在"环境污染"（28%）、"空气质量差"（27%）、"国民素质"（26%）（见图 10）三个

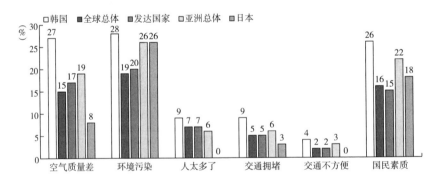

图 10　北京形象提升路径对比

资料来源：笔者自制。

方面进行改善，并且在各个维度上高于全球总体、发达国家、亚洲总体以及日本的平均状况。其中在空气质量方面远远高于其他国家和地区，这可能与韩国媒体的误导有关，在雾霾问题上韩国媒体和舆论一直将矛头对准中国，认为中国的雾霾影响了韩国的空气质量，此类报道层出不穷，造成韩国民众对中国环境问题感到不满。①

（九）北京媒体报道量及受众认知渠道

在全球媒体报道量方面，韩国受访者中认为"非常充分"的只有3%（见表15），低于全球总体、发达国家、亚洲总体水平，与日本（3%）相同。但认为"比较充分"的韩国民众为22%，高于日本，但低于全球总体、发达国家和亚洲总体水平。认为全球媒体报道量"非常充分"和"比较充分"的占25%，仅高于日本。

表 15　北京媒体报道量对比

单位：%

媒体报道量	全球总体	发达国家	亚洲总体	韩国	日本
非常充分	14	9	13	3	3
比较充分	32	30	28	22	15
一般	37	42	37	47	46
不充分	17	19	15	28	36

资料来源：笔者自制。

通过本国媒体来认知北京的韩国受访者达67%（见表16），对本国媒体的依赖程度高于发达国家、亚洲总体和全球总体水平，与日本持平。其次，韩国受访者"我亲历北京的体验"为18%，其依赖程度在区域和全球范围内最高。但通过"其他国家的媒体"的水平低于发达国家、亚洲总体以及全球总体水平，与日本接近。韩国受访者依赖亲身体验和"本国媒体"的特征突出。

---

① 李敦球：《韩国雾霾 韩媒为何"甩锅"中国》，《中国青年报》2019年4月3日，第3版。

表 16　各国（地区）北京认知渠道对比

单位：%

认知渠道	全球总体	发达国家	亚洲总体	韩国	日本
本国媒体	56	57	64	67	67
中国媒体	19	16	22	16	15
其他国家的媒体	27	20	22	14	15
我自己的观察	38	33	33	26	19
我和其他人的交流	34	28	30	25	15
参加由中国举办的活动时的体验	15	11	18	12	11
我购买或使用中国产品的体验	32	19	27	19	14
我亲历北京的体验	11	10	17	18	9

资料来源：笔者自制。

　　与亚洲总体、发达国家、日本、全球总体一样，在众多媒介渠道里，韩国受访者对电视的依赖程度也呈现最高水平，但在依赖程度上比其他国家和地区要低。但在广播（10%）、纸媒（报纸、杂志、书籍）（27%）等传统媒体方面落后于其他国家和地区，说明在韩国民众了解北京的过程中网站（64%）、社交平台（34%）等新兴媒体起到的作用要大于纸媒（报纸、杂志、书籍）、广播等传统媒体。值得注意的是，韩国受访者对电影（21%）的依赖程度低于发达国家（25%）、亚洲总体（30%）、全球总体（33%），仅高于日本（16%）（见图 11），这从侧面说明我们要加强中国电影在韩国的推广与传播。

　　与发达国家、亚洲总体、全球总体一样，韩国受访者了解北京的直接信息渠道中，"文化年"的占比最高（51%），演出（43%）与旅游年（39%）（见表 17）分列第二位、第三位。值得关注的是，韩国受访者通过"产品销售活动"来认知北京的占比只有 26%，低于亚洲总体、日本和全球总体水平。在"孔子学院举办的活动"方面，与发达国家和亚洲总体相比，韩国、日本呈现不同的样态。在所有直接信息渠道中，韩国（20%）与日本（16%）受访者对"孔子学院举办的活动"的依赖度最低。

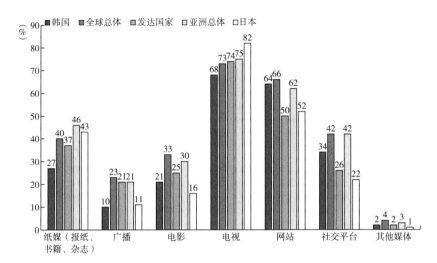

图 11　各国（地区）的北京形象认知媒介对比

资料来源：笔者自制。

表 17　认知北京的直接信息渠道对比

单位：%

认知渠道	全球总体	发达国家	亚洲总体	韩国	日本
文化年	49	46	49	51	28
海外中国文化中心举办的活动	47	45	52	34	33
中国使馆举办的活动	47	39	49	36	44
旅游年	44	43	53	39	40
演出	40	27	44	43	23
产品销售活动	34	19	30	26	35
孔子学院举办的活动	33	30	39	20	16

资料来源：笔者自制。

三　建议与对策

作为中国的邻国，由于地理位置上的优势，韩国民众的北京到访率较高，但与高到访率不同的是，韩国受访者对北京城市形象的打分却低于发达国家、亚洲总体、印度和全球总体水平，仅高于日本。下面将从政治中心、文化中心、国际交往中心、科技创新中心、和谐宜居之都等方面总结韩国受访者对北京形象的认知情况。

政治中心方面，超过三成的受访者认为北京市政府是负责任、讲法治的政府，但在廉政建设和创新方面评价较低；北京市的发展理念中，最受韩国受访者认同的是科技北京、智慧城市和绿色北京；在北京举办的大型活动中，除了 2008 年北京奥运会之外，别的大型活动在韩国的影响力相对较弱。

文化中心方面，与其他国家和地区的受访者一样，韩国受访者认知程度最高的文化符号是"著名饮食"和"名胜古迹"。同时在"知名学府"和"文艺演出"的认知方面，韩国受访者领先于其他国家和地区的平均水平。而在北京文化中心建设方面，韩国受访者建议要"组织文化产品展览""重视文化创意产业""推广饮食文化"。

国际交往中心方面，韩国受访者对北京的打分均值仅高于日本，低于其他国家和地区的平均水平。受访者认为"对外国人的包容度高"和"发达便利的重要国际交通枢纽"最能体现北京的国际交往中心形象。在关于如何提升北京国际交往中心形象方面，韩国受访者认为最重要的措施是"安全卫生便捷的饮食及饮食环境"、"良好的社会治安"和"发达便利的交通"。

科技创新中心方面，韩国受访者呈现较好的认可度，但打分均值低于其他国家和地区。其中超过三成的受访者认为"移动支付便捷"最能反映北京的科技水平。

和谐宜居之都方面，韩国受访者的打分不高，低于其他国家和地区的分值，韩国受访者认为符合北京和谐宜居之都形象的主要表现是"可持续发展"和"经济发展水平较高"。

通过调查可以看出北京形象在韩国传播的现状并不乐观，提升北京形象刻不容缓，任重而道远。韩国作为中国在东北亚地区最重要的邻国之一，与中国在经济、政治、人文各领域有极为频繁、密切的交流，加强北京形象在韩国的传播与构建对促进北京市加强与韩国的合作，进而加强中韩两国各领域交流具有重要的意义。下面将结合本次调查结果，就如何推进北京形象在韩国的传播与构建，从传播内容、传播策略和传播主体三个方面提出自己的建议。

传播内容方面，鉴于韩国受访者对于北京"名胜古迹""著名饮食"的认知度较高，我们可以加强挖掘和宣传推广北京悠久的历史文化，凸显北京味道。进一步加强对北京传统历史文化的挖掘和推广，以塑造北京文化中心的形象；针对韩国受访者评价较低的"环境污染"问题，要引导和优化城市的环境传播，消除环境污染问题对北京城市形象的负面影响；考虑到韩国受访者对北京市民形象的认知多为负面的情况，我们需要重视北京市民形象的构建和传播，发掘北京市民日常生活中的正面素材，运用身边的事例来讲好北京故事；考虑到 2008 年北京奥运会给韩国受访者留下了很深的印象，我们可以充分利用 2022 年冬奥会等大型国际活动及赛事来促进北京形象的推广宣传，众所周知，奥运会不仅仅是一场体育盛事，更是一场政治、科技、文化传播盛会，把握好此次机会，对提升韩国民众心中的北京形象具有非常重大的意义；出于改善韩国受访者对北京科技创新中心形象评价较低的情况，需要重视传媒科技传播，加强北京科技创新相关实例和新闻的传播。

传播策略方面，在新媒体时代，传统媒体的作用逐渐被削弱，新媒体的作用在增强，特别是社交类媒体与短视频平台大有超越传统媒体的趋势[1]，受众对其依赖度大增。此次调查中，韩国受访者在北京形象认知渠道方面，对新媒体的依赖程度要高于传统媒体，据统计，2019 年

---

① 朱豆豆：《社交媒体在北京国际形象传播中的策略初探》，《对外传播》2016 年第 12 期，第 35 页。

抖音在韩国的用户数量达到 320 万[①]，所以在北京形象的对外推广与构建过程中，除传统媒体之外，要开拓社交类新媒体与短视频平台的城市形象传播途径，充分发挥新媒体的作用；考虑到北京城市文化的涵盖面较广，层次丰富，我们要精准定位，充分考虑受众的品位和思维方式，针对不同的受众提供不同的内容，做好受众细分。同时也可以通过口碑传播与体验传播来改善受众心中的北京城市形象；媒体方面，在"融媒体"时代下，媒体应找准自己在城市形象对外宣传中的定位与角色，加强在城市形象传播中的主动性，探索新的传播形式，同时，要充分发挥海外媒体的作用，弥补国内媒体在对外传播方面的不足，借助海外媒体来传播北京形象；最后，要加强舆情监控，及时发现并回应关于北京的负面舆情。

传播主体方面，除了发挥政府、媒体的作用之外，还要充分重视社会组织和个人在传播北京形象过程中的作用，构建北京形象国际传播体系。中韩两国之间民间交流密切，2018 年，中韩人员往来达 947 万人次，其中中国内地居民赴韩 527 万人次，在韩国留学生 6 万人[②]，通过调查可以看出相当一部分韩国民众是通过社会组织或者中国朋友来了解北京的，因此社会组织和个人在北京形象对外传播过程中的作用也不可忽略。提升从个人、社会组织到媒体、政府在城市形象对外传播中的跨文化交流技巧，用深层次的沟通来构建理想的国际城市形象。构建"政府""媒体""社会组织""个人"四个层面的国际传播体系，提高北京国际影响力，助力北京国际交流中心建设。

[①] http：//www.bloter.net/archives/356796，最后访问日期：2019 年 12 月 7 日。

[②] 中华人民共和国外交部：《中国同韩国的关系》，https：//www.fmprc.gov.cn/web/gjhdq_676201/gj_676203/yz_676205/1206_676524/sbgx_676528/，最后访问日期：2019 年 12 月 7 日。

第十三节 日本人眼中的北京形象[①]

一 研究背景

日本国（Japan）位于太平洋西岸，是一个由东北向西南延伸的弧形岛国，西隔东海、黄海、朝鲜海峡、日本海与中国、朝鲜、韩国、俄罗斯相望。日本在第二次世界大战中战败，战后奉行"重经济、轻军备"路线，20世纪60年代末成为西方第二经济大国。80年代以来提出成为"政治大国"的目标，90年代经济陷入长期低迷，2002年起出现缓慢恢复。2008年以来，先后受到国际金融危机和东日本大地震冲击，经济复苏势头受挫。外交上，日本坚持日美同盟，重视亚洲外交，力争在国际事务中发挥重要作用。现在日本是世界第三经济大国，外贸在国民经济中占重要地位，有贸易关系的国家（地区）数约200个。重点对外投资的国家为美国、英国、中国、巴西等。是世界主要对外援助大国，2016年政府开发援助支出总额约168.08亿美元，居世界第四位。日本重视教育，每年的科研经费约占GDP的3.7%，位居发达国家榜首。日本新闻出版事业发达，报刊发行量大，广播电视覆盖面广，在世界各国中位居前列。2019年德仁天皇继位，改年号"令和"，开启日本新的时代。2019年11月25日，中国国家主席习近平和日本首相安倍晋三分别致信祝贺中日高级别人文交流磋商机制首次会议在东京召开。为中日关系持续改善向好提供了良好的机制，将会进一步推动人文交流，促进民心相通，为构建和发展契合新时代要求的中日关系提供人文支撑。[②]

中日两国"一衣带水"，自古以来日本就深受中国大陆文化影响，

[①] 本报告由张旭撰写。
[②] 《日本国家概况》，中华人民共和国外交部，https://www.fmprc.gov.cn/web/gjhdq_676201/gj_676203/yz_676205/1206_676836/1206x0_676838/，最后访问日期：2019年11月15日。

衣冠唐制度，全盘唐化。古代日本人对大陆先进文明的仰慕之情由来已久，这种状态一直持续到 1868 年明治维新前夕。近代以来，中国受西方列强侵略，国力衰弱，为避免重蹈中国覆辙，日本积极学习西方，全盘西化。日本率先实现了国家的近代化，避免了被欧洲列强瓜分，国力超越中国，成为亚洲唯一的一个近代化国家。自此，中国在日本人心目中的形象有所弱化。但是，新中国成立以来随着中国国力的日益增强，中国的国际地位也越加重要。中国的主要大城市自然也成为展现中国国际形象的窗口，越来越为世界各国人民所关注。北京作为中国的首都，了解、掌握其在世界各国人民心目中的城市形象，自然是至关重要的。

日本作为中国的近邻，不管是政府智库还是媒体或者一般国民，对逐渐崛起的新兴国家——中国都是一直密切关注的。笔者在中国知网（CNKI）上进行了关键词搜索，关于外国人眼中的北京形象的相关论文极少，焦点主要集中在外国人眼中对在中国举办的重大活动的看法等方面。如果缩小范围搜索关于日本人眼中的北京形象的相关研究的话，结果为零。由此可以看出，以国别划分研究对象，对北京的城市形象研究在现阶段是空白。因此，此项国别区域研究具有较高的学术突破意义，有助于更加精准地了解并掌握日本一般民众对北京城市形象认知情况。

二 调研结果与分析

（一）样本统计特征

本次日本的问卷为日文版，共计发放 500 份，对于北京有所了解的问卷为 139 份，对北京没有什么了解的问卷为 361 份。共计回收调查问卷 500 份，问卷有效率为 100%。同时，为了更加凸显日本民众对中国城市形象的认知程度，特别将同为亚洲主要国家同时也是中国近邻的韩国和印度作为对象国进行数据比较。发放的调查问卷分别为韩语版和英语版，每个国家各 500 份，其中韩国人了解北京的问卷数为 233 份，不了解的为 267 份；印度了解北京的问卷数为 307 份，不了解的为 193 份（见图 1）。

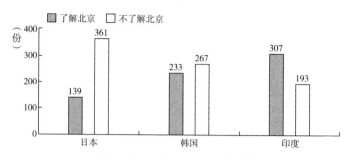

图 1　三国民众了解北京的问卷数

资料来源：笔者自制。

从了解程度上我们可以看出，日本人对于北京的了解程度最低，其次是韩国人，三国中最了解北京的是印度人。

在本次调查中，日本样本的性别比为 1∶1，男女各占一半。从年龄分布上看，样本涵盖老、中、青三代人。根据亚洲的人口分布与国家差异，其中日本的调查年龄层分布为：18～35 岁的青年群体占 40%，36～50 岁的青壮年群体占 35%，51～65 岁的老年群体占 25%。韩国的调查年龄层分布为：18～35 岁的青年群体占 44%，36～50 岁的青壮年群体占 41%，51～65 岁的老年群体占 15%。印度的调查年龄层分布为：18～35 岁的青年群体占 45%，36～50 岁的青壮年群体占 39%，51～65 岁的老年群体占 16%（见图 2、图 3）。

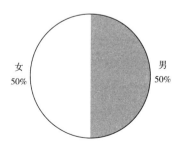

图 2　日本样本采集男女比例

资料来源：笔者自制。

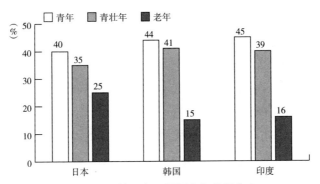

图3　日、韩、印三国调查年龄层分布

资料来源：笔者自制。

从样本年龄层的调查中我们可以看出，日、韩、印三国的受访者年龄层相对均衡，后面的各项调查数据会比较客观，调查结果一定程度上可以代表三国大部分民众的意见。

在受教育程度方面，基于整体的调查数据显示：受访者中受过本科教育的人数最多，其中韩国占比最高，日本紧随其后，印度最低；而令人惊讶的是研究生教育中印度占比最高，日、韩占比相对于印度差距非常大，仅为各自国家受本科教育人数的零头（见图4）。

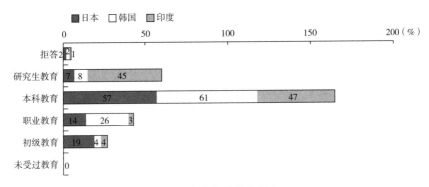

图4　受访者受教育程度

资料来源：笔者自制。

从受教育程度方面我们可以看出，在日、韩、印三国受访者中受过高等教育的人相比亚洲总体水平，印度超过平均线，排名第一，韩国接近平均线，排名第二，日本紧随韩国，排名第三；但日、韩的中等教育、高等教育相对印度而言非常均衡，印度的中等教育人数较少；这样的样本选择也与日、韩、印三国的国情基本相符，后面得出的各项数据也会比较客观，可信度更高。

收入方面，受访者中日本人的年平均收入最高，韩国紧随其后，印度和日、韩的差距比较大，位列最后。

从收入方面我们可以看出，虽然同属亚洲国家，但是印度的人均年收入非常低，属于发展中国家；而日、韩两国属于发达国家（见图5）。

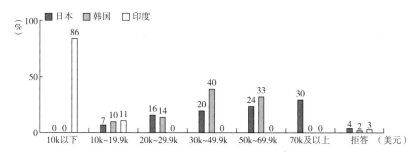

图5　日本、韩国、印度受访民众美元计家庭年收入对比

资料来源：笔者自制。

由此我们可以推断出民众对于医疗设施、居住环境、教育环境、国民素质和幸福感等方面的指数：日本最高，韩国紧随其后，印度最低，而且相较于日、韩差距很大。

（二）北京整体印象

本次调研中日本的受访者全部对北京有所认知，到访率为21%，低于上海（25%）；韩国的受访者全部对北京有所认知，到访率为37%，高于上海（36%）；印度的受访者全部对北京有所认知，到访率为36%，高于上海（35%）（见图6、图7、图8）。

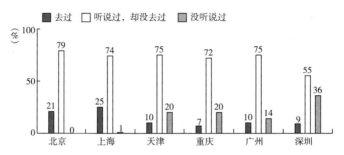

图 6　日本受访者是否去过中国以上城市

资料来源：笔者自制。

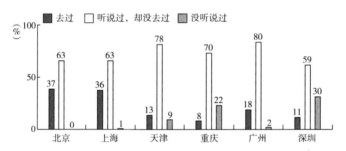

图 7　韩国受访者是否去过中国以上城市

资料来源：笔者自制。

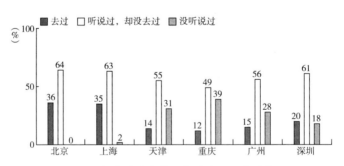

图 8　印度受访者是否去过中国以上城市

资料来源：笔者自制。

　　日本的受访者对北京的了解程度中，非常了解为 11%，低于上海（12%）；韩国的受访者中，非常了解为 12%，与上海（12%）持平；印度的受访者中，非常了解为 31%，高于上海（28%）。有意思的是，印度对深圳（11%）、天津（9%）、广州（9%）、重庆（7%）相比日、韩两国更了解（见图 9、图 10、图 11）。

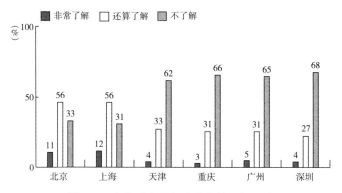

图 9　日本人对中国部分城市的了解程度

资料来源：笔者自制。

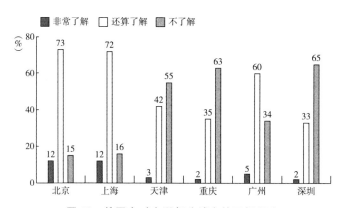

图 10　韩国人对中国部分城市的了解程度

资料来源：笔者自制。

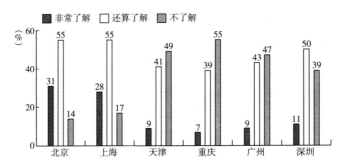

图 11　印度人对中国部分城市的了解程度

资料来源：笔者自制。

日本受访者来京频率中，5 次以上的为 13%，4～5 次的为 10%，2～3 次的为 43%，1 次的为 34%；多次访京的（4 次以上的）占比为 23%，高于韩国（18%）、印度（20%）（见图 12）。

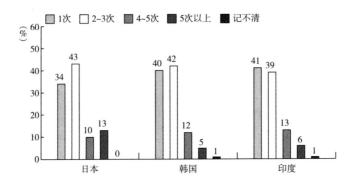

图 12　日本、韩国、印度受访民众来北京的频率

资料来源：笔者自制。

日本的受访者在京停留的时间中，1 个月以上的占 12%，低于韩国（15%）、印度（20%）；1 周～1 个月的占 39%，高于韩国（29%），低于印度（49%），1 周以内的占 50%，低于韩国（57%），高于印度（30%）（见图 13）。

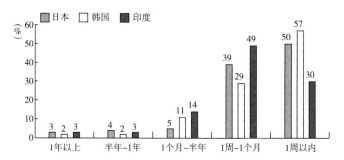

图13　日本、韩国、印度受访民众在京停留时间

资料来源：笔者自制。

日本受访者访京时间中，2008年以前为12%，与韩国（12%）持平，高于印度（7%）；2009~2012年为18%，高于韩国（14%）、印度（16%）；2013~2019年为70%，低于韩国（75%）、印度（78%）（见图14）。

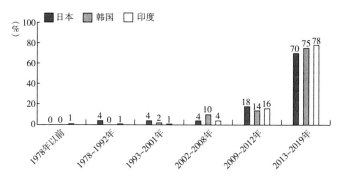

图14　日本、韩国、印度受访民众访京时间

资料来源：笔者自制。

日本受访者访京事由中，排名前三位的是旅游、商务、学术活动；其中，旅游占83%，略低于韩国（88%），高于印度（73%）；商务占39%，高于韩国（21%），低于印度（54%）；学术活动占10%，高于韩国（9%），低于印度（14%）（见图15）。

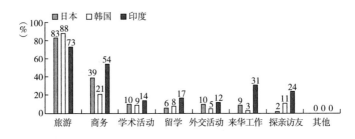

图15　日本、韩国、印度受访民众访京事由对比

资料来源：笔者自制。

根据上述对北京的到访率、认知、访京次数、停留时间、访京时间、访京事由的数据，我们可以看出：①日、韩、印三国受访者全部对北京有所认知，到访率韩国排名第一，印度次之，日本最末。北京与上海的到访率相比较，日本受访者来过上海的人较多，韩国、印度则相反。②了解程度方面，日本对于北京的了解程度最低，韩国次之，印度则非常了解。③日本人多次访京人数最多，印度人次之，韩国人最末。④日本人长期在京停留比例最少，韩国人次之，印度人比例最高；日本人中期在京停留比例较高，韩国人最低，印度人最高。⑤日本人在2008年以前访京人数比较均衡，人数较少；韩国人2008年以前访京人数比较均衡，人数较少，2008年北京奥运会后开始增多；印度人2008年以前访京人数很少，2008年北京奥运会后开始增多；2009~2012年，日、印两国访京人数开始翻倍增长，韩国相对增长缓慢；2013~2019年，三国访京人数激增，但是日本增幅略逊于韩国、印度。⑥日本人访京事由前三名为旅游、商务、学术活动；旅游和商务事由非常明显。

由上述数据可见，日本人对于上海的认知要略微多于北京，而较之亚洲其他国家，日本人对于中国城市的认知度要低10个百分点以上，低于整体受访人数的1/4；数据显示虽然日本人多次访京，但是在京停留时间是三国最少的，对北京的了解度不高；在 2008 年北京奥运会后访京人数激增，也只是因为北京旅游业的宣传和商业机会、业务的增多等而来访北京；虽然数据表明的日本人对北京的了解程度、到访事由的统计结果令人略感遗憾，但从另一个侧面说明未来日本对于中国城市的认知会随着中日两国关系改善、中国国际地位和国际影响力的不断提高，得到改变；日本民众对中国城市的认知度存在巨大的成长空间和潜力，在不久的将来，这一现状将会被改变。

本次调研中日本的受访者对北京的印象打分中，非常好的占 12%，低于韩国（17%）和印度（69%）。

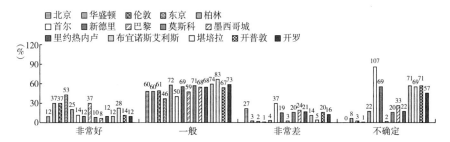

图 16　日本人对世界各国首都的印象打分

资料来源：笔者自制。

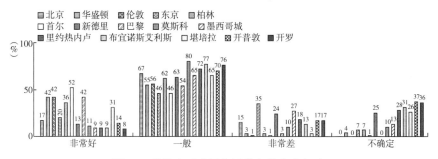

图 17　韩国人对世界各国首都的印象打分

资料来源：笔者自制。

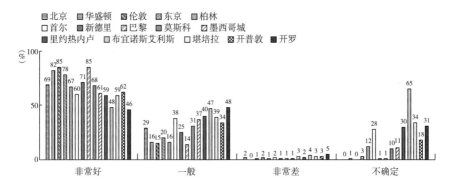

图 18　印度人对世界各国首都的印象打分
资料来源：笔者自制。

由上述数据可知，日本人认为第一名是东京、韩国人认为是首尔。印度人认定的第一名是巴黎、伦敦，接下来才是华盛顿。日韩两国国民认定的第一名是自己国家的首都，表明了对自己国家的认可。印度人则是选择了欧洲城市巴黎和伦敦，这与其近代以来受欧洲国家影响有很大的关系。那么重新审视一下三国对北京的整体印象打分情况，日、韩两发达国家的国民对北京的整体印象普遍打分不高，印度因为其综合国力相较于中国偏弱，客观上北京在各个方面确实超过新德里很多，所以其民众对于北京的整体印象较好。

（三）北京印象与市民形象

本次调研中日本的受访者对北京印象打分的情况：认为非常好的占 15%，低于韩国（19%）和印度（70%）。对于上海的打分情况：认为非常好的占 20%，低于韩国（23%）和印度（68%）（见图 19 至图 21）。

日本的受访者对北京的整体印象的变化情况：认为明显变好和变好的占 60%，高于韩国（58%），低于印度（87%）（见图 22）。

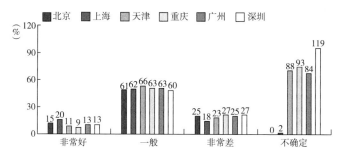

图 19　日本人对国内城市印象打分

资料来源：笔者自制。

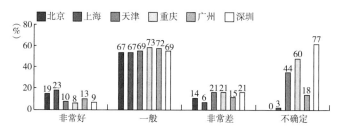

图 20　韩国人对国内城市印象打分

资料来源：笔者自制。

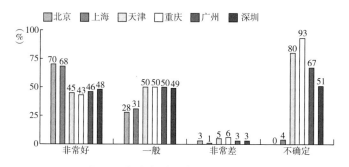

图 21　印度人对国内城市印象打分

资料来源：笔者自制。

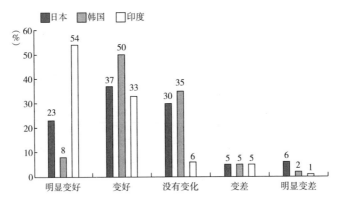

图 22　日本、韩国、印度受访民众对北京的整体印象变化

资料来源：笔者自制。

日本的受访者对符合北京印象描述的选择是：选择了政治中心的占 29%，高于韩国（22%）和印度（27%）；历史悠久的占 25%，低于韩国（32%）和印度（29%）；经济发达的占 23%，高于韩国（16%），低于印度（48%）；文化深厚的占 21%，低于韩国（23%）和印度（35%）（见图 23 至图 25）。

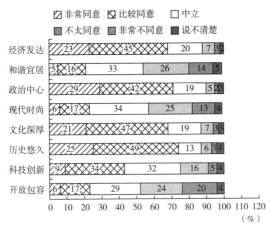

图 23　日本人对符合北京印象描述的选择

资料来源：笔者自制。

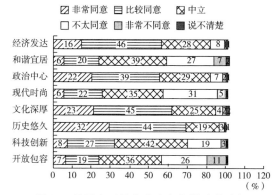

图24　韩国人对符合北京印象描述的选择

资料来源：笔者自制。

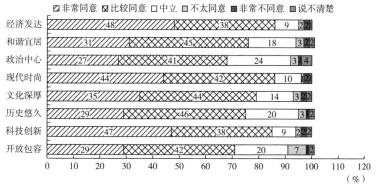

图25　印度人对符合北京印象描述的选择

资料来源：笔者自制。

日本的受访者对北京人的印象选择是：国家至上、顾全大局占50%，低于韩国（54%）和印度（67%）；开拓创新、比较创新占27%，高于韩国（17%），低于印度（70%）；热情包容、比较热情占27%，高于韩国（19%），低于印度（64%）；积极向上、比较积极占40%，高于韩国（28%），低于印度（73%）；勤劳敬业、比较敬业占24%，低于韩国（26%）和印度（65%）；诚实守信、比较守信占15%，低于韩国（28%）和印度（62%）；遵纪守法、比较守法占16%，低于韩国（20%）和印度（63%）；爱护生态环境、比较爱护占12%，低于韩国

（14%）和印度（62%）；举止文明、比较文明占 11%，低于韩国
（16%）和印度（71%）（见图 26 至图 34）。

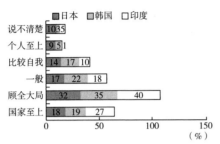

图 26　三国对北京人的印象 1

资料来源：笔者自制。

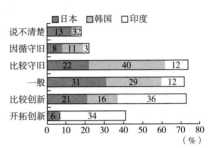

图 27　三国对北京人的印象 2

资料来源：笔者自制。

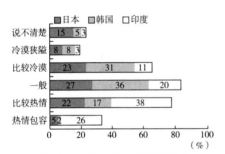

图 28　三国对北京人的印象 3

资料来源：笔者自制。

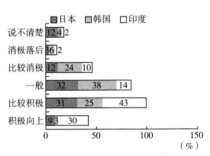

图 29　三国对北京人的印象 4

资料来源：笔者自制。

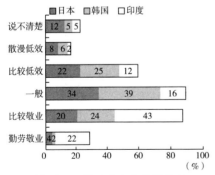

图 30　三国对北京人的印象 5

资料来源：笔者自制。

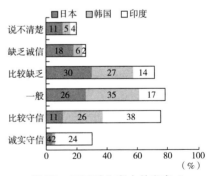

图 31　三国对北京人的印象 6

资料来源：笔者自制。

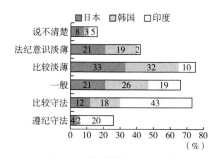

图 32　三国对北京人的印象 7
资料来源：笔者自制。

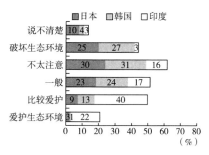

图 33　三国对北京人的印象 8
资料来源：笔者自制。

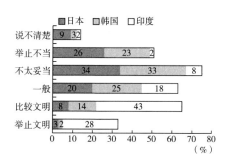

图 34　三国对北京人的印象 9
资料来源：笔者自制。

基于以上数据，我们可以看出：①日本受访者对北京的印象打分低于上海。而且是日、韩、印三国中对北京印象最差的。日、韩对北京的印象远比印度差。②对北京的印象整体变化趋势是越来越好的，改观的速度也是最快的。③首先认为北京是一个政治中心，其次是历史悠久的城市，再次是一个经济发达的城市，最后才是一个文化深厚的城市。④对北京人的好印象主要是国家至上、积极向上、开拓创新、热情包容，但是认为还有待进一步提高的方面依次是公共场所举止文明、爱护生态环境、诚实守信、遵纪守法。

根据统计结果，笔者认为由前面的数据可知日本受访者对上海的了解要比北京更深，间接导致对北京的城市形象打分偏低；因为日本是三国中经济最发达的国家，所以其国民对于中国城市印象的挑剔程度也是最高的；对于日本的受访者来说，北京作为中国的首都，其政治中心的形象远大于上海、香港等一直以经济为中心的城市；正因如此也间接影响了其对北京市民的印象，对北京市民的第一印象便是国家政治第一。而在亟待改进的方面，日本受访者则着眼于公共场所举止文明、爱护生态环境、诚实守信、遵纪守法方面。党和国家现在正着眼于提高人民的精神文明建设水平，提高国民素质。经过全国人民的共同努力，2008年北京奥运会以后，我国的国民素质有了飞跃性的进步，日本受访者对北京城市印象的巨大改善，也从一个侧面肯定了国家政策的前瞻性。

（四）政治中心形象

1. 政府形象

日本的受访者对北京市政府的印象是：治理能力高效、比较高效占26%，高于韩国（23%），低于印度（72%）；廉政建设、比较有效占13%，低于韩国（16%）和印度（66%）；负责任的政府、比较负责占17%，低于韩国（26%）和印度（65%）；创新型政府、比较创新占16%，高于韩国（14%），低于印度（73%）；法治政府、比较法治占20%，低于韩国（28%）和印度（66%）（见图35至图39）。

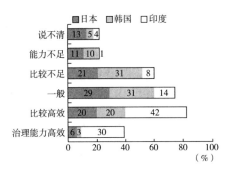

图35 对北京市政府的印象1

资料来源：笔者自制。

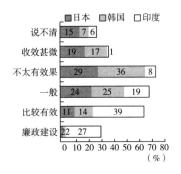

图36 对北京市政府的印象2

资料来源：笔者自制。

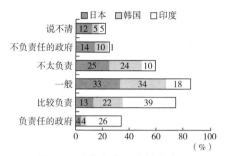

图 37　对北京市政府的印象 3

资料来源：笔者自制。

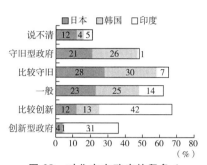

图 38　对北京市政府的印象 4

资料来源：笔者自制。

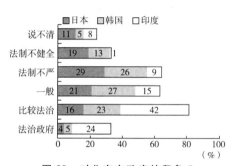

图 39　对北京市政府的印象 5

资料来源：笔者自制。

通过上述数据可知，日本受访者对北京市政府的印象是治理能力高效的、法治的、负责任的政府。有待改善的方面依次是廉政建设、创新。韩国受访者持同样的观点，而印度一如既往地认为以上每一条都符合北京市政府的形象。

根据统计结果，笔者认为日韩两国对北京市政府的形象持肯定态度，同时也是非常积极正面的。认为不足的方面也不尽相同。当然笔者认为日韩两国受访者与北京市政府形象相比较的参照物肯定是本国的政府部门在他们心目中的形象。这也从一个侧面反映了受访者对于政府的廉政和创新方面比较关心。笔者认为这是改善北京市政府在日本受访者心目中形象的关键所在。最后，相较于印度受访者对北京市政府形象的超高评价，日韩两国对北京市政府的正面评价的群体还有继续扩大的空间。

2. 城市发展理念

日本的受访者对北京市的发展理念印象是：绿色北京占11%，低于韩国（18%）和印度（52%）；宜居城市占13%，高于韩国（12%），低于印度（47%）；科技北京占21%，高于韩国（12%），低于印度（47%）；智慧城市占10%，低于韩国（18%）和印度（69%）；城乡协同发展占12%，高于韩国（9%），低于印度（35%）；推动城市减量提质发展占15%，高于韩国（10%），低于印度（33%）；建设国际人才社区占14%，高于韩国（13%），低于印度（40%）（见图40）。

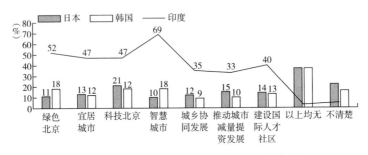

图40 三国对北京市政府提出的城市理念的认知

资料来源：笔者自制。

由上述数据可知，日本的受访者对北京市的发展理念印象集中反映在科技北京、推动城市减量提质发展、建设国际人才社区三个方面。韩国集中体现在绿色北京、智慧城市、建设国际人才社区三个方面。印度则集中体现在智慧城市、绿色北京、科技北京、宜居城市四个方面。

根据数据结果，笔者认为三国受访者最认可的北京城市发展理念的三个维度是科技、国际人才社区、宜居。这也可以认为是受访者对北京未来城市发展建设提出的三个希望，希望北京成为一个因科技而便利的城市、国际人才汇集交流中心、绿色宜居的城市。笔者认为这是未来北京城市发展过程中应该重视的方面，也是亟待解决的问题。

3. 大型活动

日、韩、印三国受访者对北京市举办活动的认知情况如图41所示，对 2008 年北京奥运会的认知程度最高，依次为 73%、50%、70%。日本受访者认知的第二位是北京国际马拉松（36%），韩国是北京国际马拉松和北京国际电影节（21%），印度是北京国际电影节（54%）。日韩两国更多的是关注体育运动方面的盛会，而印度除此以外还格外关注电影方面的活动。

　　三国受访者对举办的活动的评价如图 42 至图 44 所示，日韩的受访者认为办得最好的活动是亚洲文明对话大会，印度受访者则认为是2008 年北京奥运会。

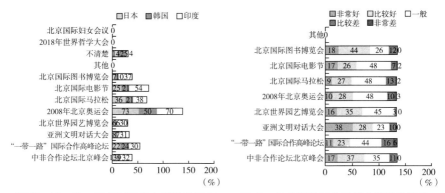

图 41　日、韩、印三国对举办活动的认知
资料来源：笔者自制。

图 42　日本受访民众对举办活动的评价
资料来源：笔者自制。

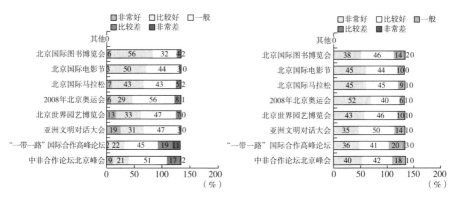

图 43　韩国受访民众对举办活动的评价
资料来源：笔者自制。

图 44　印度受访民众对举办活动的评价
资料来源：笔者自制。

以上数据表明，虽然同属亚洲国家，日韩两国相对于印度在地缘上比较接近，文化自古以来也受中国影响较多，所以两国思维方式和着重点也有相似之处。印度电影行业发达，笔者认为这也是印度受访者关注北京国际电影节的一个重要影响因素。日本、韩国作为东亚的两个重要的国家，重视同中国文化、经济方面的交流和互利互惠，亚洲文明对话大会，不仅促进亚洲国家之间的文化交流，也间接地加强了各国之间经济方面的往来，其中包括旅游、饮食、文化演出等。日、韩、印三国文化、产业结构上的不同，一定程度上影响了其民众对相关大型活动的关注度。

（五）文化中心形象

日本受访者对于北京文化中心符号认知的情况如图45所示，著名饮食占56%，高于韩国（52%）和印度（48%）；名胜古迹占50%，高于韩国（46%），低于印度（59%）；传统服装占42%，高于韩国（37%），低于印度（48%）。韩国受访者排名第三位的是知名学府（41%）。

日本受访者对于北京文化地标推荐排名如图46所示，长城占55%，低于韩国（59%）和印度（66%）；天安门占37%，低于韩国（47%），高于印度（32%）；故宫占26%，与韩国持平（26%），低于印度（53%）。

日本受访者对于北京文化休闲活动的推荐情况如图47所示，名胜古迹占24%，低于韩国（25%），高于印度（19%）；品尝美食占21%，低于韩国（33%），高于印度（16%）；博物馆、美术馆占8%，与韩国持平（8%），低于印度（12%）。

日本受访者认为北京打造文化中心形象需要加强的方面如图48所示，保护文化遗产占46%，低于韩国（52%）和印度（48%）；提高居民的文化素质占36%，低于韩国（44%）和印度（38%）；推广饮食文化占25%，低于韩国（31%）和印度（49%）。韩国受访者认为除以上三点以外还需要注意建设特色文化街区。印度受访者则关注饮食文化、文化遗产保护、文艺演出三个方面。

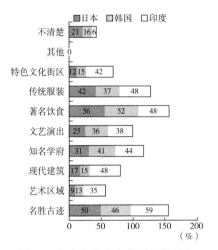

图45　北京文化中心符号了解情况
资料来源：笔者自制。

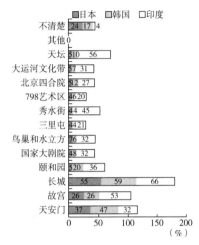

图46　北京文化地标推荐排名
资料来源：笔者自制。

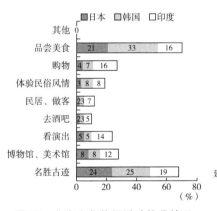

图47　北京文化休闲活动推荐情况
资料来源：笔者自制。

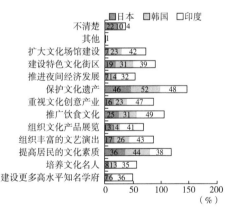

图48　打造文化中心形象需要加强的方面
资料来源：笔者自制。

上述数据表明：①日本受访者对于北京的文化符号认知依次为著名饮食、名胜古迹、传统服装；②推荐的文化休闲活动依次为名胜古迹、品尝美食和参观博物馆、美术馆；③认为文化中心形象建设需要加强的方面依次为保护文化遗产、提高居民的文化素质、推广饮食文化。

根据上述数据，笔者认为日本受访者心目中和文化中心联系最紧密的就是精神文明和物质文明，而精神文明的保护和建设又在物质文明之前。日本可以说是世界上传统文化遗产保护得最好的国家之一，现在的日本学研究者或是中国古籍研究者不可避免地要去日本收集有关中国的传统文献资料。正是对保护文化遗产的重视，让日本走在了学术研究的前沿，也为日本成为文化交流集散地打下了坚实的基础。日本受访者对于文化中心建设的意向与前文中日本受访者对北京市民的印象中提出的需要改善国民素质的调查结果相呼应。笔者认为未来北京城市文化中心建设的重点必将是保护传统文化遗产和提高国民素质这两方面。

（六）国际交往中心形象

日本受访者对北京国际化形象的打分人数如图 49 所示。日本打分中非常好占 14.9%，低于韩国（20.6%）和印度（46.1%）。

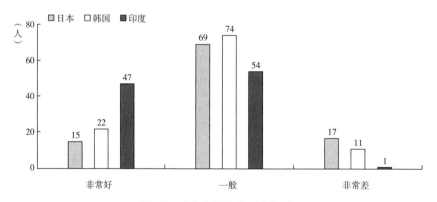

图 49　对北京国际化形象打分

资料来源：笔者自制。

对于体现城市国际化交往中心的要素方面如图 50 所示，重要程度排序依次是，对外国人的包容度高占 43%，高于韩国（40%），低于印度（44%）；公正规范的涉外管理政策占 33%，低于韩国（34%）和印度（48%）；设置清晰、规范的多种外国语指引标识占 30%，低于韩国（34%）和印度（44%）。

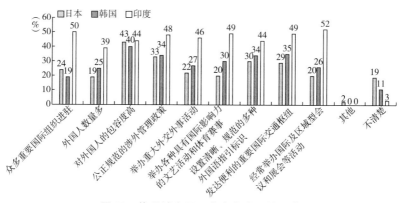

图 50　体现城市国际化交往中心的要素

资料来源：笔者自制。

对于有助于提升城市国际交往中心形象方面，如图 51 所示，最需要重视的依次是：良好的社会治安占 56%，高于韩国（46%）和印度（43%）；安全卫生便捷的饮食及饮食环境占 50%，高于韩国（49%），低于印度（51%）；和谐优美的城市景观占 38%，高于韩国（35%），低于印度（48%）。

上述数据表明：①日本受访者对于北京国际交往中心的打分是三国中最低的。②对于体现国际化交往中心形象方面应重视对外国人的包容度，公正规范的涉外管理政策，设置清晰、规范的多种外国语指引标识。③良好的社会治安、安全卫生便捷的饮食及饮食环境、和谐优美的城市景观是提升城市国际交往中心形象的关键。

笔者认为，造成日本受访者对北京国际交往中心形象评价最低的原因在于日本整个社会制度、秩序的完善和规范，日本民众在日常生活和社会

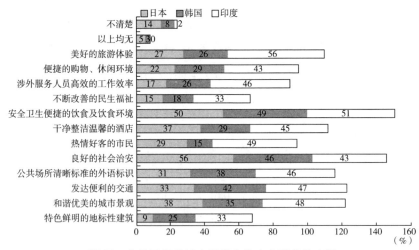

图 51　有助于提升城市国际交往中心形象的方面

资料来源：笔者自制。

活动中大多有据可依，有章可循。这也是日本民众对生活感到非常安心的一个重要因素。根据笔者在日本生活 10 年的经历，日本社会对外国人的包容度很大，本国国民的一些待遇和福利是可以普及外国人的，比如医疗保险制度、育儿产休制度、生活补助制度等。而且几乎所有社会活动都有针对外国人的一些法律、法规的明文规定，彰显良好的社会规范和社会秩序。可以说外国人在日本的社会生活比较舒服、方便。这也是日本受访者对于北京交往中心形象评价苛刻的原因。笔者认为，作为国际交往中心，首先要解决的一个问题就是要留住国际化人才，或是让来到北京的外国人可以根据完善的法律法规，有据可依、有章可循地去工作和生活。其次就像调查结果中还提到的良好的社会治安、安全卫生便捷的饮食及饮食环境、和谐优美的城市景观都是提升城市国际交往中心形象的关键。

（七）科技创新中心形象

日本受访者对北京科技创新能力的打分如图 52 所示，认为非常好的占 22%，高于韩国（21%），低于印度（75%）。

反映北京科技水平的要素如图 53 所示，依次是科技企业数量众多

占 31%，高于韩国（30%），低于印度（60%）；互联网覆盖程度高占
25%，高于韩国（21%），低于印度（52%）；交通营运系统（机场、高
铁、地铁）发达占 25%，低于韩国（31%）和印度（53%）。

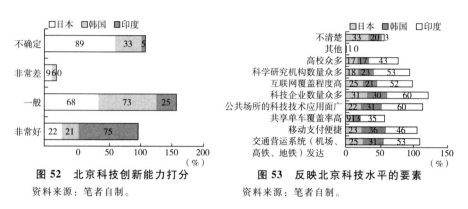

图 52　北京科技创新能力打分　　　　　　图 53　反映北京科技水平的要素
资料来源：笔者自制。　　　　　　　　　　资料来源：笔者自制。

以上调查数据表明：①日本受访者比韩国受访者更认可北京的科技
创新能力，但认可度并不高，印度非常认可；②日本受访者认为体现北
京科技水平的地方依次为科技企业数量众多、互联网覆盖程度高、交通
营运系统（机场、高铁、地铁）发达。而韩国受访者却认为排名第一
的是移动支付便捷。

笔者认为造成日本受访者得出上述结论的原因在于，日本的社会发
展和便捷度的提升经历了一个缓慢的过程，就像日本经历过自动贩卖
机、信用卡、手机磁力支付阶段一样，而且，这些支付手段和生活方
式，并没有因为互联网的普及而被取代。注重实体经济，是日本人的一
种执念。这也就可以解释日本认为能够反映北京科技水平的地方在于科
技企业数量众多。而我国由于互联网技术在社会各个行业的应用，大量
的实体经济开始转型，手机 4G 网络的应用，让手机上网和手机支付方
式取代了现金或信用卡支付的传统手段。这种跳跃式的技术发展，改变
了我国国民现在的生活方式，而日本在惊叹我国科技运用范围之广和速
度之快的同时，并没有想马上完全模仿中国的模式，改变由来已久的生
活方式。这也可以看作日本人观念上相对保守的地方，在他们看来改革

是需要非常谨慎而小心的，而对中国人而言，这种谨慎有的时候会被认为是缺乏魄力。但事实上也确实造成了日本受访者对于中国科技创新方面并不是特别感兴趣的现状。

（八）和谐宜居之都形象

日本受访者对北京宜居城市打分如图 54 所示，认为非常好的占14%，与韩国持平，低于印度（67%）。

对北京印象描述中，如图 55 所示，认为经济发展水平较高的占29%，高于韩国（27%），低于印度（61%）；生活便捷占 19%，高于韩国（17%），低于印度（44%）；文明程度很高占 17%，低于韩国（22%）和印度（51%）。

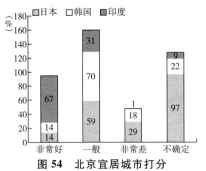

图 54 北京宜居城市打分

资料来源：笔者自制。

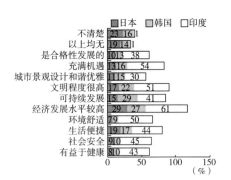

图 55 日本、韩国、印度三国
对北京的印象

资料来源：笔者自制。

对于北京经历满意度，如图 56 所示，满意占 14%，低于韩国（19%）和印度（32%）。

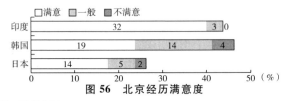

图 56 北京经历满意度

资料来源：笔者自制。

对北京不满意的原因如图 57 所示，其他原因占 32%，高于韩国（14%）和印度（6%）；到处都很脏占 26%，低于韩国（28%），高于印度（13%）；雾霾占 8%，低于韩国（27%）。

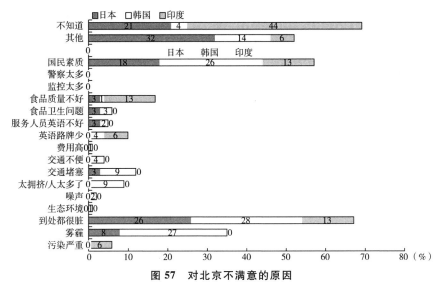

图 57　对北京不满意的原因

资料来源：笔者自制。

日本对于各个行业服务人员的满意度如图 58 至图 60 所示，日本满意度最低，其次是韩国，满意度最高的是印度。

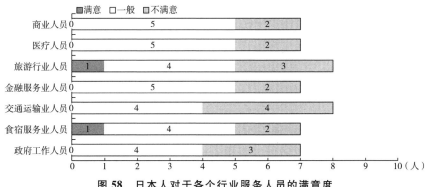

图 58　日本人对于各个行业服务人员的满意度

资料来源：笔者自制。

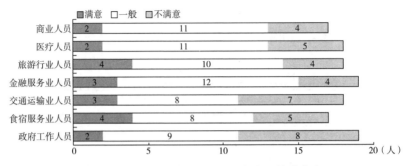

图 59　韩国人对于各个行业服务人员的满意度

资料来源：笔者自制。

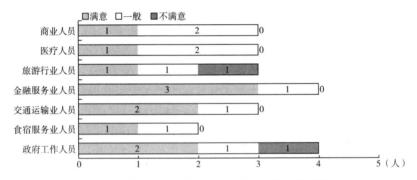

图 60　印度人对于各个行业服务人员的满意度

资料来源：笔者自制。

上述数据表明：①日本受访者对北京和谐宜居之都的形象的认可度较低，与韩国受访者的认可度持平，印度评价最高；②认为北京经济较发达、生活较为便利、文明程度较高；③对于北京经历的满意度在三个国家中最低；④不满意的原因中有很多其他原因，其次是城市环境卫生和大气污染问题；⑤对于服务行业的满意度是最低的。

根据数据结果，我们可以看出日本对于北京的和谐宜居之都形象是不够认可的。矛盾主要体现在城市、大气环境卫生和对服务行业的满意度上。日本的服务行业在全球是出了名的好，所以受访者在将北京的服务业与日本相比的时候，难免会给出差评。但是近些年来的网上服务评价机制实际上已经很大程度促使各行各业提高自身的服务质量。笔者认为在提高服务行业质量上未来仍会有很长的一段路需要走。还有日本受访者对于城市、大气环境卫生方面的不满，城市建设对自然环境的破坏是城市发展过程中的副作用，北京在未来宜居之都城市建设中应该及时解决这一重点难题。

（九）北京媒体报道量及受众认知渠道

日本受访者了解北京的主要渠道如图 61 所示，本国媒体占 67%，与韩国持平（67%），高于印度（57%）；受访者自己的观察占 19%，低于韩国（26%）和印度（53%）；和其他人的交流占 15%，低于韩国（25%）和印度（50%）；其他国家的媒体占 15%，高于韩国（14%），低于印度（38%）；中国媒体占 15%，低于韩国（16%）和印度（35%）。

从本国媒体了解北京的方式如图 62 所示，电视占 85%，高于韩国（69%）和印度（71%）；网站占 51%，低于韩国（63%）和印度（69%）；纸媒（报纸、杂志、书籍）占 41%，高于韩国（25%），低于印度（65%）。

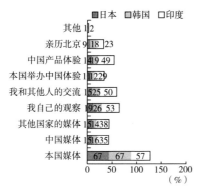

图 61 了解北京主要渠道
资料来源：笔者自制。

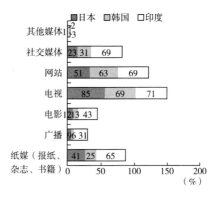

图 62 三国从本国媒体了解北京的方式
资料来源：笔者自制。

从中国媒体了解北京的方式如图63所示，网站占70%，高于韩国（65%）和印度（69%）；电视占53%，低于韩国（60%）和印度（70%）；纸媒（报纸、杂志、书籍）占52%，高于韩国（33%），低于印度（55%）。

从其他国家的媒体了解北京的方式如图64所示，电视占69%，高于韩国（56%），低于印度（72%）；网站占68%，高于韩国（61%），低于印度（73%）；纸媒（报纸、杂志、书籍）占52%，高于韩国（35%），低于印度（66%）。

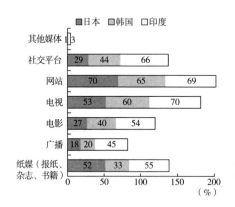

图63　三国从中国媒体了解
北京的方式

资料来源：笔者自制。

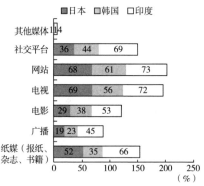

图64　三国从其他国家的媒体
了解北京的方式

资料来源：笔者自制。

了解北京需通过观察的人群如图65所示，普通居民占54%，低于韩国（65%）和印度（65%）；中国游客占42%，低于韩国（50%）和印度（67%）；中国演员、明星占30%，高于韩国（27%），低于印度（32%）。

了解北京需要交往的人群如图66所示，中国朋友占47%，高于韩国（33%），低于印度（53%）；本国人占46%，低于韩国（65%）和印度（47%）；中国同事占36%，高于韩国（23%），低于印度（41%）。

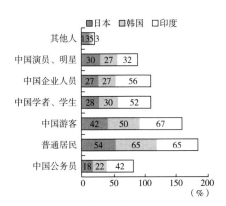

图 65 了解北京需通过观察的人群
资料来源：笔者自制。

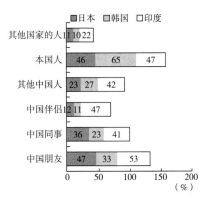

图 66 了解北京需交往的人群
资料来源：笔者自制。

在本国参加中国活动的体验情况如图 67 所示，中国使馆占 44%，高于韩国（36%），低于印度（56%）；旅游年占 40%，高于韩国（39%），低于印度（64%）；产品销售活动占 35%，高于韩国（26%）和印度（30%）。

国际媒体报道量情况如图 68 所示，认为充分的占 18%，低于韩国（25%）和印度（78%）。

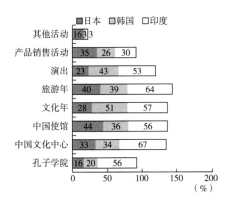

图 67 在本国参加中国活动的体验
资料来源：笔者自制。

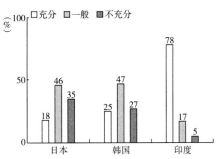

图 68 国际媒体报道量
资料来源：笔者自制。

上述数据表明，日本受访者通过：①本国媒体、我自己的观察、和其他人的交流、其他国家的媒体、中国媒体了解中国。②本国的电视、网站、纸媒了解中国。③中国的网站、电视、纸媒（报纸、杂志、书籍）了解中国。④其他国家的电视、网站、纸媒（报纸、杂志、书籍）了解中国。⑤观察普通居民、中国游客、演员、明星了解中国。⑥中国朋友、本国人、中国同事了解中国。⑦参加中国使馆、旅游年、产品销售活动了解中国。

根据数据结果，我们可以看出日本受访者首先是通过本国媒体了解中国，第一选择的媒介是电视。中国的媒介宣传首选是通过网站了解中国，也会选择通过其他国家的电视了解中国。最后还会通过观察普通居民或是向中国朋友了解中国。参加最多的了解中国的活动是由中国大使馆举办的。电视媒介是日本民众了解中国主要的方式，就像前文所分析的一样，日本对于传统传播媒介的运用还很多。除了从本国媒体了解以外，很重要的一点是通过身边的中国游客、朋友，还有自己的观察和现代网络上的信息了解中国。而信息的内容大多是新闻、事实报道、访谈、辩论节目等。

三 建议与对策

综观本次调查，日本受访者对北京的城市印象、政治中心形象、文化中心形象、国际交往中心形象、科技创新中心形象、和谐宜居之都形象的认可度与韩国和印度相比普遍偏低。究其原因，笔者认为，首先，日本属于发达国家，对于美国、英国等发达国家的关注度相较于中国会更高。日本受访者中有很多人对中国的关注度不够高，导致其对中国不甚了解。这就像我们对东南亚国家的政治、经济、城市也不太了解是一样的。其次，日本作为国民素质普遍非常高的国家，在他们看来，世界上其他国家的国民素质很少有能与自己国家相媲美的。所以，对国民素质、服务质量等社会秩序方面的评判不免有些许严格。再次，从国民性来分析，日本人非常注重诚实守信，注重人与人之间建立起来的信任关系，一旦信任关系被打破，就会很难推翻留下的固有偏见。打个比方，如果去日本租房子，手续非常麻烦，不仅需要担保人，还必须要在房租之外，另外交一笔数目可观的费用作为"礼金"。这部分钱是无偿给房东的，目的就是让初次见面的两个人建立信任关系。一旦信任关系建立起来，彼此通过交往，关系才会更加牢固。同样，一旦信任关系被打破，想再建立起信任关系将会非常困难。由此放大到两国的关系上来，日本对中国固有的一些偏见、老看法，阻碍日本民众了解现在真正的中国。如何消除这些偏见和固有观念，是值得我们继续思考的问题。最后，重视和加强国民自身素质的提升、文化遗产的保护、生态环境保护、宜居城市的建设才是从根本上改善日本民众对北京城市印象的关键。

宣传对策方面，笔者认为：①如果可以开展中日两国电视台之间的深入合作，共同制作一些电视剧或是宣传两国跨入新时代携手面向未来挑战的节目，通过日本人获取信息最多的电视媒介在日本播放，这样就可以让更多的日本人了解当代中国。②通过政府或民间的友好访问团或是商品、观光推介会的形式，走进日本的大学、社区或是商场宣传中国城市包容世界的形象。③通过对日本新一代年轻人宣传北京的名胜古迹、饮食文化、传统服装、民俗文化等信息唤起他们对北京的兴趣。

宣传手段方面，笔者认为未来日本还将会长时间处于以电视媒介为主的信息传播及获取方式阶段。我们在致力于5G等网络科技的传媒方式的同时，还应该继续加大关注电视传媒和纸媒等传统媒介的宣传手段。以便使向世界宣传中国印象的效果得到最大化。

第十四节　印度人眼中的北京形象①

一　研究背景

印度共和国（The Republic of India），简称"印度"。位于南亚，领土东北部和中国接壤。印度总人口量居世界第 2 位，是统一多民族国家，主体民族为印度斯坦族。古印度是四大文明古国之一，但在 18 世纪沦为英国殖民地，于 1950 年 1 月 26 日宣布成立共和国，并成为英联邦成员国。印度是世界第六大经济体，并且一直保持高速经济增长。印度经济产业多元化，涵盖农业、手工艺、纺织和服务业。印度 2/3 人口仍然直接或间接依靠农业维生，近年来服务业增长迅速，已成为全球软件、金融等服务业最重要的出口国，其他行业如制造业、制药、生物科技、电讯、造船、航空和旅游的发展潜力也十分巨大。

1950 年 4 月 1 日中印建交，其关系伴随着冲突与合作。冲突主要体现在中印边界争端，合作则主要是在 2008 年国际金融危机爆发后，金砖四国机制下中印开始经济政治合作。中印关系经历波折后，未来几年是中印实现民族复兴的关键期，也是中印关系发展的关键期。②

虽然目前关于国家形象和城市形象的研究逐渐升温，但针对印度的北京国际形象的国内研究寥寥无几，在中国知网（CNKI）进行关键词搜索，未找到任何相关文献。笔者遂进行了更为广泛的主题词搜索，把范围扩大到印度的中国国家形象研究，共计得文献 53 篇（见表 1）。文献时间跨度从 1955 年持续至今，在最近十年呈增长趋势（见图 1）。

---

① 本报告由马辉、戈丰、刘思朗撰写。
② 吴孟克：《外交动态：中印领导人第二次非正式会晤在印度金奈举行》，《世界知识》2019年第 21 期。

表 1　指标分析

文献数	总参考数	总被引数	总下载数	篇均参考数	篇均被引数	篇均下载数	下载被引比（%）
53	1430	282	23330	26.98	5.32	440.19	82.73

资料来源：中国知网（CNKI）。

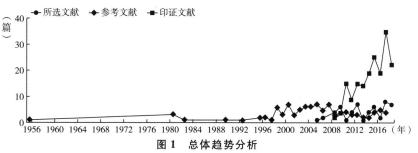

图 1　总体趋势分析

资料来源：中国知网（CNKI）。

印度中国国家形象的相关文献首先聚焦于中印关系和印度经济，其次重点关注中印边界、公共外交、和平与发展和"中国威胁论"等方面。现有研究集中于探索印度对中国形象的认知，缺乏对北京形象的细致分析。研究方法主要为质化研究，例如话语分析、报道分析，而量化研究较少。

印度对中国形象认知的诸多研究都通过印度的主流媒体——《印度时报》《印度教徒报》《印度快报》等进行论证分析。印度主流媒体在报道中国时，传达信息的角度以政治、外交及军事形势为主，赋予北京以决策和执行者的核心形象。[1]　虽诸多报道没有直接提及北京形象，但印度民众在通过媒体了解中国的过程中往往为北京贴上政治标签。[2]　另外，西方国家对北京形象认知的研究也多以媒体报道为研究对象[3]，一般通过西方媒体对北京某一特色历史文化现象或者某一重大国际事件的报道审视国外对北京政治形象的认知。由此可见，国外对中国或北京形象的认知

---

①　张蕾：《印度英文报纸对中国形象报道分析——以〈印度教徒报〉为例》，《新西部》（理论版）2016 年第 19 期。

②　王非凡：《当代印度的中国认知研究》，硕士学位论文，国际关系学院，2019。

③　张颖：《从美国主流媒体关于"北京胡同"的报道看北京形象的国际认知》，《对外传播》2015 年第 10 期。

基本是通过媒体报道的形式呈现，而且印度对北京形象认知的直接分析还相对匮乏。综观过往研究，国外媒体不约而同地赋予北京中国政治中心的形象，或是将其定位为名扬中外的历史文化古城。在中国新时代背景下，北京不应再被局限为政治中心，更应向国外传递其作为文化中心、国际交往中心、科技中心、和谐宜居之都的形象。以往研究在印度对北京形象认知方面存在明显不足，北京对外形象的研究也不应继续局限于媒体框架之下。基于中印关系以及北京形象研究现状，本次研究的突出之处在于从媒体报道研究转向受众认知分析，通过问卷调查获取印度受访者对北京城市印象的第一手资料，以期为塑造和传播北京国际形象建言献策。

二 调研结果与分析

（一）样本统计特征

本次在印度发放的问卷为英文版，问卷统一按照概率抽样的方式配额发放，共计发放 500 份，收回有效问卷 500 份，问卷有效率为 100%。

在本次调查中，印度样本的性别比为 1∶1，男女各占一半。从年龄分布上看，样本涵盖老、中、青三代人。其中 18~35 岁的青年群体占总体的 45%、36~50 岁的青壮年与 51~65 岁的老年群体各占 39% 和 16%（见图 2）。

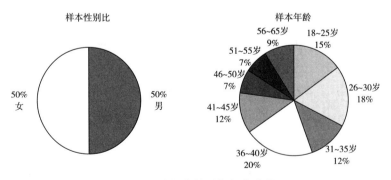

图 2 印度样本性别与年龄分布

资料来源：笔者自制。

　　文化程度方面，印度受访者呈现与全球样本总体大致相同的趋势。印度受访者接受高等教育的程度占所有印度受访者的比例超过90%（见图3），仅有4%和3%的受访者只接受了初级教育和职业教育。较之其他亚洲国家（韩国和日本）和全球样本总体，印度受访者研究生教育的比例非常高，成为印度受访者的突出特点。由于认知在很大程度上受限于教育的涵化作用，亚洲其他国家和全球受访者接受高等教育的比例也比较高，所以将印度样本与亚洲总体和全球总体样本进行对比分析仍具有现实意义。

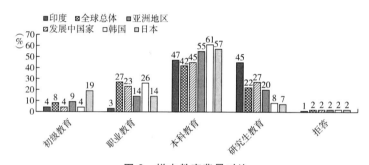

图3　样本教育背景对比

资料来源：笔者自制。

　　收入方面，印度受访者的平均收入水平总体在2万美元以下，超过五成的受访者收入集中在5000~10000美元，而印度的高收入样本（高于3万美元）为零（见表2）。因此，虽然印度的受教育水平较高，但其仍是发展中国家，所以将其与其他发展中国家进行对比分析比较客观合理。

表2　印度样本收入对比

单位：%

美元计家庭收入	亚洲总体	印度	韩国	日本
低于3k	7	20	0	0
3k~4.9k	3	9	0	0
5k~9.9k	19	57	0	0

美元计家庭收入	亚洲总体	印度	韩国	日本
10k～19.9k	9	11	10	7
20k～29.9k	10	0	14	16
30k～49.9k	20	0	40	20
50k～69.9k	19	0	33	24
70k 及以上	10	0	0	30
拒答	3	3	2	4
样本量（个）	1500	500	500	500

（二）北京整体印象

本次调研中，印度受访者整体对北京的认知率为100%，在北京、上海、天津、重庆、广州和深圳这 6 个城市中，北京到访率最高（36%），并高于全球总体水平（20%），基本与上海的到访率相同（见表3）。其他几个城市：天津、重庆、广州和深圳的认知度较低，到访率也基本不高于20%。

表3　印度民众对中国大城市的认知对比

单位：%

城市认知度	北京	上海	天津	重庆	广州	深圳
去过这个城市	36	35	14	12	15	20
知道这个城市	64	63	55	49	56	61
不知道这个城市	0	2	31	39	28	18

资料来源：笔者自制。

就北京个体而言，印度受访者的到访率高于亚洲总体与发展中国家，与韩国状况相当。从时间维度上看，印度受访者与发展中国家一样，从 2008 年北京奥运会之后到访率逐渐增高，78%的到访时间主要集中在 2013～2019 年，16%的受访民众在 2009～2012 年来过北京。从来京事由角度分析，旅游和商务是印度民众赴京的主要事由，分别占73%和54%，其次是来华工作、探亲访友、留学、学术活动和外交活动。印度同其他国家的受访者一样，来京事由大致相同。值得注意的是，印度来华工作和探亲访友的比例远高于韩国和日本，这表明印度民众相比其他两个亚洲国家，更愿意来华工作或生活（见表4）。

表4　到访率、事由和时间区间一览

单位：%

是否来过北京	印度	亚洲总体	发展中国家	韩国	日本
到访率	36	31	19	37	21
样本量（个）	180	469	646	184	105
到访北京事由					
旅游	73	81	73	88	83
商务	54	38	41	21	39
学术活动	14	11	13	9	10
留学	17	11	11	8	6
外交活动	12	9	6	5	10
来华工作	31	15	21	3	9
探亲访友	24	14	15	11	2
其他	0	0	1	0	0
转机	0	0	0	1	0
来访北京时间					
2013~2019 年	78	75	78	75	70
2009~2012 年	16	15	16	14	18
2002~2008 年	4	6	4	10	4
1993~2001 年	1	2	1	2	4
1978~1992 年	1	1	1	0	4
1978 年以前	1	0	1	0	0
记不清了	0	0	0	0	1

资料来源：笔者自制。

印度民众对北京城市形象的总体打分为8.0分（介于比较好和非常好之间，满分为10分），高于全球总体（7.0分）和发展中国家（7.9分），并且远高于韩国（5.4分）和日本（4.8分）（见图4）。由此表明，北京在印度有非常好的形象基础。

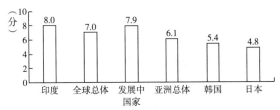

图 4　北京城市形象总体得分对比

资料来源：笔者自制。

（三）北京印象与市民形象

印度受访者对北京"政治中心"形象认知处在最低值（68%），与全球总体基本持平。而最为突出的三个城市印象分别是"经济发达"（86%）、"科技创新"（85%）和"现代时尚"（86%），北京因此在印度形成了"经济+科技+现代"的三维认知。印度所有对北京印象的认知相较于韩国和日本来说，总体都偏高。在"开放包容"这一维度上，印度认同度远远高于发达国家，可见，印度民众对于北京的开放包容度还是非常认可的。总体而言，印度对北京在所有维度上都是非常积极正面的（见表5）。对于其他认知维度，应学习经济、科技和现代的传播途径，将北京多元、开放、宜居等城市形象认知度同样提上去。

表 5　北京印象对比

单位：%

非常同意/比较同意	全球总体	发达国家	发展中国家	亚洲总体	印度	韩国	日本
文化深厚	80	76	85	71	79	68	68
经济发达	80	73	86	72	86	62	68
历史悠久	78	75	81	75	75	76	74
科技创新	76	66	86	54	85	35	43
现代时尚	67	55	80	46	86	28	23
政治中心	65	65	66	67	68	61	71
和谐宜居	57	43	71	41	76	26	21
开放包容	49	38	59	40	71	26	23

资料来源：笔者自制。

在北京市民形象方面，超过七成的印度民众对北京人的直观印象是"积极向上"（73%）和"开拓创新"（70%），其他印象基本在60%左右。与其他发展中国家相比，正面评价基本相同。由此可见，印度对北京民众保持了一定程度的正面评价，但是在"公共场所举止文明"（58%）、"遵纪守法"（61%）、"诚实守信"（62%）和"爱护生态环境"（62%）方面还有较大的提升空间（见表6）。

表6 北京市民形象对比

单位：%

正面/积极评价	全球总体	发达国家	发展中国家	亚洲总体	印度	韩国	日本
勤劳敬业	66	54	77	38	65	26	24
遵纪守法	60	49	72	33	61	20	16
国家至上	58	55	61	57	67	54	67
公共场所举止文明	58	47	68	33	58	16	11
积极向上	57	46	68	47	73	28	40
开拓创新	54	41	68	38	70	17	27
诚实守信	50	38	61	35	62	28	15
热情包容	46	35	58	37	64	19	27
爱护生态环境	35	21	49	29	62	14	12

资料来源：笔者自制。

（四）政治中心形象

1. 政府形象

根据印度对北京政治中心形象的打分，可以看出，七成以上的印度民众认可北京市政府的"治理能力高效"（73%）和"创新型政府"（73%），这反映出北京市政府在城市运转、治理方面的经验和创新手段在印度传播较为积极，得到较广泛的民众认可。其次是"法治政府"、"廉政建设"和"负责任的政府"，比例都超过了60%。由此可见，印度民众对北京市政府的印象是非常好的（见图5）。但针对法治、廉政和负责任的北京市政府形象，还是有近40%的人打分较低。究其原因，一部分是对外宣传不到位，而这三点对于塑造积极的政府形象尤为重要，建议政府引起重视，可以将针对这三方面的措施、条例以宣传片或其他更加深入人心的方式进行宣传推广。

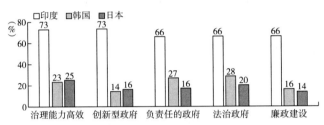

图 5　印度、韩国和日本北京市政府形象得分对比

资料来源：笔者自制。

2. 城市发展理念

在北京市政府提出的城市发展理念认知层面，印度民众对于"智慧城市"（69%）和"科技北京"（62%）最为认同，"绿色北京"（52%）位列第三名。"宜居城市"（47%）、"城乡协同发展"（35%）和"推动城市减量提质发展"（33%）等低于50%，这表明，针对这三项理念，印度民众评价较为消极（见表7）。总体而言，印度对北京城市发展理念的认可度远高于韩国、日本和全球总体。对于科技和智慧两个理念，北京应该继续保持较高的科技水平，发展科技人才；同时，北京市政府也应重视其他城市发展理念，将北京打造成一个更加全面发展的城市，尤其是在城乡协同发展和推动城市减量提质发展两方面。虽然北京的高速发展令印度刮目相看，但负面评价也敦促北京市政府重视质的发展，将北京打造成一个全面发展的大都市。民众关注一个城市的发展水平，除去经济层面的考虑，也极其看重其环境。例如，近几年对北京雾霾现象的报道经常出现在国际报纸上，全球几乎形成了北京环境很差的观念；同时，印度的空气污染也备受诟病，印度民众在城市环境污染这一点上，也许与北京感同身受，所以给出更多负面评价。针对环境污染，政府应积极对其进行整改，将北京建成一个绿色宜居的城市。

表 7　北京城市发展理念认同对比

单位:%

城市发展理念	全球总体	发达国家	发展中国家	印度	韩国	日本
科技北京	38	25	51	62	18	21
智慧城市	36	23	49	69	18	10
宜居城市	27	17	37	47	12	13
绿色北京	24	15	34	52	18	11
城乡协同发展	19	14	23	35	9	12
建设国际人才社区	17	13	22	40	13	14
推动城市减量提质发展	15	12	18	33	10	15

资料来源：笔者自制。

3. 大型活动

在北京举办的大型活动中，2008 年北京奥运会最具影响力，七成印度民众对 2008 年北京奥运会印象深刻，与全球总体认知度持平。2008 年北京奥运会后，在京举办的大型活动在印度的影响力慢慢减弱，"北京国际电影节"（54%）位列第二名，造成这一现象的原因有可能是近年来印度电影在中国传播较广，受到民众的欢迎。印度民众反过来关心本国文化的对外传播与认可度，这就给了北京启示，建议北京的艺术家多到印度参与无论是官方还是民间的文化交流活动，这不仅能提高北京的民众关注度，还能让印度民众认识真正的北京艺术，传播北京文化。其他大型活动的认知度都在 30% 上下，虽然比例不高，但仍高于全球总体水平（见表 8）。这说明这些大型活动的宣传力度极其微弱。像北京国际图书博览会、北京世界园艺博览会、亚洲文明对话大会和北京国际马拉松等文化体育活动，民间交流能够更为真实有效地传播北京形象，从而增进两国民众友好情感。建议北京与印度城市建立友好城市关系，以带来更多的民间交流活动，从而推动这些大型活动的正面宣传。

表 8　北京市大型活动认知对比

单位：%

大型活动	全球总体	发达国家	发展中国家	印度	韩国	日本
2008 年北京奥运会	70	64	76	70	50	73
北京国际电影节	26	19	34	54	21	25
北京国际马拉松	23	19	27	31	21	36
"一带一路"国际合作高峰论坛	17	15	18	30	24	22
中非合作论坛北京峰会	16	11	21	32	9	13
北京国际图书博览会	16	9	23	37	10	7
北京世界园艺博览会	14	12	16	30	6	6
亚洲文明对话大会	12	9	15	31	7	8

资料来源：笔者自制。

在大型活动评价方面，超过五成的印度民众对 2008 年北京奥运会的评价非常好，同时也有四成民众给予较积极评价，得分远高于韩国、日本。对于北京其他大型活动，印度民众也给予了较高的评价，满意度都在 70% 以上（见表 9）。由此可见，北京大型活动在印度的传播是比较成功的，得到民众认可，应继续保持其传播力度与效果。

表 9　北京市大型活动评价对比

单位：%

大型活动	全球总体		印度		韩国		日本	
	非常好	比较好	非常好	比较好	非常好	比较好	非常好	比较好
2008 年北京奥运会	42	38	52	40	6	29	10	28
北京国际电影节	37	44	45	44	3	50	17	26
北京国际马拉松	35	44	45	45	7	43	9	27
"一带一路"国际合作高峰论坛	30	39	36	41	2	22	11	23
中非合作论坛北京峰会	34	42	40	42	9	21	17	37
北京国际图书博览会	43	41	38	46	6	56	18	44
北京世界园艺博览会	42	40	43	46	13	33	16	35
亚洲文明对话大会	36	42	35	50	19	31	38	28

资料来源：笔者自制。

（五）文化中心形象

在印度民众的印象中，北京最为著名的文化符号是以故宫、天坛、长城和颐和园等为代表的名胜古迹（59%）（见图6），超出其他部分至少10个百分点，说明北京名胜古迹在印度民众心中占据很高的地位。紧随其后的是现代建筑、著名饮食以及传统服装，都各为48%。排名靠后的是艺术区域（35%）、文艺演出（38%）和特色文化街区（42%）。由此可见，北京给印度民众呈现了一座历史古城的形象，但是人文气息的传递显得相对薄弱，表现出"重传统、轻人文"的特征。相对于亚洲地区和全球总体而言，人文气息传递给印度民众的形象相对较好，而给日韩两国民众在这方面的印象就相形见绌了。

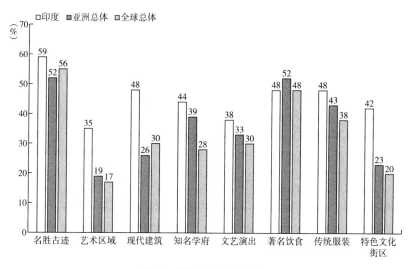

图6 北京文化符号对比

资料来源：笔者自制。

在北京的文化地标选择中，印度受访者大多数将长城排在首位（37%），将长城排在第二位和第三位的受访者各占11%和10%。其次是天坛（推荐顺位为11%、18%、11%）和故宫（推荐顺位为10%、

7%、15%）（见图7）。长城、天坛和故宫成为印度民众的北京必去文化地标。韩国、日本和亚洲总体也呈现这种现象，长城居于绝对核心地位。值得一提的是，印度民众对三里屯、798艺术区等这类展示北京现代风貌的景点推荐相对较少，这也反映出北京在印度民众印象中以历史文化中心为主，对北京的现代化建设程度认识程度较低。

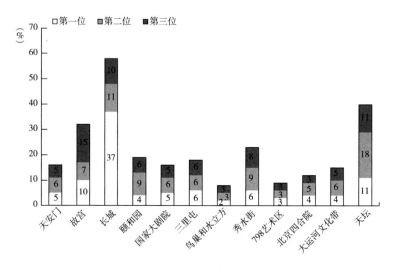

图7　北京文化地标推荐

资料来源：笔者自制。

在北京文化休闲活动推荐中，印度民众主要把"参观名胜古迹"（19%）排在首位，将"参观名胜古迹"排在第二位和第三位的受访者各占14%和13%（见图8）。这说明北京作为历史文化中心给了印度民众最深的印象。其次，较多的印度民众将"购物"和"品尝美食"排在了首位，各为16%。"购物"在文化休闲活动推荐度高一定程度上说明了北京提供了大量在印度难以买到的商品，或是富含北京特色且得到印度民众认可的商品。但是在印度民众的心中，北京美食的吸引力并不是那么大，这也许跟两国的饮食差异大有关。

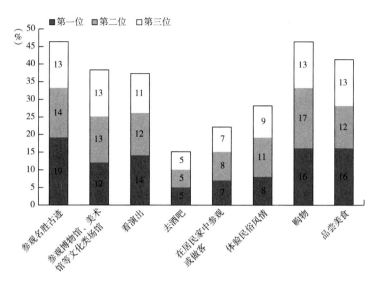

图8 北京文化休闲活动推荐

资料来源：笔者自制。

在强化北京文化中心建设方面，近半数的印度民众首选"推广饮食文化"（49%），其次为"保护文化遗产"（48%）以及"重视文化创意产业"（47%）（见表10）。可见，北京饮食没有在印度民众之间得到有效的传播，而北京的文化遗产在印度民众心中有很高的地位，他们希望文化遗产能够得到有效保护和传承。与此同时，他们建议将文化传播进行产业化、规模化运作。"推广饮食文化"和"重视文化创意产业"两个层面都处于领先水平，并且相比亚洲总体甚至全球总体都有较高需求度。值得注意的是，印度民众在北京文化休闲活动推荐方面给出的各种建议，大多超过了亚洲总体以及全球总体水平，体现了印度民众对北京文化发展的重视和了解北京文化的热情。此外，印度受访者还突出建议"推进夜间经济发展"（32%），均超过了亚洲总体和全球总体水平，体现了印度国民对北京经济的重视，以及对生活品质的追求，也为北京形象在文化上的提升指明了方向。

表 10　北京文化中心形象提升路径对比

单位：%

文化中心形象要素	全球总体	发展中国家	亚洲总体	印度	韩国	日本
建设更多高水平知名学府	20	29	16	36	6	7
培养文化名人	17	21	19	35	13	8
提高居民的文化素质	31	35	39	38	44	36
组织丰富的文艺演出	29	37	29	43	26	17
组织文化产品展览	27	35	23	41	14	13
推广饮食文化	35	42	35	49	31	25
重视文化创意产业	29	36	29	47	23	16
保护文化遗产	51	57	49	48	52	46
推进夜间经济发展	19	24	17	32	14	7

资料来源：笔者自制。

（六）国际交往中心形象

印度民众对北京的国际化程度打分均值为 8.1 分（见图 9），呈现非常高的认可度，该得分高于日本（5.6 分）、韩国（6.1 分）、亚洲总体（6.6 分）、发展中国家（7.8 分）以及全球总体（7.2 分）。对于该项的标准差，印度为 1.51，均低于以上地区的标准差值，这意味着印度受访者都有一定的共识，相互之间没有产生极大偏差，因而加强了该项的可信度。从均值和标准差来看，印度民众对北京在国际化程度方面给予了高度评价。

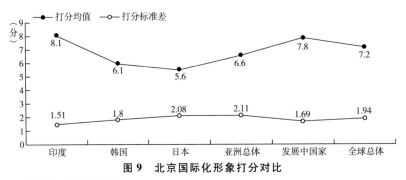

图 9　北京国际化形象打分对比

资料来源：笔者自制。

印度民众认为"经常举办国际及区域型会议和展会等活动"（52%）是北京作为国际交往中心形象的最佳缩影。紧随其后的是"众多重要国际组织进驻"（50%）、"举办各种具有国际影响力的文艺活动和体育赛事"（49%）以及"发达便利的重要国际交通枢纽"（49%）（见图10）。由此可见，印度民众很重视国际会议和展会给他们提供的商务平台，他们认为国际组织进驻北京和北京举办国际性文体活动与赛事能有效展现北京国际交往中心形象，也很认可便捷交通给他们带来的便利。在所有列举的指标中，印度民众给出的评价普遍高于亚洲总体、发展中国家和全球总体水平。可见北京国际交往中心形象在各方面都足以向印度民众有效传递。

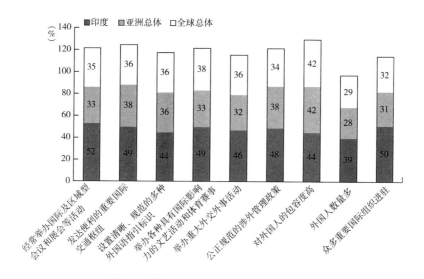

图 10　北京国际交往中心形象因素对比

资料来源：笔者自制。

在提升北京国际交往中心形象的要素方面，印度受访者认为最有效的举措是提升"美好的旅游体验"（56%），其次是"安全卫生便捷的饮食及饮食环境"（51%）和"热情好客的市民"（49%）两个方面

（见图 11）。事实上，这几项都与印度受访者到访中国的体验息息相关。北京意在向印度民众呈现国际交往中心形象，最首要的是让印度到访者享受到访经历，让他们愿意在这里进行国际交往活动。诚如调查结果显示，印度受访者在北京的旅游体验不尽如人意，他们认为北京饮食卫生和市民好客程度尤需改善。值得注意的是，印度、韩国、日本和亚洲总体都认为改善"安全卫生便捷的饮食及饮食环境"是提升北京展现国际交往中心形象的重要因素。从调查结果可见，印度民众更多的将北京作为一个旅游目的地而非一个国际交往中心，存在一定的认知偏差。

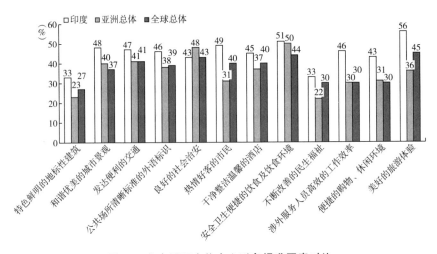

图 11　北京国际交往中心形象提升要素对比

资料来源：笔者自制。

（七）科技创新中心形象

印度国民对北京的科技创新能力打分均值为 8.4 分，呈现相当高的认可程度，远高于同在亚洲的韩国（6.0 分）和日本（6.1 分），同时高于亚洲总体的平均水平（6.9 分）和全球总体水平（7.8 分），但是相比发展中国家给出的分值（8.5 分），印度受访者的打分还是略显逊色（见图12）。在打分均值方面，正如北京国际化程度的得分一样，印度受访者的打分在其他国家和地区中标准差是最小的，仅为1.43，可见印度国民对北京科技创新能力认可度高，对北京科技创新中心形象的认知一致性强。

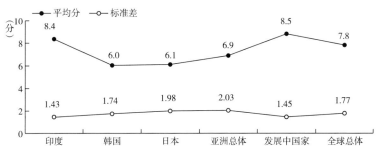

图 12　北京科技创新中心得分对比

资料来源：笔者自制。

大部分印度民众认为北京的科技创新聚焦于"公共场所的科技技术应用面广"（60%）以及"科技企业数量众多"（60%）。紧随两者之后的是"交通营运系统（机场、高铁、地铁）发达"和"科学研究机构数量众多"两个方面（均为53%）（见图13）。印度受访者的回馈情况显示，他们给出的指标在所有因素上都领先于亚洲其他地区以及全球总体，尽管部分指标低于发展中国家，但是差距不大。由此可见，印度民众对北京科技水平的肯定，对于北京呈现科技能力的各个方面都保持浓厚兴趣。

（八）和谐宜居之都形象

印度民众对北京和谐宜居程度打分均值为8.0分，认可度高于韩国（5.3分）、日本（4.9分）、亚洲总体（6.2分）、发展中国家（7.8分）以及全球总体（7.0分）（见图14）。从标准差的角度看，印度的打分标准差为1.56，也是以上所有国家和地区中最小的一个。这说明印度民众对北京建设和谐宜居之都形象的认同。

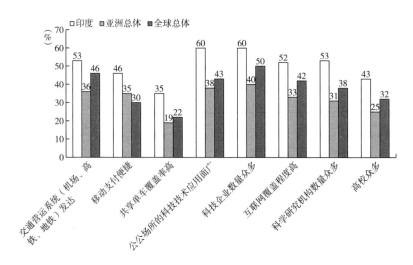

图 13　北京科技水平因素对比

资料来源：笔者自制。

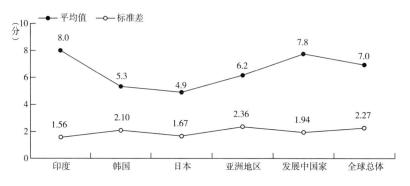

图 14　北京和谐宜居之都得分对比

资料来源：笔者自制。

印度受访者表示北京的和谐宜居之都形象主要体现在"经济发展水平较高"（61%）、"充满机遇"（54%）和"文明程度很高"（51%），与亚洲总体状况一致，在各个维度上都超过了韩国、日本、亚洲总体和全球总体水平（见图 15）。印度受访者对于北京在城市景观设计和谐优雅以及适合个性发展方面给出较低的指标。从相对角度而言，他们认为北京城市景观设计不足以美化居民生活环境，同时北京在迎合人的个性发展方面有很大的进步空间。

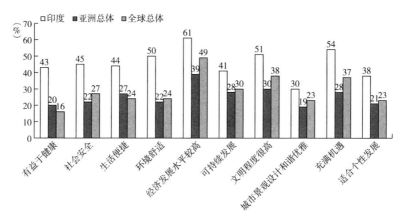

图 15　北京和谐宜居要素对比

资料来源：笔者自制。

印度受访者对北京经历满意度的评价以"非常满意"（5 分）和"比较满意"（4 分）为主，极少数给出"一般"（3 分）的评价。印度受访者中无人认为他们的北京经历为"不太满意"（2 分）或"非常不满意"（1 分）（见图 16）。相比之下，其他亚洲国家和地区的受访者大多认为他们的北京经历是"比较满意"（4 分）或"一般"（3分），给出"非常满意"（5 分）评价的占少数，更有极小部分受访者表示"不太满意"（2 分）和"非常不满意"（1 分）。总体而言，印度民众对北京经历满意度的打分均值为 4.5 分，介于"非常满意"和"比较满意"之间，并偏向于前者，这一分值高于亚洲总体样本，也高于全球总体水平（4.2 分）。由此可见，印度民众对他们的北京经历表示满意，北京在一定程度上给他们留下了和谐宜居之都的印象。

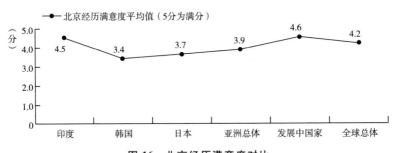

图16 北京经历满意度对比

资料来源：笔者自制。

针对北京经历满意度，印度受访者指出了部分不满意原因。其中最主要的原因为"环境污染/到处都很脏"（13%）、"食品质量不好"（13%）和"国民素质"（13%）三个方面（见图17）。另外"污染严重/污染问题"（6%）、"英语路牌指引少"（6%）也是他们认为北京经历不佳的原因。除了世界瞩目的空气质量问题，印度民众十分关注北京的食品质量、国民对他们的包容度和展示的礼仪、英语引导指示等方面。

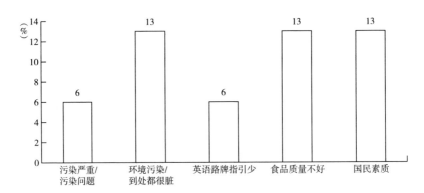

图17 北京经历不满意原因

资料来源：笔者自制。

（九）北京媒体报道量及受众认知渠道

印度受访者在北京的国际媒体报道量方面大部分认为"非常充分"（33 分）和"比较充分"（45 分），高于韩国、日本、亚洲总体、发展中国家以及全球总体水平（见表 11）。超过 80％的印度民众对北京的全球媒体报道量持了解态度，可见印度民众对北京并不陌生，北京在印度民众中具有良好的群众基础。

表 11　北京媒体报道量对比

单位：%

媒体报道量	全球总体	发展中国家	亚洲总体	印度	韩国	日本
非常充分	14	18	13	33	3	3
比较充分	32	35	28	45	22	15
一般	37	32	37	17	47	46
不充分	17	15	15	5	28	36

资料来源：笔者自制。

印度受访者对北京的认知主要依赖本国媒体（57％）（见表 12），低于韩国（67％）、日本（67％）以及亚洲总体（64％）的水平，印度媒体成为北京形象提升之路的重要平台。其次，印度民众也会借助"我自己的观察"（53％）以及"我和其他人的交流"（50％）了解北京，处于亚洲总体、发展中国家以及全球总体领先水平。印度受众了解北京的途径呈现人际传播和群体传播的特点，尤其是通过"我自己的观察"这一指标的高数值反映出印度民众的独立性和自主性。

表 12　各国（地区）北京认知渠道对比

单位：%

认知渠道	全球总体	发达国家	发展中国家	亚洲总体	印度	韩国	日本
本国媒体	56	57	54	64	57	67	67
中国媒体	19	16	22	22	35	16	15

续表

认知渠道	全球总体	发达国家	发展中国家	亚洲总体	印度	韩国	日本
其他国家的媒体	27	20	34	22	38	14	15
我自己的观察	38	33	44	33	53	26	19
我和其他人的交流	34	28	40	30	50	25	15
参加由中国举办的活动时的体验	15	11	19	18	29	12	11
我购买或使用中国产品的体验	32	19	45	27	49	19	14
我亲历北京的体验	11	10	12	17	23	18	9

资料来源：笔者自制。

在媒介渠道方面，印度受访者对北京的认知主要借助电视（76%）、网站（71%）、社交平台（69%）以及纸媒（报纸、杂志、书籍）（66%）（见图18），所有这些指标几乎都超过韩国、日本、亚洲总体、发展中国家和全球总体水平。新媒体和传统媒体同台博弈、各不相让形成了印度错落有致的传媒生态，共同构成印度民众了解北京的媒介。

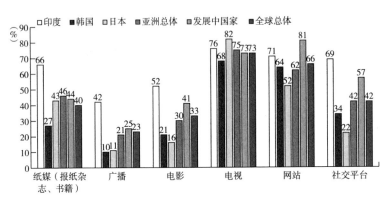

图18　各国（地区）的北京认知媒介对比

资料来源：笔者自制。

在直接信息渠道方面，印度受访者对北京的认知主要源于"海外中国文化中心举办的活动"（67%）、"旅游年"（64%）和"文化年"（57%）（见表13）。而且"孔子学院举办的活动"（56%）和"中国使馆举办的活动"（56%）也是影响印度民众了解北京的重要因素。在这一层面上，印度在各个维度上都处于亚洲总体、发展中国家以及全球总体的领先水平。可见，印度民众十分关注中国在海外中国文化中心、中国使馆、孔子学院等各类富含中国元素的场所举办的文化活动，并借此认识北京。在我国大力发展孔子学院的同时，虽然"孔子学院举办的活动"这一指标的数值较高，但是相比"海外中国文化中心举办的活动"和"旅游年"，孔子学院对于传递北京形象仍有较大的潜力。

表 13　认知北京的直接信息渠道对比

单位：%

认知渠道	全球总体	发达国家	发展中国家	亚洲总体	印度	韩国	日本
文化年	49	46	51	49	57	51	28
海外中国文化中心举办的活动	47	45	48	52	67	34	33
中国使馆举办的活动	47	39	52	49	56	36	44
旅游年	44	43	45	53	64	39	40
演出	40	27	47	44	53	43	23
产品销售活动	34	19	43	30	30	26	35
孔子学院举办的活动	33	30	36	39	56	20	16

资料来源：笔者自制。

三　建议与对策

（一）北京形象的改善空间

1. 多渠道全面提高公民意识

大约 40% 的印度受访者对北京市民素质方面持负面态度。对于市民素质提升，应从多渠道加强积极有效的文明宣传。笔者建议，首先应从教育入手，让北京的孩子们从小就树立全面的公民意识。其次，社区、街道也可通过举办特色多样活动，积极调动群众参与，在活动中促进公民形成爱护家园的责任意识，提高其公民素质。国民素质之所以得分较低，是因为如"公共场所举止文明"、"遵纪守法"、"诚实守信"和"爱护生态环境"，多发生在公共场合，建议在这些场合设立提示牌，时刻提醒市民应文明举止，保持良好的对外形象。

2. 充分重视食品卫生安全，加大饮食文化推广力度

在强化北京文化中心建设方面，印度民众首推"推广饮食文化"；在提升北京国际交往中心形象要素方面，过半数的印度受访者认为北京需要提供"安全卫生便捷的饮食及饮食环境"；在北京经历满意度方面，大多数印度受访者都认为"食品质量不好"是造成他们不满意的原因。简单的三例足以覆盖北京在文化中心形象、国际交往中心形象以及和谐宜居之都形象方面的建设。所以，北京若想打造成国际化大都市，还需在饮食方面多下功夫，尤其是食品卫生安全方面；同时应尽力覆盖各种宗教文化需求的食品类型：如印度教徒对于纯素食的需求、穆斯林对于清真食品的需求；此外，餐厅菜单规范化，统一标记素食等措施都会增加北京饮食对外国游客的吸引力。

3. 加大环境改善的对外输出

在和谐宜居之都形象方面，印度受访者除了提出"食品质量不好"以外，"环境污染"成为他们北京经历不满意的另一主要原因。在国家主席习近平"绿水青山就是金山银山"理念的指导下，北京环境已经得到较大改善，但印度受访者却仍对北京的环境状况表现出极大不满，主要有两方面的原因：一是印度民众因认知媒介问题而对北京形成了刻板的认知；二是北京在向国外宣传绿色发展理念及措施方面存在不足。所以，对于治理环境的政策、措施或是成功案例需要加大对外输出，让世界看到北京的努力与成果。印度首都新德里近年来也饱受环境污染之苦，所以印度人民对于环境问题比较敏感，可以宣传北京治理污染、消除雾霾的经验，供印度借鉴。

4.新兴产业文化应成为打造北京文化中心形象的新亮点

调查显示，印度民众更倾向于参观历史文化建筑，对于新型创意文化园并不感兴趣。因此，北京在传达文化中心形象的过程中，除了需要丰富自身现有的政治中心和历史文化名城定位，保持原有著名历史建筑的知名度以外，可以从新兴产业着手推广创意文化。① 文化中心形象需要在传统与新兴文化并驾齐驱之下更好地呈现。因此，借助名胜古迹的国际影响，北京可打造文化特色原创精品，在新兴文化创意产业上融入传统元素以符合国际市场需求。

5.积极对外推广北京大型活动

针对印度民众对北京国际交往中心形象的评价，他们十分重视国际及区域型会议和展会等活动和具有国际影响力的文艺活动和体育赛事。有关印度民众对北京认知的直接渠道分析对比，他们尤为关注"中国使馆举办的活动"、"海外中国文化中心举办的活动"以及"孔子学院举办的活动"。北京举办的大型活动对于宣传北京形象是非常有力的渠道②，因此，政府应积极做好大型活动的对外宣传，加深印度民众对北京的认识。

（二）北京形象的宣传途径

从印度民众对北京认知渠道的调查结果来看，本国媒体是中坚力量，印度民众受到本国媒体报道的极大影响。但是印度本土媒体往往采纳西方媒体的评论，而部分西方国家由于某些特定目的，其媒体常常戴着"有色眼镜"观察北京。印度受访者对北京的国际媒体报道量有较为充分的了解，表面上十分乐观，然而也反映出如此乐观的问卷结果可能意味着存在以消极认知为主导的国际媒体报道现象。因此，欲想在印度民众中形成北京形象新定位，需要通过对外传播真实北京，借助中国爱好和平的优良传统，增进北京在印度民众心中的身份认同感，以逐步

---

① 李建盛：《北京文化发展报告（2018—2019）》，社会科学文献出版社，2019。
② 白志刚：《北京文化"走出去"国际比较研究》，知识产权出版社，2012。

消除印度民众对北京的误解。

1. 文明对话，建立交流桥梁

文明对话是印度与北京之间加强了解和增进友谊的桥梁，任何方面的形象建设都离不开文化的交融。北京作为中国的首都，应抓住国家发展战略机遇（如"一带一路"建设），借力诸如"亚洲文明对话大会"等平台，广泛开展公共外交活动，创造交流的外部环境，完善对外交流合作长效机制；进一步发掘文化旅游融合渠道，拓宽对外交流合作形式，加大北京旅游宣传力度，在印度投放各本土语言的广告；尝试推进北京与新德里的友好城市建设，加强两地文化、旅游、信息产业和教育等领域的交往与合作。

2. 鼓励印度媒体在北京建立分社

与其他亚洲国家相比，纸媒（报纸、杂志、书籍）仍然是印度媒体市场的主导力量。其英文媒体的主要受众是受过良好教育的精英人士，具有较大的舆论影响力。但是诸如《印度时报》《印度教徒报》之类的印度主流英文报纸在中国并没有足够的信息采集站，因而出现一些针对北京形象不真实、不全面的报道。印地语及其他地方语言媒体受众广，对与北京的相关信息关注少，涉及的信息也多为翻译英文报道，也可鼓励这些媒体在京建立分社，如阅读量最大的《觉醒日报》《印度斯坦报》等。因此，如果更多印度媒体能在北京建立分社，进行真实完整的信息采集，就能形成对北京更为客观全面的新闻报道。

3. 培养小语种人才

英语虽为印度官方语言之一，但说英语的社会精英只占到印度人口的 10% 左右，培养小语种（如印地语、孟加拉语、泰米尔语等）人才有助于拓宽宣传渠道。对此，北京可以以高校为依托，培养和储备针对印度本土语言的小语种人才，把语言培养和北京形象传播密切结合起来。

4. 发挥社交平台的传播力量

印度对北京的认知渠道已经大幅向网站和社交平台拓展。因此，传播北京形象不能仅靠笔墨发挥作用，更应有效利用网络的互动交流特点，向印度民众提供更多了解北京的网络平台，采用印度本土语言在印度社交平台进行宣传，让印度民众及时充分地了解中华文明以及中国的飞速发展。

5. 尊重印度文化，避免冲突与禁忌

由于印度对北京的认知往往通过各类中国海外官方组织举办的中国文化活动，在这些文化交融碰撞的场合，传播北京形象必须建立在一个基础上，那就是尊重印度错综复杂的历史宗教文化脉络。作为四大文明古国之一的印度在拥有璀璨历史的同时，其国内宗教信仰也包罗万象。这显然要求在向印度民众传播北京形象时重视印度相关历史和宗教议题禁忌。

结　语

北京国际形象传播研究，"受众"研究部分，是所有传播对策理论的基础和核心环节。从目前已有的研究成果来看，这一环节依然非常薄弱。我们尚需长期的、扎实的、系统的研究才能真正在北京形象的国际传播中做到"知彼"。有学者指出：最终以实践创新为导向，中国的国际传播正在经历一个重要的战略转型。由于内容和渠道的供给量的增加，过往的内外有别、外外有别的结构性输出思路正在被更加具体的贴近外国受众、以需求侧为主要考量因素的垂直生产模式所代替。这无疑是"群众路线"原则在国际传播中的具体化，也可以说是"对马克思主义新闻观的继承和发展"。① 从这种意义上来说，本研究的宗旨所体现的正是"贴近外国受众"和走"群众路线"，或者说是"贴近作为群众的外国受众"这一基本原则。事实上，无论是过去的结构性输出方式还是当下被热议的垂直生产模式，贴近受众，靠近"知彼"，都是提升传播效果的铁律。虽然外宣的"三贴近"原则，被许多外宣实践者和传播学者呼吁了很多年，而就北京国际形象的传播研究现状而言，我们每一次研究都要扪心自问：我们贴近受众了吗？我们真的了解我们所面对的国际受众吗？我们距离受众到底有多远？

这些看似老生常谈的问题，可能是研究北京国际形象的传播学者最需要审慎思考的问题。作为传播学者，我们每一次直击北京竭尽全力举

---

① 姜飞、姬德强：《发展中的中国国际传播思想及其世界意义》，《出版发行研究》2019 年第 11 期，第 70~76 页。

办的重大国际活动的现场，往往都会为北京、为中国所付出的努力而心潮澎湃，而每一次当我们把目光转向这些活动的国际传播场域，目击或者听闻那些不期而至的国外媒体和民众的质疑、批评抑或是恶意攻击而无所适从、义愤而无语的时候，我们都需要重新回到这些问题上。当下，全球多极化、文化多元化、媒体智能化融合发展等趋势，使得把握国际受众群体的面相、特点和变化规律，变得更加具有挑战性。这个问题，也正是本次长达几个月的实证调查研究过程中，反复出现在我们面前的问题。比如，到底谁是北京国际形象传播的目标受众？既然我们可以对近邻东京所知寥寥，他们为什么一定要关注北京？他们和北京之间都有什么样的联系？他们的日常生活和北京有何勾连？他们是通过什么渠道、接收到关于北京的什么信息？是哪些因素在影响他们对这些信息的解读？他们的文化背景、接受习惯和获得信息的常用渠道是什么？他们是如何看待我们对他们的传播方式的？他们认为提升北京形象的关键在什么地方？是做得好，还是说得好，谁更重要？北京在改善和传播自身形象方面付出了这么多艰苦的努力，他们为什么还是视而不见？哪些是他们的盲区呢？作为跨国受众，他们对北京的认知存在怎样的"文化折扣"？[①] 北京的城市形象，在多大程度上受到作为首都这一身份的影响？类似的问题，我们还有很多，无须在此一一列举。我们需要反思的是，如果说实证研究的最后使命就是为了切实反映并尽力解决现实中存在的传播效果方面的问题，而当下传播学界给出解决传播效果的通用药方是颇为流行的"精准传播"以及"一国一策"，那么，到底我们对受众的了解能"精准"到何种程度？仅仅"一国一策"就可以算是"精准"了吗？一个国家的目标受众，存在多个不同的文化群体和社会网络，仅仅"一策"就可以轻松实现传播者的传播愿望吗？此类问题，需要抽丝剥茧，一层层深挖下去。

---

① "文化折扣"一词，是霍斯金斯和迈鲁斯等人提出的概念。详见丹尼斯·麦奎尔《受众分析》，刘燕南、李颖、杨振荣译，中国人民大学出版社，2006，第 80 页。

　　很显然，我们不能期待一次国际调查就能回答上述诸多问题，更何况任何研究方法都有自身的局限，但重要的是，通过本次调查，我们发现了很多以往研究中从未提及或者重视的问题；抛出这些需要继续追踪的问题，本身就是跨国调查的价值之一。这些问题的发现，使我们对北京形象的国际受众有了更多的认识，从而在研究上更加敏锐和警觉。比如，对以"某国人"和"西方国家"这种标准进行的受众的笼统概括和划分，将会直接影响研究结论的客观性。调查显示，同一国的受众，中老年人和青年人对北京的印象差异明显；同一国的受众，"来过北京"与"未来过北京"的民众，对北京的认同程度有显著差异。同属西方国家而且是毗邻而居的欧洲国家，法国人与德国人，对北京作为政治中心具体维度上的评价却大不相同。即使属于同一语言文化圈，英国人和美国人对北京城市印象在某些维度上的打分也有明显差异。对这些问题的深入思考和探索，将是课题组在调查之外需要完成的工作。

　　这也是从另一个方面弥补世界著名传播学者丹尼斯·麦奎尔所提及的关于"典型的大规模抽样调查"的不足之处，即"将受众视为个体行为的集合"，"不可避免地会消解受众群体和社会网络之间的联系，只能生产基于受众个体的总体信息"。[①] 我们采取的措施是，进行五年的连续调查，在每年与时俱进增加新问题的同时，对遗留的重点问题持续跟踪调查，摸清走势与趋向，锁定疑点与难点。线上调查与线下考察相结合。线上发现的问题，综合使用线下其他质性研究手段，结合国际关系和跨文化传播，进行多维分析，复盘这些跨国受众群体与中国、与北京以及他们本土之间的社会网络之间的关系。五年持续的调查，将能精准定位北京国际形象的目标受众群体、摸清其群体特征以及其所处的社会环境对其认知的影响，从而为精准塑造和传播新时代的北京国际形象打下基础。

---

① 丹尼斯·麦奎尔：《受众分析》，刘燕南、李颖、杨振荣译，中国人民大学出版社，2006，第31页。

　　如前所述，本次调查的受访者是海外普通民众。对受众的关切，就是对人的关切。在研究领域，这种"以人为主体和中心"的传播考察，应该和"以媒介为中心"的传播研究相辅相成，相互佐证，相互补充。及时关注和回应受众的关切，就是在平衡北京形象国际传播中的供需关系；把握好受众，才能在把握传播效果的前提下，更自主地、更科学地实现"以我为主"的议程设置的传播目的，而非仅仅停留在一种不讲效果的传播立场。在真诚地和受众形成互动的情况下，向世界展现真实、立体、全面的北京，才能让他们乐于接受、易于理解，从而靠近传播者期望得到的认同。对于这样的目标，我们课题组已经迈出了第一步，接下来的五年连续调查，我们将持续拓展我们的研究视野，不断修正研究路径，不断深化和完善对调查结果的分析与挖掘。

　　在建设中国特色社会主义的新时代，作为"都"与"城"的北京承担着日益重要的使命，与世界的联系也更为广泛而密切。北京以崭新的面貌迎来了近代以来最好的发展时期，也在经受着各种国际舆论前所未有的考验。随着国际社会对北京的了解、认知与认同的不断加深，北京也将克服传播场域的各种误读、误解与偏见，穿越国际舆论的风风雨雨，做好自己的事情，讲好自己的故事，向世界展现其最真、最新、最美的容颜！

　　鉴于种种原因，该书稿匆忙付梓，本书是刚刚开始的探索性研究，权作投石问路，疏漏与不当之处，敬请大方之家批评、指正！

图书在版编目（CIP）数据

新时期北京形象海外认知传播研究. 2019 / 马诗远，
邵云等著. -- 北京：社会科学文献出版社，2020.9
（北京国际交往中心建设研究丛书）
ISBN 978-7-5201-7208-0

Ⅰ.①新… Ⅱ.①马… ②邵… Ⅲ.①城市-形象-
传播-研究-北京 Ⅳ.①F299.271

中国版本图书馆 CIP 数据核字（2020）第 168247 号

北京国际交往中心建设研究丛书

新时期北京形象海外认知传播研究（2019）

著　　者 / 马诗远　邵　云　等

出 版 人 / 谢寿光
责任编辑 / 张　萍
文稿编辑 / 张金木

出　　版 / 社会科学文献出版社·当代世界出版分社 （010）59367004
　　　　　　地址：北京市北三环中路甲 29 号院华龙大厦　邮编：100029
　　　　　　网址：www.ssap.com.cn
发　　行 / 市场营销中心（010）59367081　59367083
印　　装 / 三河市尚艺印装有限公司

规　　格 / 开　本：787mm×1092mm　1/16
　　　　　　印　张：28.5　字　数：394 千字
版　　次 / 2020 年 9 月第 1 版　2020 年 9 月第 1 次印刷
书　　号 / ISBN 978-7-5201-7208-0
定　　价 / 158.00 元